L•E•O

Recyclingpapier
100 %

JELLE HERMUS

MACH DICH LOCKER

DER SCHNELLE WEG ZU EINEM FAST PERFEKTEN LEBEN

Übersetzt aus dem Niederländischen
von Ingrid Ostermann

L•E•O

LEO Verlag ist ein Imprint
der Scorpio Verlag GmbH & Co. KG

Copyright © 2017 Jelle Hermus
First published by Kosmos Uitgevers, Niederlande 2017
Titel der niederländischen Originalausgabe:
Steeds Leuker. Schrap de ellende en ontdek de korte route naar een leuker leven

© der deutschen Ausgabe 2019 by LEO Verlag
in der Scorpio Verlag GmbH & Co. KG, München
Umschlaggestaltung: Guter Punkt, München
nach einem Motiv von Villa Grafica, Diemen
Lektorat: Angela Hermann-Heene
Satz: Danai Afrati & Robert Gigler, München nach dem
Originallayout von Villa Grafica, Diemen
Druck und Bindung: Westermann Druck Zwickau GmbH
ISBN 978-3-95736-117-2
Alle Rechte vorbehalten

www.leoverlag.de

INHALTSVERZEICHNIS

MEIN WUNDERBARES LEBEN – GANZ OHNE TRÜGERISCHES LEBKUCHENHAUS

Ich könnte mein Leben als Märchen beschreiben. Mache ich aber nicht. Denn Märchen sind voller schrecklicher Dinge. Man denke nur an die böse Hexe mit dem trügerischen Lebkuchenhaus, an vergiftete Äpfel und hässliche Prinzen auf viel zu großen Pferden, die im schlimmsten Fall auch noch den Vorgarten zertrampeln. Stattdessen vergleiche ich mein Leben lieber mit einem Geschirrspüler: jede Menge Vor- und so gut wie keine Nachteile. Na gut, einen Geschirrspüler muss man ein- und ausräumen. Aber das mache ich nur zu gern, ich hasse nämlich abwaschen. Morgens, wenn mich die ersten Sonnenstrahlen daran erinnern, dass es Zeit für einen Kaffee ist, durchströmt mich normalerweise das gleiche Gefühl wie beim Öffnen der Spülmaschine: Freude.

Natürlich nicht immer. Manchmal geht etwas schief, und ich muss die Hälfte des Geschirrs von Hand nachspülen – dann bin ich frustriert. Und manchmal wache ich mit einem Gefühl auf, als hätte mich ein Lastwagen überrollt. Echt grausam!

Andererseits: Gäbe es kein schmutziges Geschirr, wüsste ich sauberes auch nicht zu schätzen, oder? Das Leben muss nicht immer nur Spaß machen. Im Gegenteil – die Zeiten, in denen ich mich weniger gut fühle, sind genau die, in denen ich zu interessanten Einsichten komme oder Veränderungen auf den Weg bringe, die ich sonst bloß hinausschieben würde. Zum Beispiel auf Partys weniger Wein trinken – was für eine Offenbarung!

Man kennt das ja: Es tropft ein wenig von der Decke, ärgerlich, aber kein echtes Problem. Man stellt einfach einen Eimer darunter und leert ihn täglich aus. Erst wenn man unter dem Leck duschen könnte, wird einem bewusst, dass es wirklich an der Zeit ist, es reparieren zu lassen. So gesehen haben Ärger und Kummer durchaus einen Sinn. Es darf sie geben. Aber so hilf- und lehrreich sie auch sein mögen – zu viel davon kann ich in meinem Leben nicht brauchen.

Allenfalls in homöopathischen Dosen, damit ich einen Nutzen daraus ziehen kann, ohne dass es mir gleich die Laune verdirbt.

All das hat mir kürzlich folgende wunderbare Erkenntnis beschert: Ich bin ziemlich glücklich mit meinem Leben. Zum Beispiel weil es viele Palmen darin gibt. Vor allem aber, weil ich mir die Freiheit nehme, zu tun, was ich möchte – umgeben von Menschen, die mir etwas bedeuten. Ich nenne es »ein besseres Leben ausbrüten«. Ich mache das schon seit Jahren und merke, dass es immer besser wird, in einer einzigen Aufwärtsspirale.

Wie mir das gelingt? Ganz einfach: Ich habe mein Leben auf Freiheit, Freude und Erfüllung ausgerichtet und dahingehend optimiert. Tagtäglich brüte ich neue kleine Schritte aus, die mein Leben noch ein bisschen besser machen. Und all dieses Brüten hat zu einer Art spülmaschinenbereichertem Leben voller Vorteile geführt.

Und zu meinem bisher wichtigsten Lebenswerk: soChicken.nl – ein warmes Nest, das ich Ende 2004 gebaut habe, um meine Einsichten und Erfahrungen zu teilen und um anderen Tipps zu geben. Diese Website wird jährlich von Millionen Menschen besucht. Menschen, wie du und ich, die mehr Freude erleben und sich mehr für andere engagieren, kleine Beiträge zum großen Ganzen leisten möchten. Fantastisch ist das!

So fantastisch, dass ich inzwischen von Wildfremden auf der Straße umarmt werde! Eigentlich sollte mich das nicht überraschen, schließlich steht auf meiner Website, dass ich FREE HUGS an alle soChicken-Leser verteile. Aber wenn es dann tatsächlich passiert, bin ich für den Rest des Tages froh und dankbar und auch ein bisschen erstaunt: darüber, dass tatsächlich etwas entstanden ist. Etwas Schönes. Eine lebendige Gemeinschaft von positiv motivierten Menschen, die ihr Leben in kleinen Schritten leichter und liebevoller gestalten wollen. Ganz ohne Esoterik und ohne es unnötig kompliziert zu machen.

Warum sollte ich mir anmaßen, anderen zu sagen, wie sie leben sollen? Eben! Dir werde ich auch nicht sagen, wie du leben sollst.

Du musst und sollst überhaupt nichts. Ich habe lediglich eine gute Beobachtungsgabe und weiß, wie man so manches einfacher gestaltet. Außerdem liebe ich es, alles Mögliche zu optimieren. Ich zeige dir deshalb einfach, wie ich es mache und wie du es selbst schaffen kannst, wenn du daran interessiert bist. Denn je besser wir hinschauen, desto klarer sehen wir, wie wir das Leben geschickter organisieren können. Etwas geschieht, wir reagieren darauf. Wir machen alles Mögliche und bekommen deswegen von allem nur ein bisschen. Häufig sind wir ansatzweise glücklich, dann wieder irgendwie unzufrieden und haben immer was zu meckern. Ich finde: Niemand, Ziegen mal ausgenommen, sollte das Bedürfnis haben zu meckern. Manchmal fühlt es sich auch an, als ob der Geschirrspüler kaputt wäre – dann verkriecht man sich lieber unter der Decke, um von dem zu träumen, was einen wirklich glücklich macht, zum Beispiel sich heimlich so richtig auf einer Hüpfburg auszutoben, die für Erwachsene verboten ist.

Optimieren heißt die Methode, mit der ich mir das Leben angenehmer mache. Jetzt, wo ich die dreißig überschritten habe, bekomme ich die ersten Falten – und habe das akzeptiert. Aber ich bin wild entschlossen, vor allem mit Lachfalten älter zu werden. Das sind nämlich die besten Falten überhaupt. Es sei denn,

WARUM SOLLTE ICH MIR ANMASSEN, DIR ZU SAGEN, WIE DU LEBEN SOLLST?

man bekäme auch Falten von illegalem Hüpfen auf einer Hüpfburg: Dann würde ich natürlich die zu den besten Falten der Welt erklären. Indem du dein Leben auf schöne Dinge ausrichtest, erzielst du wesentlich wünschenswertere Ergebnisse, als wenn du »einfach nur so vor dich hin lebst«. Es könnte also viel mehr Freude und Zufriedenheit in deinem Leben geben. Von einem bin ich fest überzeugt: Wer nicht froh und glücklich ist, enthält sich selbst etwas vor. Stellt sich nur die Frage, aus welchem Grund man das tun sollte? Es ist in jeder Hinsicht schade. Und es ist egoistisch. Denn wer nicht überaus glücklich ist, scheint nur an sich zu denken. Ich verstehe das, manchmal tut es einem einfach gut, sich in Selbstmitleid zu suhlen. Das mache ich auch hin und wieder. Mich selbst mit Chips und mittelmäßigem Rotwein trösten. Das kommt, weil ich, erst nachdem ich die Flasche geöffnet habe, merke, dass ich von Wein doch nicht so viel Ahnung habe, wie ich mir gern einbilde. Es ist nur so, dass dieses Sich-selbst-Bedauern niemandem etwas bringt. Warum nicht? Weil unfrohe Menschen die Welt nicht froh machen.

Aber alles wird schöner, wenn man sich in seiner Haut wohlfühlt. Wer sich gut fühlt, fängt an zu strahlen und steckt mit dieser Ausstrahlung seine ganze Umgebung an. Man wird zu einer Art LED-Lämpchen, das ohne Unterlass leuchtet. An Orten, an denen es schon hell ist, aber auch dort, wo es dunkel ist. Überall, wo man auftaucht, wird alles schöner. Es funktioniert so ähnlich wie mit einer Schnecke, mit dem Unterschied, dass man keine eklige Schleimspur hinterlässt, sondern eine Spur aus funkelnder Freude.

Mit diesem Buch möchte ich dich inspirieren, dein Leben geschickter zu organisieren. Ich möchte dir zeigen, dass mein Leben kein Märchen, sondern wahr ist, und wie du dasselbe erreichen kannst. Ich zeige dir, wie du ein herrliches, leichtes, von Liebe erfülltes Leben ohne nervige Zwerge, böse Hexen und trügerische Lebkuchenhäuser ausbrüten kannst.

Das Überraschende daran ist – es ist viel einfacher, als du denkst. Ich zeige dir, wie du dich wohlfühlst und allen in deiner Umgebung ein Leuchten schenkst, wie dein Leben, dein Umfeld und unsere Welt jeden Tag ein bisschen schöner werden.

Betrachte dieses Buch als die kurze Route zum Glück. Wir konzentrieren uns auf das Wesentliche, auf das, was dein Leben mit der geringsten Anstrengung am meisten voranbringen wird. Wir werden in kleinen Schritten ein Leben mit möglichst vielen positiven Seiten ausbrüten. Ein Leben, das genauso beruhigend brummt wie eine laufende Spülmaschine.

LERNE DIE AUSBRÜT-METHODE KENNEN

Ein besseres Leben »ausbrüten«, das klingt toll und irgendwie auch gemütlich. Aber wie funktioniert das? Es hat nichts mit einem warmen Hinterteil, sondern vielmehr mit den richtigen Entscheidungen zu tun. Wir werden also mit der Methode des Ausbrütens arbeiten. Diese Methode unterstützt dich dabei, mühelos die besten Eier auszubrüten, und zwar auf die intelligenteste und schnellste Weise, um ein Leben zu erreichen, das immer schöner wird.

Im ersten Teil dieses Buchs zeige ich dir, wie die Ausbrüt-Methode funktioniert. Du erfährst, auf welches Nest du dich am besten setzen und welche Eier du auswählen solltest, und schließlich, wie du sie mit der geringsten Anstrengung ausbrütest.

Die Ausbrüt-Methode basiert auf drei Grundprinzipien:

1. **Setz dich auf das richtige Nest**
    Bestimme, was du erreichen möchtest, und konzentriere dich auf das, was wirklich funktioniert.

2. **Brüte nur die besten Eier aus**
    Wähle geschickte Schritte aus, die dich am schnellsten voranbringen.

3. **Brüte intelligenter, nicht verbissener**
    Erziele mehr Erfolge mit weniger Mühe.

Erst machst du dir die Ausbrüt-Methode zu eigen, danach erhältst du von mir in den darauf folgenden Teilen des Buchs die Eier, die du meiner Meinung nach ausbrüten solltest, um ein optimales Ergebnis zu erzielen.

In Teil zwei geht es um das Brüten für mehr Freiheit. Ich zeige dir, wie du Schritt für Schritt und nahezu mühelos Ärger und Kummer aus deinem Leben verbannen kannst und so mehr Zeit, Energie, Geld und vor allem auch Achtsamkeit freisetzt für das, was dich wirklich froh macht. Im dritten Teil brüten wir auf Freude-Eiern mit dem Ziel, jeden Tag positiver gestimmt, gelassener und glücklicher zu sein. Der Fokus wird darauf liegen, dein Inneres zu nähren, sodass jeder neue Tag noch schöner wird. In Teil vier widmen wir uns dem Bebrüten von Erfüllung. Dem zufriedenen Gefühl, das entsteht, wenn du deine Freude an deine Mitmenschen weitergeben kannst.

Wir fangen klein an und halten das auch so. Denn mit kleinen Schritten kann man letztendlich die tollsten Sachen verwirklichen. Ich mache es dir leichter, als es jemals war. Warte nur ab, ehe du dich's versiehst, schlüpfen die ersten Erfolge aus den Eiern, und du bist auf dem Weg in ein Leben voller Freiheit, Freude und Erfüllung – eines voller Vorteile, das so gut wie keine Nachteile hat. Kurz, ein absolut lohnenswertes Leben.

Fangen wir mit dem ersten Schritt an: das richtige Nest auswählen.

Ganz einfach! Also, legen wir los.

TEIL 1

DIE AUSBRÜT-METHODE

1

SETZ DICH AUF DAS RICHTIGE NEST

Wer nach Kopenhagen will, macht sich nicht Richtung Paris auf den Weg. Wer sein Leben verbessern möchte, sollte sich also gleich auf das richtige Nest setzen, klingt logisch, oder? Jedes einzelne Nest zeigt uns die richtige Richtung hin zu einem speziellen Ziel. Schließlich wollen wir das ausbrüten, was das Leben schöner macht, und nichts, was womöglich Ärger und Kummer mit sich bringt.

Erstaunlicherweise setzen sich die meisten Menschen aber auf das falsche Nest. Dafür gibt es Gründe. Einer davon hat verrückterweise mit Türen zu tun, dazu später mehr.

Wir denken eigentlich nie darüber nach, aber die Tür ist eine fantastische Erfindung. Türen helfen uns dabei, das hinzubekommen, was sonst nur im Märchen möglich ist oder was Superhelden können. Eine Tür ermöglicht uns, durch eine Wand zu gehen. Natürlich nicht, wenn sie geschlossen ist. Zum Superhelden werden wir nur, wenn wir die Tür öffnen.

Mal angenommen, es gäbe keine offenen Türen. Wie kämen wir dann aus dem Haus? Durchs Fenster etwa? Das würde bedeuten, dass wir jedes Mal die Fensterbank abräumen müssten, wenn wir nach dem Abendessen schnell zum Kiosk wollen, um uns noch etwas Süßes, das wir ja eigentlich gar nicht kaufen sollten, zu holen. Ziemlich unpraktisch.

Die offene Tür – und die muss ich meiner deutschsprachigen Leserschaft gleich erst einmal erklären – ist unser Freund und Helfer. Also, im Niederländischen spricht man dann von einer »offenen Tür«, wenn etwas auf der Hand liegt, logisch oder altbekannt ist. Die gute alte Binsenweisheit heißt bei uns »Open deur«. Witzig, oder?

An ihr klebt jedoch auch ein schlechtes Image. Wenn man ein Buch liest, in dem lauter Sachen stehen, die man schon öfter gehört hat, dann schüttelt man den Kopf und ruft: »Nichts als Binsenweisheiten!« Das will natürlich keiner. Was nicht originell ist, gefällt uns nicht.

Es ist schon putzig, Menschen tun so, als ob »offene Türen« nichts wert wären. Sicher, es stimmt, sie sind wenig interessant und nicht besonders originell. Wenn eine Tür offen steht, kann man auf die andere Seite spähen und gucken, was dort los ist. Die Spannung ist dann raus. Das heißt aber nicht, dass die Tür wertlos geworden ist. Warum nicht? Ganz einfach: Jeden Vergnügungspark und auch jedes Fußballstadion betreten wir durch eine Art Tür. Selbst auf einem Kreuzfahrtschiff wird man über die Gangway durch eine Tür ins Innere geleitet. Und obwohl sich bereits am Eingang ein Anflug dessen erhaschen lässt, was sich einem auf der anderen Seite bietet, so ist das nur ein Bruchteil der Welt, die sich tatsächlich für einen hinter der Tür öffnen kann. Am Eingang nach drinnen zu schielen ist etwas total anderes, als sich in der Achterbahn die Seele aus dem Leib zu kreischen oder sich mit einer Piña Colada auf einer Massagebank verwöhnen zu lassen.

Mal angenommen, jemand liebt Achterbahn fahren, besucht aber nie einen Vergnügungspark, weil er dann durch eine »offene Tür« müsste. Unglaublich, und trotzdem ist es das, was die meisten Menschen tun. Auch ich! Ein Beispiel: Wenn ich versuche, ein Problem zu lösen, haben die innovativen Lösungen auf mich die größte Anziehungskraft. Ich will etwas Originelles – keine offene Tür! Ich bin davon überzeugt, ich würde schon das ganze Kreuzfahrtschiff kennen, bloß weil ich einen kurzen Blick in die Lobby geworfen habe. Ich behaupte dann, dass es nichts bringt, »keine Torte zu essen«, nur weil ich eine Woche lang »Tortenabstinenz« durchgehalten habe und sich noch immer kein Waschbrettbauch zeigt. Oder ich bin davon überzeugt, dass Meditieren Unsinn ist, immerhin meditiere ich schon seit vier Tagen, und trotzdem bin ich nicht weise, in mir ruhend und liebevoll. Ganz genau – Blödsinn! Wir alle haben Erfahrung mit »offenen Türen«, aber die wenigsten von uns gehen durch sie hindurch. Dabei werden Binsenweisheiten oft wiederholt, weil sie wahr sind. Weil sie uns auf etwas hinweisen, das Erfolg hat. Nicht immer, aber sehr häufig. Trotzdem werden sie von den meisten Menschen ignoriert. Schade, denn offene Türen lassen uns durch Wände gehen. Wie cool ist das denn?

Also, auf geht's, wir entern eine offene Tür. Es ist ein Unterschied wie Tag und Nacht, ob man einen auf der Hand liegenden Rat verstehen oder ob man ihn tatsächlich aufs eigene Leben anwenden soll. Ein Beispiel: Wer gesünder leben möchte, muss weniger »Mist« in sich reinschaufeln und stattdessen mehr Obst und Gemüse essen. Das ist eine echte Binsenweisheit und langweilig dazu. Wer sich wirklich für gesunde Ernährung interessiert, lässt sich doch nicht von so einer Selbstverständlichkeit zum Narren halten. Nein, der vertieft sich ins Thema, und da er mal eine Woche lang mehr Gemüse gegessen hat als sonst und nicht den geringsten Unterschied gemerkt hat, muss es ja noch etwas Besseres geben! Deshalb sucht er nach hippen Methoden, komplizierten Ernährungsplänen, nach sündhaft teuren grünen Pülverchen oder Beeren aus entlegenen Bergregionen, deren Vitamingehalt genauso astronomisch hoch ist wie der Preis, den man für sie hinblättern muss. Währenddessen hat der simple Ratschlag, den er in den Wind geschlagen hat, nichts an Wahrheit eingebüßt. Mehr Gemüse, weniger Mist essen und alles wird gut. Total langweilig, wussten wir schon lange. Der Trick ist, man muss es auch tatsächlich machen, um davon zu profitieren. Solange man nichts macht, zumindest nicht auf Dauer, passiert auch nichts, noch so eine Plattitüde. Aber im Ernst, eine offene Tür bekommt erst dann einen bestimmten Wert, wenn man sie nutzt, wenn man durch sie hindurchgeht.

Und das ist die Überleitung zu der Binsenweisheit, die ich nun besprechen möchte: das zu machen, was im Hinblick auf die gesteckten Ziele am besten funktioniert. Auch das klingt logisch, genauer betrachtet handelt es sich aber um eine revolutionäre Idee.

Die meisten von uns tun nämlich nicht das, was funktioniert. Sie machen das, was nichts bringt, und holen sich den Frust.

Das zu tun, was funktioniert, heißt, das richtige Nest zu bebrüten. Und zwar das Nest, das mit dem Ziel gebaut wurde, dir dabei zu helfen, dein Wunschleben zu erreichen. Dafür sind zwei Dinge unverzichtbar: ein erstrebenswertes Ergebnis und ein gutes Beobachtungsvermögen. Du musst wissen, was du erreichen möchtest, und du musst beurteilen können, ob dir die aktuelle Herangehensweise tatsächlich dabei hilft, diesen Wunsch umzusetzen. Lass uns mal schauen, wie das geht.

WAS MÖCHTEST DU ERREICHEN?

Jedes Nest wird für eine bestimmte Zielsetzung gebaut. Unsere Zielsetzung beeinflusst unser Verhalten. Mineralölunternehmen, beispielsweise, tun genau das, was für sie funktioniert. Ihr Ziel ist es, möglichst viel Geld zu verdienen, und das gelingt ihnen ganz ausgezeichnet. Die größten Mineralölgesellschaften repräsentieren zurzeit an der Börse den größten Geldbetrag der Welt – der Welt, die sie zerstören. Ihre Zielsetzung lautet nicht, die Biosphäre und alle Lebensformen, die von ihr abhängen, zu schützen. Wenn das ihr Ziel wäre, würden sie ein anderes Verhalten an den Tag legen.

Wenn ich ein reicher Mann werden will, verhalte ich mich anders, als wenn ich vorhabe, möglichst viele Menschen mit Lamas kuscheln zu lassen. Dann sitze ich auf einem anderen Nest.

Das Entscheidende ist also die Zielsetzung, für die du dein Leben verändern möchtest.

Nur, welches Nest sollst du dir aussuchen? Tja, genau das ist die Frage. Selbstverständlich wollen wir alle glücklich sein. Nur ist Glück wie ein Teppich, unter den man alles Mögliche fegen kann. Manchmal meint man, ein Abend netflixen mache einen glücklich, bis man vor dem Zubettgehen feststellt, dass man sich wie eine matschig gewordene Fritte fühlt, die in der Wiese vom Freibad klebt. Schlapp, nutzlos und komplett am Ziel vorbei.

Wer nicht genau weiß, was er erreichen möchte, tut allerlei Sachen, die das Leben eventuell angenehmer machen, vielleicht aber auch nicht. Man bekommt dann von allem ein bisschen. Ein bisschen Sonne, ein bisschen Regen, nur nie eine richtige Schönwetterperiode.

Das funktioniert natürlich nicht. Zumindest nicht, wenn du dein Leben so gestalten möchtest, dass es immer schöner wird.

Und das möchtest du, also schauen wir uns jetzt an, wie du solche Pommesunfälle vermeiden kannst.

WIE VERMEIDET MAN ES, EINE SCHLAPPE FRITTE ZU WERDEN?

Aufgeweichte Pommes auf der Wiese des Schwimmbads? Geht gar nicht und ist nicht schön, für niemanden. Das Reinigungspersonal hat damit zusätzliche Arbeit, die Leute in der Imbissbude haben sie umsonst frittiert, der Bauer hat die Kartoffeln für nichts angebaut, und die Mutter hat für etwas bezahlt, das schließlich vor den Füßen ihres Sohnes landete. Sehr traurig.

Wenn du so jemand bist wie ich, dann hast du schon viel Zeit mit der Frage verbracht: Wie vermeide ich es, eine schlappe Fritte zu werden? Oder etwas langweiliger ausgedrückt: »Was will ich mit meinem Leben anfangen?«

Eine beliebte Fragestellung, für die jeder seine eigene Antwort finden muss. Es gibt keinen allwissenden Zauberer in einer Waldhütte, der uns sagen kann, was wir mit unserem Leben anstellen sollen. Zum einen, weil wir nicht in einem Märchen leben, und zum anderen, weil die

Forstverwaltung einen solchen Zauberer freundlich auffordern würde, seine Hütte woanders als im Wald zu bauen. Der Zauberer müsste dann in der Stadt einen Ein-Mann-Betrieb gründen, nur bekäme er dort von der Stadtverwaltung keine Zulassung für Zauberei, weil die Kommission für Bauästhetik die Hütte nicht genehmigen würde.

Kurz und gut, kein Zauberer, der uns helfen könnte, aber es gibt ja Werbeagenturen, die gut darin sind, den Zauberstock an sich zu reißen und uns Ideen zu vermitteln, was wir mit unserem Leben machen sollten. Die erste Idee lautet: Sachen kaufen. Denn neue Sachen sind toll. Das setzt Glückshormone frei, das fühlt sich gut an.

WIE VERMEIDEST DU ES, EINE SCHLAPPE FRITTE ZU WERDEN?

Und angesichts der Tatsache, dass man uns weismacht, Kaufen mache glücklich, erscheint uns dieses Anhäufen von Besitz dann auch ein logisches Lebensziel zu sein. Kaufe Sachen, und du bist glücklich. Wenn du nicht mehr glücklich bist, kaufst du eben neue Sachen. Dann fühlst du dich wieder glücklich. So geht das immer weiter, man hat gar keine Zeit, darüber nachzudenken. Die neuen Prospekte sind schon da, mit einigen richtig tollen Angeboten!

Aber selbst wenn man die Reklamebüros ignoriert, ist die Frage »Was will ich mit meinem Leben?« nicht leicht zu beantworten. Wenn »Sachen kaufen« nicht das Lebensziel ist, was ist es dann? Was muss man machen, um im Leben Erfüllung zu finden? Um ein zufriedenes Leben zu führen?

Tja. Gute Frage. Ich kann sie nicht für dich beantworten. Und wahrscheinlich fällt es dir auch nicht leicht. Es gibt schließlich so viele verschiedene Möglichkeiten, dass man quasi vor lauter Gurken den Gemüsehändler nicht mehr sieht. Und darum hängen so viele Menschen an dieser Frage fest. Wir wissen nicht, was wir wollen, also machen wir dieses oder jenes.

Nur, wie gesagt, wenn man kein deutliches Ziel hat, dann bleibt es ein ewiges Auf und Ab. So wird dein Leben nie großartig – dann wirst du weiterhin immer etwas zu meckern haben. Erst wenn man weiß, was man will, kann man sich darauf ausrichten. Und erst, wenn man sich auf das Wichtige im Leben beschränkt, kann man Beeindruckendes erreichen. Solange du nicht weißt, worauf du deine Aufmerksamkeit lenken musst, kommst du nicht wirklich weiter.

Die Schlussfolgerung scheint ziemlich einfach: Du musst herausfinden, was du mit deinem Leben machen willst. Damit du *dem* deine Aufmerksamkeit schenken kannst. Die Lösung lautet also, einfach eingehender darüber nachzudenken und zu warten, bis man die Antwort hat. Das klingt logisch. Und es *ist* auch logisch. Das Problem ist nur, dass das ziemlich lang dauern kann. Denn durch Nachdenken allein erfährt man nicht, was man wirklich möchte. Das gelingt erst durch Experimentieren, indem man etwas ausprobiert. Indem man alle Informationen zu dem, was einem Freude bereitet, sammelt. Und es ist klug und logisch, diesen Prozess in Gang zu setzen.

Nur was macht man in der Zwischenzeit? Kann das Leben wirklich erst dann schöner werden, wenn man die perfekte Antwort gefunden hat?

Ich denke, nein. Ich bin davon überzeugt, dass wir das intelligenter in Angriff nehmen können. Und ich werde dir auch sagen, warum.

OHNE UMWEG ZUR LÖSUNG

Die lange Route geht so: Man bleibt in seinem »Ich-weiß-nicht-was-ich-will«-Dilemma hängen. Man kann jahrelang auf einem solchen Nest brüten, ohne dass es zu nennenswerten Veränderungen kommen wird. Vielleicht findet man irgendwann die perfekte Antwort und hat ab dem Moment das Gefühl, man würde ununterbrochen singend durch prächtige Blumenwiesen hüpfen. Das klingt ein wenig ermüdend, und ich hoffe, dass kein Heuschnupfen im Spiel ist – aber nun gut.

Ich habe kein Problem mit der langen Route. Wenn ich durch Frankreich fahre, wähle ich immer die längere Strecke, weil sie mir mehr Freude bereitet. Wenn ich aber eine Woche ohne meinen Liebsten, Billy, verbringen musste, nehme ich den kürzesten Weg, um ihn möglichst rasch wiederzusehen.

Wenn es dein sehnlichster Wunsch ist, dein Leben zu verwandeln, in eines voller Vorteile und mit so gut wie keinen Nachteilen, dann erscheint mir die kürzere Strecke die bessere Wahl. Dann willst du dich schnell auf dein Nest setzen und drauflos brüten, um dein Ziel möglichst bald zu erreichen. Warum solltest du trödeln? Warum solltest du weiterhin in Unzufriedenheit verharren, wenn du dich schnell besser fühlen kannst?

Die lange Route ist die Suche nach der perfekten Antwort. Nach einer Antwort, die man möglicherweise nie bekommt. Mit der kürzeren Route bewegst du dich direkt auf dein Ziel zu. Nämlich darauf, wie du dich in deinem Alltag fühlen möchtest. Und wenn du weißt, wie du dich fühlen möchtest (die Wahrscheinlichkeit ist hoch, dass du es weißt), dann wird von selbst deutlich, wie du dich verhalten musst, damit es auch klappt. Dann hast du nämlich ein Ziel, auf das du dich konzentrieren, worauf du dein Verhalten abstimmen kannst. Und das macht das Ganze viel einfacher.

Es ist sowieso gar nicht so kompliziert. Auch wenn wir äußerlich sehr verschieden sind, im Inneren sind wir uns oft ähnlicher, als wir manchmal vermuten. Wirklich. Du, ich, alle Menschen, die du kennst – wir sind uns ähnlich. Wir alle streben die gleichen Gefühle an. Und das ist schön. Denn es bedeutet, dass wir einen Punkt haben, von dem aus wir loslegen können. Wenn wir herausfinden, was uns dabei hilft, uns so zu fühlen, wie wir es uns wünschen und wie wir das mit möglichst wenig Mühe umsetzen können, dann sind wir schon ein ganzes Stück weiter.

Es gibt Methoden, die bei so gut wie allen Menschen funktionieren. Die bei jedem von uns immer wieder aufs Neue die gewünschten Gefühle hervorrufen. Wenn man sich fit fühlen möchte, ist es eine gute Maßnahme, viel Obst und Gemüse und möglichst wenig »Mist« zu essen sowie sich regelmäßig zu bewegen. Das gilt für alle Menschen. Welche Nahrungsmittel man sonst noch so wählt, ist wiederum eine persönliche Sache. Ich esse Tacos, meine Mutter lieber Hausmannskost. Aber das nur am Rande.

Du möchtest glücklich sein. Das weiß ich, weil ich das auch möchte und weil wir uns im Inneren mehr ähneln, als verschieden zu sein. Nun habe ich in den vergangenen Jahren etwas Interessantes über Glück herausgefunden: Glücklichsein ist nicht die Endstation. Im Gegensatz zu dem, was die meisten Menschen glauben, ist Glück nicht die Zielvorgabe. Es ist der Anfang, es ist das Fundament. Glück ist das, was wir als Erstes ansteuern, es ist der erste Rastplatz auf einer langen Reise. Man sitzt ein, zwei Stunden im Auto und denkt: Ich muss mal, und ein Kaffee wäre auch nicht schlecht. Der Anfang eines guten Roadtrips. Die Grundlage, auf die man ein großartiges Leben aufbauen kann.

Wenn also Zauberer ohne Zulassung, Werbeprospekte, monatelanges Grübeln und selbst Glück nicht unser Ziel beschreiben, was sollten wir dann in Angriff nehmen? Ganz einfach, wir vereinfachen. Wir richten unser Leben so ein, dass wir uns möglichst schnell in Richtung der drei Gefühle bewegen, die wir in unserem Leben nicht mehr missen möchten. Damit unser Leben immer schöner wird.

GLÜCKLICH-SEIN IST NICHT DIE ENDSTATION

Klingt gut, oder? Aber welche drei Gefühle sind das?

DIE GEFÜHLE, FÜR DIE SICH VERÄNDERUNG LOHNT

Mal angenommen, du dürftest dir drei Gefühle aussuchen, die ab jetzt den Mittelpunkt deines Lebens bilden. Welche drei wären das? So lautete die Frage, die ich mir selbst stellte. Ich war über ein Jahr damit beschäftigt. Ich wusste zwar, in welcher Richtung ich suchen musste, schließlich gehört die Frage zu den Themen, über die ich seit 2004 auf soChicken schreibe. Trotzdem – wenn die Antwort so kompakt sein soll – wenn es wirklich die kürzeste Route sein soll, wenn ich *ein* Nest entwerfen soll, das wir *alle* bebrüten können, welche drei Gefühle würde ich dann wählen?

Zunächst dachte ich an das Gefühl, das sich einstellt, wenn ich den ersten Bissen von einem schönen Stück Torte in den Mund nehme – das fühlt sich ziemlich gut an. Oder an das Gefühl, das ich als Kind in der zweiten Woche der Sommerferien hatte: total entspannt in dem Wissen, noch einen ganzen langen Monat vor mir zu haben. Das war aber nicht das Richtige, denn diese Gefühle sind nicht universell genug. Manche Menschen mögen keine Torte und andere kein Nichtstun. Ich beschloss, hierüber kein Buch zu schreiben.

Solang ich auch philosophierte, wie viele Bücher ich auch las oder wie oft ich brainstormte – ich landete letztendlich immer wieder bei drei »offenen Türen«. Zu »normal«, um originell zu sein, und zu »wahr«, um sie zu ignorieren. Also musste ich mich entscheiden: Suche ich weiter nach Gefühlen, die zwar super klingen, aber nicht wirklich *die* Antwort sind? Oder konzentriere ich mich auf Gefühle, für die sich der Aufwand lohnt, und stricke eine Geschichte drum herum über »offene Türen« und wie wir durch sie einen Superheldenstatus erreichen können, weil sie es uns ermöglichen, durch Wände zu gehen?

Du weißt inzwischen, wie ich mich entschieden habe. Und so fand ich die drei Gefühle, auf denen wir mit diesem Buch brüten werden: Freiheit, Freude und Erfüllung. Einfach, elegant und großen Spaß versprechend.

Wenn du dein Leben auf diese drei Gefühle ausrichtest, wird alles einfacher und schöner als jemals zuvor. Außerdem gewinnst du im Verlauf dieses Prozesses an Wert für deine Umgebung, denn du inspirierst deine Mitmenschen, ebenfalls ihr Leben zu verbessern. Es ist eine einzige Aufwärtsspirale des Besserwerdens.

Und weißt du, was noch an Positivem on top kommt? Dir wird endlich deutlich, was du möchtest und was du nicht möchtest. Dadurch, dass du nun ein Ziel vor Augen hast, kannst du viel leichter bestimmen, was funktioniert und was nicht.

Was genau verstehe ich unter diesen drei Gefühlen? Warum bebrüten wir diese drei und nicht das Gefühl, das ein Stück Torte bei mir hervorruft?

Gute Frage. Wir schauen uns das im Folgenden genauer an, schließlich ist es der Kern von »Mach dich locker«.

FREIHEIT – WEG MIT ÄRGER UND KUMMER

Was bleibt über, wenn man Ärger und Kummer aus dem Leben verbannt? Ganz einfach: alles, was nichts mit Ärger und Kummer zu tun hat. Also die schönen Dinge. Sozusagen ein Leben basierend auf weniger Tiefs, mehr Hochs. Weniger »müssen«, befreit sein von dem Ballast, der uns nur runterzieht. Das ist es, worum es sich beim Thema Freiheit dreht. Das machen, was sich gut anfühlt, wozu man Lust hat, ohne Einschränkungen.

Wir alle sind auf der Suche nach Freiheit. Freiheit, um wir selbst sein, um uns verwirklichen zu können. In Ländern wie den Niederlanden oder Deutschland haben wir relativ viel Freiheit. Wir können tun und lassen, was wir wollen, und solange wir nicht allzu sehr übers Ziel hinausschießen, brauchen wir kein Blatt vor den Mund zu nehmen.

Es ist jedoch mehr möglich. Freiheit ist keine Endstation. Freiheit ist eine Reise. Zuallererst eine ganz praktische Reise. Wir wollen erreichen, mehr Zeit zu haben, mehr Geld überzubehalten und uns von unnötigen Verpflichtungen und Ärgernissen sowie wiederkehrenden Problemen zu befreien. Sobald das erledigt ist, wird die Suche nach Freiheit zu einer Reise in unser Inneres. Dann geht es darum, Erwartungen loszulassen, innere Ruhe zu finden, weniger Urteile zu fällen und dem selbst gebauten Käfig zu entfliehen.

Wir wollen Freiheit fühlen, um wir selbst sein zu können. Um unserem Herzen folgen zu können und um zu tun und zu lassen, was uns gefällt. Freiheit ist Liebe – es ist Leben ohne Angst, ohne Festklammern, ohne Verkrampfung. Wie ein frei fließender Fluss: dynamisch, ungehemmt und ohne Vorbehalte. Nicht wie eine Flasche Wasser, die nur ein bisschen in der Gegend rumsteht. Wir fangen mit »Freiheit« an, weil wir »Freude« leichter umsetzen können, wenn wir vorher unnötigen Ballast losgeworden sind.

FREUDE – LACHFALTEN SIND DIE BESTEN FALTEN

Falten bekommt man sowieso – also sollten wir versuchen, das Älterwerden dafür zu nutzen, vor allem Lachfalten zu produzieren. Freude steht für eine fröhliche, positive und energiegeladene Lebenshaltung. Es bedeutet auch, dass wir dankbar sind und zufrieden mit dem Schönen, was uns widerfährt. Dass wir täglich positive Emotionen spüren und unser Leben auf diesem Planeten auskosten. Es bedeutet, dass wir lernen zu relativeren. Dass wir uns und das Leben weniger ernst nehmen. Dass wir über Probleme lachen können und die schönen wie auch die weniger schönen Seiten des Lebens annehmen oder mit Achtsamkeit erfahren.

Freude bedeutet, dass wir uns glücklich fühlen, genau das ist es. Aber es geht noch weiter. Es bedeutet auch, dass wir gesund, energievoll und positiv gestimmt sind. Dass wir eine liebevolle Haltung gegenüber uns und unseren Mitmenschen einnehmen. Es beinhaltet, dass wir jeden Tag, jeden Moment in vollen Zügen genießen, egal was uns das Leben bringt. Und dass wir andere automatisch inspirieren, das Gleiche zu tun. Das Leben ist ein großer Spaß, zumindest wenn wir uns dafür entscheiden, es als solches zu erfahren. Sobald das Konzept Freude in unser tägliches Leben integriert ist, wird es Zeit, den nächsten Schritt zu tun.

ERFÜLLUNG – AUS DEM VOLLEN LEBEN

Innere Leere – viele Menschen wachen täglich mit diesem Gefühl auf. Sie haben alles im Griff. Sie haben einen tollen Job, so gut wie keine Sorgen und sind von Menschen umgeben, die ihnen etwas bedeuten. Alles ist in Ordnung – aber eben nicht toll.

Wer meint, dieses Gefühl der Leere sei Einbildung, irrt, denn in Wahrheit ist der Wunsch nach Erfüllung unsere schönste Eigenschaft. Sobald unser Leben einigermaßen geregelt verläuft, sehnen wir uns nach Erfüllung. Wenn wir uns frei und froh fühlen, sind wir noch nicht am Ziel angekommen. Um uns vollends wohlzufühlen, müssen wir hin und wieder auch etwas Sinngebendes tun. Nur mit Freiheit und Freude fühlt sich unser Leben noch nicht fantastisch an. Dann ist alles prima, aber auch irgendwie ein bisschen »hohl«. Was wir erreichen wollen, ist, dass wir auch innerlich genährt sind. Wir wollen innerlich so erfüllt sein, dass wir das Gefühl haben überzulaufen, dass wir aus diesem Überfluss schöpfen und anderen etwas abgeben können. Wir opfern uns nicht auf, wir machen uns nicht klein. Im Gegenteil –

wir können abgeben, weil wir ausreichend haben. Weil das Füllhorn beziehungsweise der Eimer gut gefüllt ist und wir schlichtweg nicht wissen, wohin mit all der Liebe.

Erfüllung ist das Sahnehäubchen. Sie bringt Sinn, Zufriedenheit und Wohlbefinden in unser Leben.

DIE MAGIE DES OPTIMIERENS

Wie bereits erwähnt, dieses Buch ist auf die kurze Route ausgerichtet. Wir werden nicht tagelang durch die Berge wandern. Wir steuern unser Ziel direkt an und graben zur Not unterwegs ein paar Tunnel. Kein bisschen romantisch, schon klar, aber so ist es eben. Der kürzeste Weg führt nun einmal durch den Berg hindurch.

Ein wichtiges Werkzeug für das Anlegen dieser kurzen Route heißt Optimieren. Wie das geht? Ganz einfach: kleine Veränderungen an strategisch wichtigen Stellen durchführen. Damit das klappt, ist es zunächst wichtig, den Unterschied zwischen einem Projekt und einem Prozess zu verstehen.

Eine Party organisieren ist ein Projekt, weil es am Tag X abgeschlossen ist. Das Gleiche gilt für ein Studium, einen Jobwechsel, Umzug oder das Schreiben eines Berichts. Es handelt sich hier ausnahmslos um Projekte mit einem deutlichen Endergebnis. Man kann sie abhaken und das nächste Projekt in Angriff nehmen.

Das Leben ist kein Projekt. Das Leben ist ein Prozess. Ein Entwicklungsprozess, der nie abgeschlossen ist. Natürlich hört das Leben irgendwann auf, aber das Gute daran ist, dass man dann selbst auch nicht mehr da ist. Solange man da ist, geht das Leben weiter, daher können wir es als Prozess betrachten. Ein Prozess wird nicht abgeschlossen, höchstens verbessert. Indem man geschickte Veränderungen an den verschiedenen am Prozess beteiligten Elementen anbringt, wird der Ablauf effizienter, werden die gesteckten Ziele besser erreicht.

Das klingt zunächst abstrakt, in Wahrheit ist es sehr praktikabel.

Unsere Ernährungsweise beispielsweise ist ein Prozess. Wir essen tagtäglich, daher können wir, solange wir leben, nie behaupten, unsere Ernährungsweise sei »vollendet«. Mal angenommen, du würdest dein Frühstück von Weißbrot mit Butter und Schokostreuseln auf Haferflocken mit Obst umstellen, dann hättest du deine Ernährung, bei der Bequemlichkeit und eine bestimmte Geschmacksvorliebe im Vordergrund standen, in Richtung Gesundheit optimiert. Du würdest dann etwas gesünder leben, hättest also schon ein bisschen was verbessert.

Wenn wir wissen, welches Ziel wir erreichen möchten, können wir alle Elemente des Prozesses dahingehend optimieren. Eine Fabrik optimiert ihre Prozesse, um mehr Gewinn zu erzielen, ein Koalabär, um so wenig Energie wie möglich aufzuwenden, ein Lama, um möglichst viel Speichel zu produzieren, und wir werden in den folgenden Kapiteln versuchen, mehr Freiheit, Freude und Erfüllung in unser Leben zu integrieren.

Wir werden also die individuellen Aspekte unseres Lebens Schritt für Schritt dahingehend verändern, dass wir sicher sein können, den drei genannten Gefühlen an jedem Tag unseres Lebens einen Platz eingeräumt zu haben. Das ist nicht nur ein logisches Vorgehen – es tatsächlich zu tun macht auch Spaß. Beim Optimieren ist besonders wichtig, dass wir ehrlich zu uns selbst sind und nicht aus dem Auge verlieren, was realistisch ist. Wir schauen uns das im Folgenden genauer an.

KÜKEN, DER VOGEL STRAUSS UND DAS PRINZIP VON URSACHE UND WIRKUNG

Wenn einem eine Kokosnuss auf den Kopf fällt, war's das. Da kann man nichts dran ändern. Und selbst wenn man es überlebt, werden die Kopfschmerzen schlimmer sein als die von dem Kater, den man sich unter ebendieser Palme beim Piña-Colada-Trinken eingefangen hat. So ist das Leben eben. Egal, was man tut, es unterliegt immer dem Naturgesetz von Ursache und Wirkung. Alles in unserem Leben hat eine Ursache.

In vielen Fällen ist die Ursache klar (zum Beispiel, wenn ich mir den kleinen Zeh zum hundertsten Mal an diesem einen Stuhlbein stoße und anschließend eine Schimpftirade loslasse) – und in anderen wiederum überhaupt nicht (warum durchschlägt dieser Meteorit gerade jetzt das Dach meines Hauses, wo ich doch gerade eine Maschine erfunden habe, die Weißbrot in Macarons verwandeln kann!?).

Unabhängig davon, ob du die Ursachen kennst oder verstehst – du kannst dir sicher sein, dass absolut alles eine Ursache hat. Alles wird durch etwas anderes verursacht. Immer wenn wir etwas denken, sagen oder tun, wird es etwas bewirken. Manchmal sind die Folgen erwünscht, manchmal nicht. Indem ich den Stuhl an diese bestimmte Stelle im Wohnzimmer stelle und ich scheinbar immer wieder dieselbe Route durchs Haus nehme, stoße ich mir jedes Mal den Fuß. Das ist eine unerwünschte Wirkung. Indem ich mich jeden Tag dazu motiviere, Liegestütze zu machen, bekomme ich eine kräftige Brustmuskulatur, über die ich zufrieden bin. Das ist dann eine erwünschte Wirkung.

Das zu tun, was funktioniert, bedeutet, sich anzustrengen, die erwünschten Ergebnisse zu erzielen. Es gibt eine Menge Leute, die genau das nicht tun. Sie negieren das Prinzip von Ursache und Wirkung. Sie verbringen ihren Abend vor dem Fernseher und wundern sich, dass sie sich leer fühlen. Ich habe das ausprobiert, es ist tatsächlich die kürzeste Route, um sich mies zu fühlen, insbesondere wenn man das Ganze mit Chips kombiniert. Wenn man Ursache-Wirkung negiert, sieht man sich mit inkonsistenten oder unerwünschten Resultaten konfrontiert.

Ungefähr so, wie wenn man Hühnereier ins Nest legt und anschließend darauf hofft, dass kleine Strauße aus der Schale schlüpfen. Das funktioniert natürlich nicht. Aus Hühnereiern schlüpfen nun mal Hühnchen.

Es ist verrückt, einen muskulösen Körper zu erwarten, wenn man alles dafür tut, dass er schlapp wird oder bleibt. Genauso irrwitzig ist es, zu erwarten, dass man sich auf magische Weise jeden Tag frei, froh und zufrieden fühlt, wenn man keine Schritte unternimmt, um diesen Wunsch in die Realität umzusetzen. Du selbst musst die Ursache für die Wirkung, die du dir wünschst, sein. Wenn du nichts unternimmst, tut sich auch nichts. Eigentlich logisch, dass sich deine Ziele so nicht erreichen lassen, oder?

Und immer daran denken: Aus einem Hühnerei schlüpft kein Vogel Strauß! Nie.

31

NEIN. DU HAST ES NICHT WIRKLICH VERSUCHT

An dieser Stelle möchte ich noch einmal betonen, dass es einen Unterschied macht, ob man einen Blick durch die Tür wirft oder ob man wirklich hindurchgeht. Viele Menschen probieren eine bestimmte Methode aus, sehen nicht gleich den erhofften Effekt und geben dann auf. Wenn ihnen anschließend jemand empfiehlt, es mit dieser Methode zu probieren, sagen sie: »Das habe ich schon versucht, das bringt nichts.«

Wenn dir auffällt, dass du selbst solche Formulierungen verwendest: aufgepasst! Mit großer Wahrscheinlichkeit hast du es nämlich nicht ernsthaft versucht. Vermutlich hast du ein bisschen daran geschnuppert, bist aber nicht wirklich am Ball geblieben. Das ist nicht schlimm. Du solltest dir nur dessen bewusst sein, dass einmal mithilfe von YouTube zu meditieren noch lange nicht heißt, dass du tatsächlich meditiert hast. Genauso wie eine Woche lang gesund zu essen nicht bedeutet, dass du nichts unversucht gelassen hast, um fitter zu werden. Du solltest Schnuppern nicht mit dem ernsthaften Versuch, dein Leben zu ändern, verwechseln. Kein Grund, sich jetzt mies zu fühlen, ich mache es ja genauso. Ich schnuppere an jeder Menge verschiedener Methoden, um herauszufinden, ob sie zu mir passen.

Außerdem: Wenn du den Eindruck hast, etwas funktioniere nicht, ist damit noch lange nicht der Beweis erbracht, dass es wirklich nicht funktioniert. Es kostet eben einfach Zeit, bis man etwas gelernt beziehungsweise unter Kontrolle hat. Der Optimierungsprozess deines Lebens erfolgt in einzelnen Schritten, und manchmal sind ein paar Schritte zurück unvermeidlich. Was du aber auf keinen Fall machen solltest, ist aufgeben (denn das funktioniert erst recht nicht). Stattdessen stehst du auf, klopfst den Staub ab und probierst es einfach noch einmal, eventuell mit einer anderen Methode. Denn alles, was man erreichen möchte, erfordert Einsatz. Ein fantastisches Leben bekommt man nicht in den Schoß geworfen, man muss etwas dafür tun (oder sein lassen). Sobald du aber merkst, dass alles immer besser und schöner wird, wird diese Hürde zusehends kleiner. Die tägliche Körperpflege erfordert auch Zeit und Energie, trotzdem denkt man nicht einmal darüber nach, sie wegzulassen. Offensichtlich ist es einem die Mühe wert, diese Zeit und Energie aufzuwenden. Das Gleiche gilt für die Tipps und Ratschläge in diesem Buch. Sie erfordern deinen Einsatz. Zwar mit so wenig Anstrengung wie möglich, aber dennoch. Wenn du dein Leben ändern möchtest, dann musst du diese Veränderungen auch in Gang setzen (Ursache-Wirkung!). Auch dann, wenn du meine Ratschläge nicht originell genug findest, wenn du sie als Binsenweisheiten abtun willst. Und immer daran denken: Offene Türen sind die besten Türen.

DER OPTIMIERUNGS-PROZESS DEINES LEBENS ERFOLGT IN EINZELNEN SCHRITTEN

DU BIST KEIN KUCKUCK

Weißt du, was über den Kuckuck auf Wikipedia steht? Leider nichts Nettes. Er wird als Brutschmarotzer bezeichnet.

»Brutparasitismus bezeichnet das Verhalten einiger Tierarten, die ihr Gelege nicht selbst bebrüten, sondern von Ersatzeltern (Wirten) ausbrüten lassen. Brutschmarotzer verringern damit ihren Aufwand für Brutfürsorge oder Brutpflege.«

Wie du inzwischen weißt: Ich bin ein großer Fan von »möglichst wenig Mühe aufwenden«. Damit ist aber nicht gemeint, dass du zum Brutschmarotzer werden sollst. Das ist ein Ansatz, der ganz sicher nicht funktioniert. Warum nicht? Weil niemand dich retten wird. Ganz bestimmt nicht. Es gibt keine Drachentöter und es lohnt sich auch nicht, auf den schönen Prinzen auf seinem weißen Pferd zu warten, denn das Leben ist nun mal kein Märchen. Glücklicherweise, muss ich hinzufügen. Denn in Märchen fangen Menschen und anderes plötzlich an zu singen, und davon bekomme ich Ausschlag. Im echten Leben gibt es keine Zauberer, sprechenden Tiere oder verwunschenen Schlösser mit Türmen, in denen ausschließlich hübsche Prinzessinnen eingesperrt werden, nie hübsche Prinzen. Und auch keine Katzen mit Stiefeln an den Pfoten, im Übrigen bleiben Katzen sowieso lieber drinnen, wenn es regnet.

Das echte Leben ist zum Glück weniger kompliziert. Das bedeutet aber auch, dass du mal gründlich in den *nicht* verzauberten Spiegel blicken solltest. Die Person, die du da siehst – das ist die einzige Person im ganzen Universum, die dein Leben verbessern kann. Ausschließlich du, nur du ganz allein.

Das ist eine wichtige Erkenntnis, denn in dem Moment, in dem du diese Wahrheit vergisst, landest du in der Opferrolle. Diesem stinkenden Morast aus Verzweiflung, Selbstmitleid und den verschiedenen Geschmacksrichtungen von Fairtrade-Schokolade. Wenn du dich in die Opferrolle begibst, wirst du zum Brutschmarotzer. Die Opferrolle ist ganz großer Mist – und gleichzeitig auch ein großer Spaß. Ich darf das sagen, denn ich bin nur zu gut mit diesem Phänomen vertraut. Es fühlt sich super an, wenn ich mich so richtig bedauernswert finde. Wenn ich mich im Selbstmitleid suhle und viel zu viel Schokolade verdrücke, »weil ich es verdient habe«. Wenn ich die Schuld auf andere schiebe. Wenn alles und jeder für mein Unglück verantwortlich ist, nur nicht ich selbst. Es ist herrlich bequem, wenn ich die anderen meine Eier ausbrüten lasse. In solchen Situationen neige ich dazu, Trost in zu üppigem Essen, Wein und kitschigen Filmen zu suchen. Das ist auch völlig in Ordnung – zum Glück, denn es ist einfach super –, aber es bringt mich leider keinen Schritt weiter.

Die Opferrolle bringt es nicht. Zumindest nicht, wenn du dein Leben dahingehend optimieren möchtest, mehr Freiheit, Freude und Erfüllung zu erleben. Zum einen, weil die Opferrolle unsere Freiheit einschränkt. Wenn wir meinen, das Opfer von allerlei Ereignissen zu sein, fühlen wir uns in der Regel ohnmächtig und unfrei. So, als ob unsere Gefühle von äußeren Umständen bestimmt würden, die wir nicht beeinflussen können. Und zum anderen, weil uns die Opferrolle unglücklich macht. Wenn man sich als Opfer fühlt, ist man selten froh und zufrieden. Im Gegenteil, man ist eher traurig und niedergeschlagen. Und das ist nicht das, was wir wollen.

Jeder von uns hat eine Person in seinem Umfeld, die tief in Selbstmitleid versunken ist. Jemand, der versucht, seine Eier unter den Hintern von anderen zu schieben.

Dort, wo ich Chancen sehe, sieht diese Person Hindernisse. Da, wo mir bewusst ist, dass sie sich das selbst antut, sucht sie die Schuld bei externen Faktoren. Sie wird von der Politik benachteiligt, ihre Gesundheit lässt es nicht zu, ihr Einkommen reicht nicht aus, oder die gesamte Menschheit ist schlecht. So eine Beweisführung führt zu genau dem, was derjenige hören will: Ich bin ein Opfer der Umstände. Ich kann nichts dagegen tun. Kein einziger Ratschlag könnte mir helfen.

Okay. Nur hat eine solche Haltung absolut nichts mit Glücklichsein zu tun. Das Einzige, was dabei herauskommt, ist, dass man sich klein, elend und nutzlos fühlt. Das lassen wir ab jetzt also bleiben. Je weniger wir in die Opferrolle schlüpfen, desto schöner wird unser Leben.

NUR DU SELBST KANNST DICH GLÜCKLICH MACHEN

Mir ist bewusst, dass es alles andere als toll klingt, aber es muss gesagt werden: Du musst es allein hinkriegen. Na gut – nicht ganz allein. Zum großen Teil aber schon. Dein Leben, deine Reise. Andere Menschen begleiten dich für kürzere oder längere Zeit, und wenn möglich, werden sie dich unterstützen und dir helfen. Aber eine Sache kann dir niemand abnehmen: dich glücklich zu machen. Das liegt wirklich ganz allein bei dir.

Du sitzt auf deinem Nest, die anderen auf ihrem. Punkt.

Wenn es dir wirklich schlecht geht, werden andere das bemerken und dir dabei helfen, wieder auf das richtige Nest zu klettern. Menschen sind nämlich nett, sie lassen dich nicht einfach abrutschen. Aber wenn alles normal läuft, musst du es alleine stemmen. Immerhin hat jeder mit seinen eigenen Problemen genug zu tun. Das ist logisch, schließlich ist das Leben eine besonders imponierende Situation. Und die erfordert sehr viel Aufmerksamkeit. Dein Glück ist deine Angelegenheit, es liegt in deiner Verantwortung. Und wenn du diese Verantwortung nicht übernehmen willst, ist das auch kein Weltuntergang. Du kannst dir weismachen, dass dich alle möglichen anderen Menschen oder Produkte glücklich machen. Du kannst auch auf die *eine* große Liebe warten, mit der dein Leben plötzlich perfekt sein wird. Oder auf das neue Smartphone, das endlich deine innere Leere ausfüllen wird. All das kann angenehm und unterhaltsam sein. Nur effektiv ist es nicht.

Wenn du ein schönes Leben haben möchtest, musst du dir Folgendes klarmachen: Niemand anderes wird für dein Glück sorgen. Niemand.

DU SITZT AUF DEINEM NEST. DIE ANDEREN AUF IHREM. PUNKT

Und das ist gar nicht schlimm. Du kannst nämlich relativ einfach selbst dafür sorgen, wie du etwas weiter hinten erfahren wirst. Außerdem bist du immer in der Nähe, gut, oder? Du bist immer für dich selbst da und du schuldest dir nichts. Das Leben ist kein Märchen. Es ist zwar schade um all die Frösche und singenden Märchenfiguren, aber du wirst sehen, dass du sie nicht einmal vermissen wirst.

ES GIBT IMMER ETWAS, DAS DU BEEINFLUSSEN KANNST

Emotionen sind etwas Faszinierendes. Sie erscheinen uns superwichtig in dem Moment, in dem wir sie erfahren, sie sind aber genauso flüchtig wie der Spaß, den wir erleben, wenn wir einen Zug aus einem Heliumballon nehmen. Man hat für kurze Zeit eine witzige Stimme, und dann ist alles wieder wie vorher.

Alles Mögliche passiert, und oft haben wir keinen Einfluss darauf. Manchmal bewirken wir etwas ganz konkret. Häufig jedoch widerfährt uns etwas, wie ein plötzlicher Regenguss bei einem Gartenfest, um nur ein Beispiel zu nennen. Solche und andere Ereignisse rufen bestimmte Gedanken hervor. Beispielsweise: »Wie schrecklich« oder »Jetzt war meine ganze Arbeit umsonst« oder »Ich versuche mich zu beherrschen, aber diese Frisur bringt mich zum Lachen«.

Und diese Gedanken bewirken etwas Bemerkenswertes: Sie lösen Gefühle aus. Wenn uns etwas Angenehmes durch den Kopf geht, fühlen wir uns wohl, denken wir an unangenehme Dinge, fühlen wir uns mies. Der Gedanke »Jetzt war meine ganze Arbeit umsonst« löst ein Gefühl der Niedergeschlagenheit aus. Es scheint, als ob das Gefühl von dem plötzlichen Regenguss, der die Grillparty unter Wasser setzte, verursacht wird. Aber in Wahrheit sind wir es selbst beziehungsweise unsere Gedanken.

Alles im Leben ist relativ. Der eine findet eine Frisur urkomisch und wird deswegen fröhlich, der andere findet dieselbe Frisur total trendy, was sein Selbstbewusstsein steigert. Beide erfahren Gefühle, die mit ihren Gedanken korrespondieren.

Die Gefühle, die ein bestimmtes Ereignis bei uns auslöst, sind nicht auf ewig festgelegt. Wir können mit ihnen spielen. Wir haben die Möglichkeit, selbst zu bestimmen, wie wir auf eine Situation reagieren wollen. Es macht uns nicht glücklich, wenn jemand etwas tut, was uns stört. Wir zeigen dann mit dem Finger auf den anderen. Was aber, wenn der andere meint, uns ignorieren zu können, und nichts an der Lage verändern will? Dann haben wir ein Problem. Sollen wir dann schmollen und weiter auf den anderen zeigen? Frei nach dem Motto: »Ich werde es nicht lösen, schließlich hat er es verursacht.« Gut, das ist eine Möglichkeit. Leider fühlen wir uns schlecht dabei, und den anderen stört es noch nicht einmal.

Wenn wir aber selbst die Verantwortung übernehmen, können wir das Problem so gut wie möglich lösen. Auf eine Art und Weise, die dafür sorgt, dass wir uns wieder so fühlen, wie wir uns fühlen möchten. Wir lösen es nicht für den anderen. Und auch nicht, um zu beweisen, dass der andere im Unrecht ist. Sondern einzig und allein, um uns wieder wohlzufühlen.

DU KANNST IMMER ETWAS TUN, UM DIE SITUATION ZU VERBESSERN

Unsere Reaktion auf ein Ereignis können wir selbst bestimmen. Klar, manchmal reagieren wir instinktiv, aus einem Impuls heraus. Beispielsweise, wenn uns jemand auf die Nase haut. Dann werden wir sauer und hauen entweder zurück oder laufen weg, abhängig von unseren individuellen Impulsen. Aller Wahrscheinlichkeit nach besteht dein Leben aber nicht aus lauter solchen Momenten. Wenn etwas geschieht, was eine Emotion hervorruft, haben wir in der Regel Zeit, uns zu besinnen und dann zu entscheiden, wie wir reagieren wollen. Und egal, was geschieht, man kann immer etwas tun, um die Situation zu verbessern. Oder um zumindest zu erreichen, dass etwas weniger schlimm ist. Jeder noch so kleine Schritt in die richtige Richtung ist besser und effektiver, als sich unter der Decke zu verkriechen und in Selbstmitleid zu schwelgen.

Denn das ist die Quintessenz von sich in die Opferrolle begeben: sich verkriechen. Man schiebt die Verantwortung weg und damit auch die Freiheit, etwas an der Situation zu verändern. Später mehr dazu, wie dir die Ausbrüt-Methode dabei helfen kann, dein besseres Leben auszubrüten, in kleinen Schritten wohlgemerkt. Denn je tiefer man in Selbstmitleid versunken ist, desto schwerer ist es auch, große Schritte zu machen beziehungsweise drastische Veränderungen herbeizuführen. Der erste Schritt ist einfach, du musst dir nur selbst folgende Frage beantworten: »Welchen kleinen Schritt kann ich jetzt, in diesem Augenblick, unternehmen, um die Situation zu verbessern?«

Ich selbst habe in diesem Szenario meistens eine einzige Antwort und die lautet: Leg die Schokolade weg und geh laufen. Denn obwohl Schokolade einen tröstenden Effekt hat, entfernt sie mich letztendlich nur von dem, was ich erreichen möchte. Ich verhalte mich auf eine Weise, die mir nicht zuträglich ist. Schließlich will ich nicht ungesund, lethargisch und picklig sein. Ich will gesund, fit und froh sein! Du wirst sehen, ein kleiner Schritt, raus aus der Opferrolle, bringt dir die Erkenntnis, dass du immer etwas, und sei es auch noch so klein, tun kannst, um die Situation zu ändern. Für mich ist das beispielsweise eine halbe Stunde joggen, für dich kann das etwas anderes sein.

Mir hilft das, meine Probleme zu relativieren, meinen Kopf wieder frei zu bekommen, Energie aufzubauen, und – last not least – es lässt Glückshormone durch meinen Körper strömen.

Geh ab jetzt einfach davon aus, dass du immer die Möglichkeit hast, die Situation zu verbessern. Manchmal kannst du das auch mit einer kleinen gedanklichen Veränderung bewirken. Suche ab jetzt immer nach diesem einen kleinen Schritt und setz ihn in die Tat um. Sei kein Kuckuck oder Brutschmarotzer. Erobere dir deine Verantwortung zurück! Lass die Opferrolle hinter dir, setz dich auf dein Nest und du wirst merken, wie du Schritt für Schritt die Aufwärtsspirale ausbrütest.

ÜBERNIMM DIE VERANTWORTUNG FÜR DEIN LEBEN

Für den Erfolg der Ausbrüt-Methode ist es ausschlaggebend, dass du die Verantwortung für dein Leben übernimmst. Du brütest auf deinem eigenen Nest deine eigenen Eier aus. Denn wenn du es nicht selbst tust, tun es andere für dich, und zwar auf eine Weise, die dir nicht unbedingt zuträglich ist. Dir muss klar sein, dass es ausschließlich bei dir liegt, wie du dich fühlst. Du kannst zwar nicht immer bestimmen, was passiert, aber du kannst immer etwas tun, um es zu verändern. Du kannst jederzeit einen kleinen Schritt machen.

In diesem Buch unternehmen wir kleine und große Schritte, die dein Leben verbessern werden. Dabei werden wir die Realität nicht außen vor lassen, im Gegenteil, wir werden sie bewusst integrieren. Das wird ab und zu schwierig oder anstrengend, du wirst mit dir selbst konfrontiert werden. Aber sei beruhigt, du bist ein netter Mensch. Aus eigener Erfahrung weiß ich, dass die Konfrontation mit uns selbst viel angenehmer und erfreulicher ist, als die meisten glauben.

Unser Ziel ist ein Leben, das immer besser wird. Ein Leben voller Freiheit, Freude und Erfüllung. Wir setzen uns auf ein Nest, um genau das auszubrüten. Ganz einfach, und vor allem auch logisch.

Jetzt, wo du dich schön warm auf deinem Nest eingerichtet hast, beschäftigen wir uns mit den Eiern, die wir ausbrüten wollen. Es geht also um Folgendes: Welche kleinen Schritte wollen wir bebrüten und welche lassen wir links liegen?

DIE BESTEN EIER AUSBRÜTEN

2

Das, was man lässt, ist mindestens so wichtig wie das, was man tut. Es gibt Hunderte Schritte, die man machen kann, um das eigene Leben zu verbessern. Aber für welche entscheidest du dich? Welche Eier legst du in dein Nest? Sich anstrengen ist prima, aber mit einem Buch auf dem Sofa liegen klingt besser. Das finde zumindest ich. Ich würde mich nicht als faul bezeichnen, ich bin es aber trotzdem. Selbstverständlich nicht immer, sonst hättest du dieses Buch nicht in der Hand. Aber ich habe eine gesunde Abneigung gegen unnötige Arbeit entwickelt. Wie zum Beispiel Abwaschen, wo es doch so tolle Geräte gibt, die mir das, begleitet von einem angenehm brummenden Geräusch, abnehmen können – großartig!

Ich empfinde das Verrichten von unnötiger Arbeit als sinnlos. Na gut, wahrscheinlich ist es für irgendetwas gut. Aber ganz bestimmt nicht dafür, meine anvisierten Ziele zu erreichen. Daher kann ich keinen wirklichen Nutzen erkennen.

In unserer Gesellschaft gilt Faulheit als schlechte Eigenschaft. Mir wurde allerdings schon früh bewusst, dass mir etwas strategische Faulheit durchaus Vorteile verschaffen kann. Und da ich lieber nichts Überflüssiges tue, muss ich Entscheidungen treffen. Ich muss herausfinden, was mich am meisten voranbringen wird und was ich sein lassen kann. Auf diese Weise konnte ich schon viel Zeit gewinnen. Zeit, die ich für anderes, das ich sehr wohl sinnvoll, gut oder wichtig finde, einsetze. Zum Beispiel für Videospiele – ich würde lügen, wenn ich behauptete, keine Zeit damit zuzubringen (oder in der Pubertät ganze Sommerferien damit verbracht zu haben). Es sind aber auch durchaus Sachen, die mich in meinem Leben voranbringen. Wie gesund kochen, meditieren, mich um meine Beziehungen kümmern, lesen, mich weiterbilden oder an der Verfolgung meiner Ziele arbeiten.

Die meisten von uns haben keine Ahnung, was sie eigentlich genau wollen. Und wer nicht weiß, was er will, für den gibt es auch nichts zu optimieren. Auf eine gesunde Ernährungsweise umzustellen ist etwas völlig anderes, als die Ernährung auf Geschmacksintensität (und damit meine ich süß oder fett oder salzig) auszurichten. Das eine führt zu Blumenkohl und Brokkoli, das andere zu Bratwurst und Butter. Ein großer Unterschied für das Geschmackserlebnis, aber ebenso für unsere Blutgefäße.

Früher gab es in meinem Leben ständig Phasen, in denen ich alles Mögliche versuchte. Ich wollte einen Waschbrettbauch, also machte ich Sit-ups. Es stellte sich schnell heraus, dass das ziemlich anstrengend ist, also gab ich nach zwei Tagen auf und bekam keinen straffen Bauch. Ein anderes Mal wollte ich Schlagzeugspielen lernen, einen Roboter bauen oder einen automatisch bewässerten Gemüsegarten anlegen. Außerdem fand ich, dass ich mehr Instagram Follower haben sollte, dass meine Tapete erneuert werden müsste, dass meine Handschrift schöner sein könnte oder dass ich Japanisch lernen sollte.

All dies fing ich an und ließ es nach kurzer Zeit wieder sein. Also brachte es mir nur wenig. Ich habe nun zwar tatsächlich eine neue Tapete und ich kann »Arigato!« sagen, aber Schlagzeug spielen kann ich immer noch nicht. Ach ja, und ich besitze jetzt ein Buch darüber, wie man Roboter baut, sowie eine Schachtel voller Bausatzteile, im Schuppen liegt außerdem ein unbenutztes Bewässerungssystem, meine Handschrift sieht etwas anders aus, und ich habe ein paar Follower mehr. Viel Aufwand, wenig Resultat. Wenn du also nicht weißt, was du willst, wird zwar einiges passieren, aber sich nicht wirklich etwas ändern. Du bist die ganze Zeit eifrig beschäftigt – und das sieht nach »erfolgreich« aus –, aber du fühlst dich noch immer wie die matschige Fritte aus dem vorherigen Kapitel.

Daher ist es so wichtig, dass wir zunächst herausfinden, was wir wollen. Denn wenn wir auf dem richtigen Nest sitzen, sind wir schon auf halber Strecke.

Wir wissen inzwischen, dass wir Freiheit, Freude und Erfüllung bebrüten wollen. Das ist vorteilhaft, denn wenn man weiß, dass man sich mehr Freiheit schaffen will, sucht man sich keinen Job, der dazu führt, dass freie Zeit ein ähnlich seltenes Gut wird wie Kokosnüsse an einem Nadelbaum. Dann plant man kein sündhaft teures Badezimmer, für das man einen zusätzlichen Kredit aufnehmen müsste. Und dann bleibt man nicht in alten Denkmustern hängen, die einen derart einschränken, als hätte man sich selbst in einem Käfig eingeschlossen.

Wenn man weiß, dass man sein Leben Richtung Freude optimieren möchte, hört man damit auf, stundenlang beängstigende Dokumentarfilme voller obskurer Verschwörungstheorien zu gucken. Dann lässt man die Opferrolle hinter sich und grübelt nicht mehr ununterbrochen über Unerfreuliches.

Und wenn man Erfüllung anstrebt, wird man seine Energie nicht für Facebook Likes aufwenden. Man beschäftigt sich auch nicht damit, was die anderen von einem erwarten, und man wird seine Zeit nicht für etwas verschwenden, bei dem es nur um Status und Ansehen geht.

Wenn man weiß, was man erreichen möchte, wird einem auf einmal klar, wie viel eigentlich überflüssig ist. Zum einen helfen uns die allermeisten Sachen nicht dabei, unsere Ziele zu erreichen. Und zum anderen sind viele Sachen, die uns vielleicht helfen würden, unsere Ziele zu erreichen, Zeitverschwendung.

Und damit sind wir dann bei meiner Lieblingserkenntnis: Die meisten Dinge sind im Hinblick auf das Ziel, das ich erreichen möchte, überflüssig. Das ist die Wahrheit. Indem wir weniger tun, können wir mehr erreichen. Wir sollten also damit aufhören, nutzlose Eier zu bebrüten, und stattdessen ausschließlich sinnvolle Eier in unser Nest legen. Warum? Weil wir uns so in Superhelden verwandeln können.

WIE MAN SICH IN EINEN SUPERHELDEN VERWANDELT

Superhelden machen Sachen, die für normale Menschen unmöglich scheinen. So ein Superheld kann durch Wände gehen (genau wie du). Er kann aber noch mehr tolle Sachen, die zu schön sind, um wahr zu sein. Wenn du dein Leben geschickt einrichtest – wenn du immer weniger überflüssige Eier bebrütest – kannst du das auch schaffen.

Wie funktioniert das? Nun, es geht darum, wie wir mit unserer Lebensenergie haushalten. Für alles im Leben muss man Energie aufbringen. Alles, was wir tun, aber auch alles, was wir besitzen, kostet Lebensenergie. Diese setzt sich zusammen aus Zeit, Aufmerksamkeit, Energie und aus materiellen Dingen wie Geld oder dem Umfang unserer Kamelherde. Glaub mir.

Zur Verdeutlichung machen wir einen kleinen Ausflug in die Wüste. Wir stellen uns einen reichen Scheich vor, den ein Dokumentarfilm über Tierquälerei betroffen gemacht hat. Eines Tages kommt er zu dem Entschluss, dass es unfair ist, dass seine riesige Kamelherde in der Wüste stehen muss, während er entspannt an einem Pool rumhängen kann, umgeben von Palmen und mit so vielen Piña Coladas, wie er nur will. Er entwirft ein geniales System, für das er Tausende von Kanälen graben lässt, die von einem breiten Fluss abzweigen, mit dem Wasser lässt er wiederum hunderttausend Swimmingpools befüllen. Jedes Kamel bekommt ein eigenes Becken. Jetzt endlich können seine Kamele glücklich sein. Nach kurzer Zeit entdeckt er, dass das Befüllen und ständige Nachfüllen der vielen Kamelschwimmbäder den Fluss zu einem Rinnsal werden lässt. Für seinen eigenen Pool und für die Kokospalmen bleibt kaum noch Wasser übrig. Und wenn die Kokospalmen eingehen, sind sogar seine Piña Coladas in Gefahr!

Er ändert also seinen Plan. Die Kamele werden in den Wüstensand zurückgebracht (sie hatten sowieso nicht kapiert, warum sie in einen Pool gehen mussten. Kamele finden alles prima), der Fluss strömt daraufhin wieder frei und kräftig, wie früher. Der Scheich kann das Wasser also wieder sinnvoll nutzen, zum Beispiel, um seine Kokospalmen zu bewässern.

Der Fluss steht für unsere Lebensenergie. All dasjenige, was in unserem Leben überflüssig ist, wirkt wie ein Kamelschwimmbad. Man braucht es nicht, aber es zwackt dem Fluss extrem viel Wasser ab. Das Aussortieren dieser überflüssigen Angelegenheiten ist wie das Zurückbringen der Kamele in die Wüste. Das Wasser kann wieder fließen, es steht wieder für sinnvolle Sachen zur Verfügung.

Du kannst diese freigesetzte Energie einsetzen, wie du möchtest. Für etwas, was dir wichtig ist, wie: Bücher lesen oder schreiben, Kinder mit Liebe und Aufmerksamkeit großziehen, Schritte unternehmen, um deine Träume zu verwirklichen oder um deinen Körper fitter zu machen. Du kannst sie aber auch für die lebensnotwendigen Freiräume nutzen, in denen du entspannen, nachdenken, philosophieren, spielen oder einfach nichts tun kannst.

DIE EIERSORTIER-METHODE

Was wir brauchen, um den Weg Richtung besseres Leben anlegen zu können, ist eine Methode, mit der wir bestimmen können, welche Eier wir bebrüten wollen und welche wir links liegen lassen. Kurzum, eine Eiersortier-Methode. Zum einen, um herauszufinden, was uns dabei hilft, unsere Ziele zu erreichen und zum anderen, um herauszufinden, welche von diesen Eiern wiederum den größten Effekt mit der geringsten Anstrengung versprechen.

Diese Methode umfasst drei Schritte:

1.   Finde heraus, welche Schritte dich voranbringen.

2. Finde heraus, welche dieser Schritte dich am effektivsten voranbringen.

3. Konzentriere dich ausschließlich auf diese Schritte.

All das ist logisch, denn so funktioniert unser Leben nun einmal. Ein kleiner Teil dessen, was wir tun, sorgt in unserem Leben für einen Großteil der erwünschten Resultate. Der Rest von dem, was wir tun, trägt nur wenig zu unserem Erfolg bei. Andersherum gilt dieses Prinzip genauso. Lediglich eine Handvoll Sachen verursacht so gut wie den gesamten Ärger und Kummer in unserem Leben. Total verrückt. Und super. Denn es bedeutet, dass es immer ein paar Sachen gibt, die für alles Schöne und Gute in unserem Leben sorgen, und dass es andersherum nur ein paar Dinge sind, die für die dunklen Seiten unseres Lebens verantwortlich sind. Das macht es einfacher und überschaubarer.

Die Kunst dabei ist, diese ganz speziellen Eier herauszupicken, also herauszufinden, welche paar Dinge unser Leben am schönsten machen und welche Handvoll Dinge den meisten Ärger und Kummer verursachen. Anschließend können wir damit arbeiten.

Hier ein paar Beispiele:

»   Lediglich zwei oder drei unserer Freunde sorgen für fast das gesamte Glück und Wohlbefinden, das uns unsere Freundschaften bescheren.

»   Ein Großteil unseres Frusts und Ärgers wird von ein oder zwei Problemen verursacht.

»   Mit einigen wenigen Tätigkeiten, die wir im Arbeitsalltag ausführen, wird der Großteil unseres Wertes für unseren Arbeitgeber erwirtschaftet.

> » Mit einem konsequent ausgeführten Work-out von ein paar
> Minuten täglich bekommt man einen Traumkörper.

Was wir also machen wollen, ist, nur diese Spezialeier raussuchen und auch nur diese bebrüten. Wir sparen eine Menge Zeit, wenn wir alle anderen einfach links liegen lassen, und schaffen somit viel mehr in kürzerer Zeit.

Wer die Eiermethode anwendet, wirkt auf alle anderen, die das Prinzip nicht kennen oder durchschauen, wie ein Superheld. Schlicht und ergreifend, weil man so, obwohl man Zeit einspart, mehr erreicht. Eine sehr wertvolle Übung. Wenn man fünf gute Freunde hat, kann man davon ausgehen, dass einem einer dieser Freunde am glücklichsten macht. Das soll nicht heißen, dass einem die anderen weniger bedeuten. Dennoch kann uns diese Erkenntnis nützliche Informationen liefern. Beispielsweise wenn wir uns folgende Fragen stellen: »Warum macht mich dieser Freund besonders glücklich? Was ist das Besondere an ihm oder ihr? Könnte ich vielleicht mehr Menschen mit diesen Eigenschaften kennenlernen? Wäre es möglich, mehr Zeit mit ihm oder ihr zu verbringen, um unsere Freundschaft zu vertiefen?« Während ich auf meinem Gelege aus Freiheit, Freude und Erfüllung brütete, kam ich recht bald zu einigen interessanten Schlussfolgerungen. Ich stellte mir selbst folgende Fragen: »Welche Tätigkeit oder Aktivität sorgt für den größten Teil meines Erfolgs, meines Einkommens und meiner Freiheit? Und welche Tätigkeit oder Aktivität sorgt für den Großteil meiner Freude und inneren Ruhe?« Dies ist das logische und dennoch aufschlussreiche Ergebnis:

> » Schreiben – dies ist nur eine meiner vielen Tätigkeiten – sorgt
> für fast meine gesamte Freiheit und den Großteil meines
> Erfolgs. Außerdem generiert Schreiben den Großteil der
> Befriedigung, die ich aus meiner Arbeit ziehe.

> » Meditieren – es nimmt nur einige Minuten am Tag in Anspruch – sorgt für einen Großteil meiner inneren Freiheit und
> Ruhe. Und ist obendrein die Grundlage für einen Großteil
> meiner Lebensfreude.

Wie du dir denken kannst, habe ich sofort, nachdem ich das herausgefunden hatte, beschlossen, Meditieren und Schreiben in meinem Leben mehr Platz einzuräumen. Schlicht und ergreifend, weil mir klar geworden war, dass diese beiden Tätigkeiten im Vergleich zu all meinen anderen Aktivitäten besonders viel Fantastisches mit sich brachten und mich dabei auch noch besonders wenig Mühe kosteten.

AUS-SORTIEREN VERBESSERT DEIN LEBEN

Selbstverständlich werden die Antworten bei jedem Einzelnen von uns anders ausfallen. Schließlich schreibt nicht jeder für den Broterwerb. Aber darum geht es hier auch nicht. Es geht darum, dass dir die Eiersortier-Methode unendlich viele Möglichkeiten bietet, dein Leben zu verbessern.

Als mir klar wurde, dass Schreiben für mich viel wichtiger ist, als ich dachte, ließ ich ein paar andere Tätigkeiten fallen. Offensichtlich verbrachte ich meine Zeit mit allem Möglichen, was mich nur bedingt freier, froher oder erfolgreicher machte. Also fing ich an auszusortieren.

Unangenehme Tätigkeiten habe ich extern vergeben, einige Projekte habe ich gekippt, und überflüssige Arbeiten habe ich gestrichen. Und – voilà – mein Leben verbesserte sich. Und das Ganze funktionierte auch noch mit jeder Menge Vor- und so gut wie keinen Nachteilen, plus mit wenig Aufwand. Und ich hatte auf einmal mehr Zeit und Raum, um das auszubauen, was mich froh macht.

AUSSCHLIESSLICH DAS TUN, WAS FUNKTIONIERT

In vielen Fällen ist Nichtstun die bessere Entscheidung. Etwas tun kostet nämlich Zeit, Energie und Aufmerksamkeit. Und diese kostbaren Ressourcen sollte man lieber für etwas einsetzen, das zur Lebensverbesserung beiträgt. Sobald man also feststellt, dass man etwas tut, was einen den gesteckten Zielen nicht näherbringt, hat man Verbesserungspotenzial entdeckt.

Und das ist genau das, was wir mit diesem Buch erreichen wollen. Es gibt hunderttausend Sachen, die man machen kann, um sein Leben zu verbessern. Aber nur eine Handvoll Dinge liefert den Großteil der erwünschten Ergebnisse. Wir werden uns also auf diese paar Sachen konzentrieren, auf diese Spezialeier. Immer nach dem Motto, mehr erreichen mit weniger Aufwand.

Es ist nämlich gar nicht so schwer, ein schönes und glückliches Leben zu gestalten, man muss nur das Richtige tun. Es wäre auch ein bisschen gemein, wenn es tatsächlich so schwierig wäre, wie viele Menschen glauben. Das Leben ist nicht gemein. Die Welt ist nicht gegen dich. In Wahrheit stehst du in deinem eigenen Schatten – du selbst bist dein Problem. Das klingt richtig unangenehm, ist tatsächlich aber eine feine Sache. Denn es bedeutet, dass du die Möglichkeit hast, aus deinem Schatten zu treten und die Sonnenstrahlen zu genießen. Und wenn dir die Sonne mal zu viel wird, machst du einfach noch einen Schritt zur Seite, sodass du im Schatten einer schönen Kokospalme stehst.

Es ist nicht schwierig oder kompliziert. Du musst nicht immerzu wahnsinnig viel dafür zu tun. Wichtig ist nur, dass du die richtigen Sachen machst. Nicht hart arbeiten, sondern intelligent vorgehen. Das ist der Schlüssel.

In den folgenden Kapiteln zeige ich, welche Eier man am besten bebrütet, um am schnellsten Ergebnisse zu erzielen. Wie man die besten Ergebnisse mit möglichst wenig Aufwand zustande bringt. Wir schieben uns nur die allerbesten Eier unter unser Hinterteil!

Stell dich darauf ein, dass hier nichts Unnötiges besprochen wird. Dieses Buch ist die kurze Route. Jetzt, wo du weißt, auf welchem Nest du dich niederlassen willst (das Nest, mit dem du Freiheit, Freude und Erfüllung ausbrüten wirst), welche Eier du bebrüten willst (die, die dir am meisten bringen, mit dem geringsten Aufwand), ist es an der Zeit, sich mit der besten Brutmethode zu beschäftigen. Und wie so oft im Leben kann uns eine japanische Weisheit dabei helfen.

3

INTELLIGENTER BRÜTEN, NICHT VERBISSENER

Viele Wege führen zum Erfolg. Aber sie sind unterschiedlich steinig. Man kann mehr Selbstdisziplin entwickeln und sich selbst antreiben und zwingen. Man kann komplizierte Produktivitätssysteme einführen und in To-do-Listen untergehen. Man kann auch – und es sind nicht wenige, die das tun – auf eine To-do-App schwören, sodass man die ganze Zeit mit der App beschäftigt ist und zu nichts anderem mehr kommt, schon gar nicht dazu, seine Aufgaben zu erledigen.

Meine Methode funktioniert anders. Denn mir ist eine Bedingung wichtig: schnell voranzukommen und dabei so wenig Mühe wie möglich aufwenden zu müssen. Es soll viele Vorteile bringen und am besten keinerlei Nachteile. Die Ausbrüt-Methode ist die kurze Route. Nicht die touristische Route entlang von Enttäuschungen, Selbstzweifeln, mangelnder Willenskraft und komplizierter Software, die dir motivierende Nachrichten schickt, damit du vom Sofa runterkommst und dein Wunschleben in die Tat umsetzt, während du viel lieber auf YouTube rumhängst.

Nein, dies ist die kurze, komfortable Route mit Spaßfaktor. Wir radeln nicht gegen den Wind. Wir lassen uns höchstens eine kleine Brise um die Nase wehen, die dafür sorgt, dass uns nicht zu warm wird. Eine elegante, angenehme Route und auf lange Sicht genauso effektiv.

Genau genommen ist sie sogar effektiver. Sich selbst antreiben kann man eine ganze Weile durchhalten. Ich selbst musste mich auch antreiben, um dafür zu sorgen, dass dieses Buch nun vor deiner Nase liegt, nicht alles kann man ohne Anstrengung erreichen. Wenn man aber ein besseres Leben anstrebt, hat die Methode »sich selbst antreiben« auf Dauer vor allem einen erschöpfenden Effekt. Und das ist zu nichts nütze, das können wir nicht brauchen.

Ich schlage vor, dass wir mit meiner komfortablen Ausbrüt-Methode fortfahren. Meine Methode wird dich superschnell voranbringen, ohne dass es dich großartig Anstrengung kostet. Selbstverständlich hast du immer noch die Wahl, dich später völlig zu verausgaben, solltest du das aus dem einen oder anderen Grund dann noch wollen. Und für diese beste Ausbrüt-Methode nehme ich dich jetzt mit nach Japan.

JAPANISCHE WEISHEIT UND HEISSER SAKE

Meine eindrücklichste Erinnerung an Japan ist Matcha mit Sojamilch von Starbucks in Tokyo. Matcha ist ein grüner Tee in Pulverform. Er ist furchtbar teuer und extrem gesund. Ich probierte ihn und war auf Anhieb begeistert. Ich fand ihn großartig. So lecker und dann auch noch gesund – zu schön, um wahr zu sein. Äußerst zufrieden nahm ich kleine Schlückchen von dem Tee, während ich in unserem Mini-Apartment auf dem Bett lag und auf den prächtigen Park schaute, in dem Hunde in modischer Bekleidung nach Größe sortiert ausgeführt wurden.

Tags zuvor hatte ein unglaublicher afroamerikanischer Texaner – der notabene fließend Japanisch sprach – uns einen flüchtigen Eindruck von den dreihundert Gay Bars in Tokyo verschafft. Ein sehr lehrreicher Abend. So erfuhr ich, dass die Bars oft gerade groß genug sind, um acht Kunden zu beherbergen, und dass jede Bar ein bestimmtes Thema hat. Schließlich landete ich in einer Bar für »dicke Männer« (mir wurde nicht erklärt, warum), wo man mir zeigte, wie man einen Origami-Penis faltet.

Aber zurück zur japanischen Weisheit.

Am nächsten Morgen lag ich krank im Bett. Der Schlafmangel, der Jetlag sowie Unmengen heißer Sake und unidentifizierbare Oolong- Getränke hatten mich geschafft. Zum Glück hatte ich meinen wunderbaren, gesunden Matcha. Ich fand ihn nach wie vor eigenartig lecker. Vor allem für einen Tee, der so grün und trotzdem so gesund sein sollte. Ich habe in meinem Leben schon ziemlich viel Erfahrung mit gesunden, grünen Getränken gesammelt – sie sind nicht gerade eklig, aber nie waren sie so lecker wie dieser fantastische Soja-Matcha. Wie kriegen die bei Starbucks das bloß hin? Also doch mal die Google-Suchmaske bemühen.

Alles klar. Ich nahm augenblicklich keinen einzigen Schluck mehr und war wieder einmal um eine Illusion ärmer.

Matcha ist sehr gesund, allerdings nur, wenn man nicht die Zucker-menge einer Flasche Cola hinzufügt. Wieder was gelernt – Japan vermit-telte mir viel Weisheit.

Den Nachmittag verbrachte ich abwechselnd mit Stöhnen, Schlafen, In-Selbstmitleid-Aufgehen und Lesen. Eine ganze Menge Leute würden einen solchen Nachmittag in Tokyo als jammerschade und als Zeit-vergeudung betrachten, ich hingegen erinnere mich gern daran. Ein bisschen krank sein ist manchmal ganz schön, insbeson-dere, wenn es einem gut genug geht, um zu lesen und süßes Zeug zu trinken, in der Annahme, dass man sich etwas Gutes tut.

Es sollte ein unvergesslicher Tag werden, nicht nur weil ich mich von Starbucks hinters Licht hatte führen lassen – sondern vor allem deswegen, weil sich ab diesem Tag der Kurs meines Lebens einschneidend veränderte. Ich habe seitdem nie wieder einen Matcha-Latte angerührt, aber das meine ich nicht.

Nein, ich fand auf Reddit.com (einer Website, die ich nutze, um meine Zeit zu vergeuden) einen Artikel über

Kaizen – eine Methode, um Betriebsprozesse zu verbessern, die sich vor allem in Japan größter Popularität erfreut. Es ist eine ziemlich langweilige Geschichte, die vor allem in großen Fabriken und Unternehmen zum Einsatz kommt. An diesem Nachmittag wurde mir jedoch bewusst, dass sie sich auch auf mein Leben anwenden lässt und dass ich mein Leben ab diesem Tag komplett anders einrichten würde. Nach der Devise: weniger Gegenwind, dafür mehr Spaß. Im Geiste des Kaizen entwickelte ich die japanische Ausbrüt-Methode – eine intelligente Art und Weise zum Ausbrüten eines besseren Lebens.

Ich adaptierte diese Technik in allen möglichen Bereichen meines Lebens, und war jedes Mal wieder überrascht, wie unglaublich gut diese Herangehensweise funktionierte. Wie ist das bloß möglich?

DIE JAPANISCHE AUSBRÜT-METHODE IST RIESENSPASS

Optimierung von Betriebsprozessen klingt langweilig – und das ist es auch. Aber machen wir uns nichts vor, WLAN ist auch langweilig. Bis man es dafür einsetzt, *House of Cards* zu streamen. Auf einmal sitzt man abendelang fasziniert am Computer. Ich für meinen Teil zumindest.

Die japanische Ausbrüt-Methode fesselte mich, weil ich mich selbst mit der Optimierung eines Prozesses beschäftigte: dem Leben. Ein Prozess, der – wie wir uns bereits erarbeitet haben – zu besseren Ergebnissen führt, wenn man ihn auf das, was man fühlen und erfahren möchte ausrichtet. Aber was genau beinhaltet diese Ausbrüt-Methode? Wie kann sie so revolutionär sein, dass ich beinahe vergaß, dass ich bereits seit Tagen Zuckermilch in mich reinschüttete, während ich davon überzeugt war, etwas Gesundes zu trinken?

Ganz einfach: Sie macht alles leicht.

Sie hilft uns, Widerstände zu umgehen (leicht), anstatt uns hindurchkämpfen zu müssen (schwierig). Sie hilft uns, dort Erfolge zu verbuchen, wo wir normalerweise scheitern. Sie wirkt wie eine App, mit der wir den Gegenwind, wenn wir durch offene Landschaft radeln, einfach ausschalten können. Alles, was du verändern möchtest – alles, was du erreichen, optimieren oder ausprobieren möchtest –, mit dieser Ausbrüt-Methode wird es leichter. Es ist die kurze Route zu einem besseren Leben – auch wenn es manchmal so scheint, als ob es länger dauern würde. Manchmal widerspricht sie unserer Intuition, fühlt sich widersprüchlich an. Aber sie funktioniert wie geschmiert. Solltest du jemals mit inneren Widerständen, Aufschieberitis oder dem Gefühl, dass du etwas Bestimmtes tun möchtest, aber einfach nicht dazu kommst, Probleme gehabt haben: Diese Methode wird dir helfen. Die Ausbrüt-Methode hilft uns, ein Leben als Superheld zu führen. Sie ermöglicht es uns, etwas zu vollbringen, mit dem sich andere endlos abmühen.

Zu schön, um wahr zu sein? – Dennoch, es handelt sich nicht um einen grünen Zuckertee. Es kommt tatsächlich vor, dass etwas Schönes nicht nur Schein ist. Also werden wir das weiter vertiefen.

SCHRITTWEISE IMMER BESSER

Die Quintessenz der japanischen Ausbrüt-Methode lautet: fortwährende, schrittweise Verbesserung. Sie ist also das Gegenteil der drastischen Veränderung, ein Konzept, das in unseren Kulturkreisen überaus beliebt ist. In der westlichen Welt wird das Konzept des »das Leben komplett umkrempeln« romantisiert. Mir ist völlig klar, warum: Es hat eine unglaublich anregende, verlockende Ausstrahlung.

Es kommt nicht von ungefähr, dass Billy und ich wie aufgeregte Kinder durchs Wohnzimmer hüpfen, wenn eine neue Staffel von »Umzug in ein neues Leben« angekündigt wird. Ich kann mir nichts Besseres vorstellen, als vom Sofa aus zu verfolgen, wie andere ihr Leben auf den Kopf stellen und mit viel zu wenig Geld und Vorbereitung ins Ausland umziehen. Natürlich wünschen wir ihnen, dass es ihnen gelingen wird, Fuß zu fassen, aber ein paar saftige Rückschläge, am besten telegen, wie einstürzende Heuschober, wollen wir schon sehen.

Drastische Veränderungen werden bejubelt und beworben – das ist die westliche Ausbrüt-Methode. Wir wünschen uns, etwas möge sich mit einem Ruck erheblich verbessern. Also warten wir auf die eine, geniale Idee.

Auch ich habe viele Jahre so gedacht und gebrütet. Ich war immerzu auf der Suche nach einer großartigen Methode, um auf einen Schlag ganz viel Erfolg mit soChicken zu haben. Er wäre einfach supertoll, wenn meine Website auf einmal Millionen Besucher hätte!

Ja, supertoll. Das Problem ist nur, dass diese Herangehensweise für die allermeisten Menschen nicht funktioniert. Für mich auch nicht. Drastische Veränderungen weisen nämlich einige Merkmale auf, die dem Ganzen im Wege stehen:

» Es ist äußerst schwierig, »geniale Ideen« zu entwickeln. Sobald man versucht, geniale Ideen zu erzwingen, geht gar nichts mehr. Wir machen zu, unser Hirn ist nämlich vor allem darin gut, schlechte Ideen zu produzieren, nur ganz hin und wieder befindet sich ein kleiner Diamant darunter.

» Es kostet unglaublich viel Zeit, Geld und Energie, drastische Veränderungen umzusetzen.

» Das ist auch der Grund dafür, warum die Wahrscheinlichkeit, dass man scheitert, so hoch ist. Eine dieser Ressourcen wird sich früher oder später dem Ende zuneigen, und dann wird es schlichtweg unmöglich weiterzumachen.

» Mal angenommen, man würde es schaffen, diese radikale Veränderung durchzuführen, so ist die Wahrscheinlichkeit, dass man nach kurzer Zeit wieder in sein altes Muster zurückfällt, doch ziemlich groß. Und zwar, weil man kaum Zeit hatte, sich an die Veränderung zu gewöhnen.

Die Methode der drastischen Veränderung ist nicht schlecht. Sie ist lediglich eine von vielen Herangehensweisen. In der westlichen Welt wird diese Methode bevorzugt, obwohl sie häufig nicht wirklich funktioniert. Die Ausbrüt-Methode ist hierzu eine weniger radikale Alternative. Und sie funktioniert für jeden von uns, jederzeit. Sie ist weniger mitreißend, weniger romantisch und liefert auch kein telegenes Material für Serien wie »Umzug in ein neues Leben«. Aber was soll's? Schließlich geht es in erster Linie darum, dein Leben schöner zu machen.

Ihre Stärke liegt vor allem darin, dass sie Widerstände wegschmelzen lässt wie Eiswürfel in der Mittagssonne. Sie löst all unsere Ängste und Zweifel auf. Sie sorgt dafür, dass du keine Ausrede mehr hast, nicht damit anzufangen, dein Leben zu verbessern. Das bedeutet, dass es dir mit geringerer Anstrengung und mehr Spaß gelingt. Ein Beispiel: Normalerweise werfen Menschen, die sich gesünder ernähren wollen, ihr komplettes Essverhalten über den Haufen. Sie kaufen ein Buch mit Diätvorschriften, schönen Fotos und einem Wochenplan. Sie schmeißen alles Essbare aus ihrer Vorratskammer weg, besorgen sich lauter hippe Produkte und legen los.

Das oben Beschriebene habe ich auch gemacht. Am Anfang ist es einfach und ganz witzig. Aber im Laufe der Zeit fällt es einem immer schwerer durchzuhalten. Bis man es eines Tages nicht mehr schafft, sich an den Menüplan zu halten. Dann beschleicht einen das Gefühl zu versagen, man fängt an, sich in der eigenen Haut nicht mehr wohlzufühlen, und schließlich fällt man in sein altes Essverhalten zurück. Innerhalb von ein bis zwei Monaten, häufig sogar schon nach zwei Wochen, ernährt man sich wie eh und je. Also hat keine Verbesserung des Istzustands stattgefunden. Dein Leben ist immer noch das alte. Wobei, nicht ganz. Denn zu allem Unglück fühlst du dich jetzt auch noch als Versager, du fühlst dich schuldig, und dein Selbstvertrauen ist im Keller.

Das ist also die Ausbrüt-Methode der westlichen Welt: drastische Veränderungen herbeiführen, sich gnadenlos antreiben und alles sofort perfekt machen wollen.

Meine Herangehensweise ist völlig anders. Anstatt dein gesamtes Essverhalten über den Haufen zu werfen, veränderst du so wenig wie

MACH EINEN WINZIG KLEINEN SCHRITT

möglich. Du machst einen ganz kleinen Schritt in eine neue Richtung. Beispielsweise tauschst du deine tägliche Vormittags-Leckerei gegen Obst aus. Das war's schon. Nach einer Woche tauschst du deine Scheibe Weißbrot mit Butter und Schoko-streuseln gegen eine Scheibe Vollkornbrot mit dem gleichen Belag. Bei jeder kleinen Veränderung gönnst du dir etwas Zeit, dich daran zu gewöhnen. Bis die Ver-änderung beziehungsweise Verbesserung in dein Leben integriert ist und du sie als normal empfindest.

Nach ein paar Monaten hast du dein gesamtes Ess-verhalten verbessert, und zwar ohne jede Mühe. Und nicht nur das – auch Durchhalten ist kein Thema. Du erfährst keinen inneren Widerstand, keinen Ärger, kein Verlangen, zu deinem alten Essverhalten zurückzukehren. Es fühlt sich gut an und es gehört zu dir. Als ob es schon immer so gewesen wäre.

Die Idee, auf der die Ausbrüt-Methode beruht, ist die, dass du die Schritte so winzig klein machst, dass es keinen Grund gibt, sie nicht zu machen.

So umgehst du jedes Problem mangelnder Willensstärke oder innerer Widerstände. Ein weiteres Beispiel: Du möchtest täglich meditieren, aber du tust es nicht, weil es dir schwerfällt, dich zwanzig Minuten auf deine Atmung zu konzentrieren. Die meisten Menschen denken das Folgende: Entweder ich meditiere zwanzig Minuten oder ich lasse es ganz sein.

Die Ausbrüt-Methode ist ganz elegant. Du hörst damit auf, dich zu etwas zu zwingen, und du erwartest lediglich etwas ganz Einfaches von dir: Ich werde drei Minuten meditieren. Das ist alles.

Drei Minuten meditieren – das schaffst du.

Um genau zu sein, ist es sogar so einfach, dass du keine Ausrede hast, um es nicht zu versuchen. Wenn du mit einer derart kleinen Mühe Aussicht auf ein Erfolgserlebnis hast, fängst du sofort damit an. Im Laufe der Zeit entwickelst du eine neue Gewohnheit, dein innerer Widerstand schwindet.

Du meditierst jede Woche ein bisschen länger. Und nach ein bis zwei Monaten meditierst du jeden Tag zwanzig Minuten – weil du dich daran gewöhnt hast.

DIE AUSBRÜT-METHODE HILFT DIR DABEI, DIR SELBST BESSERE FRAGEN ZU STELLEN

Das klingt gut, logisch und auch ein bisschen hausbacken. Das ist völlig in Ordnung. Niemand sieht, dass du die Ausbrüt-Methode anwendest. Das Einzige, was andere sehen, ist, dass du in den Bereichen, die du verändern wolltest, immer besser wirst. Wir fangen klein an. Aber dadurch, dass wir kontinuierlich kleine Schritte machen, kommt der Schneeball ins Rollen, und der Effekt tritt immer deutlicher zutage. Schließlich werden sich die anderen fragen, wie du das schaffst, ohne Stress zu kriegen.

Die Ausbrüt-Methode funktioniert am besten, wenn man sich selbst immer bessere Fragen stellt. Eine Frage erfordert eine Antwort. Unser Gehirn kann es nicht ausstehen, Fragen unbeantwortet zu lassen. Je gezielter die Fragen, desto besser die Antworten. Wir werden also nicht stundenlang über Fragestellungen brüten wie: »Was mache ich, damit mein Leben großartig wird?«, »Wie werde ich fit, erfolgreich und glücklich?« oder »Wie werde ich reich?«

Diese Fragen blockieren nur unser Gehirn. Es würde uns zwar etwas dazu einfallen, mit diesen Antworten können wir jedoch nichts anfangen. Riesige Projekte, radikale Kursänderungen, diffuse Wünsche und Träume, die wir auf unsere Liste dessen, was wir schon immer erreichen wollten, aber nie umgesetzt haben, setzen können. Es geht also darum, konkrete Fragen zu stellen. Hier einige Beispiele:

» Welchen kleinen Schritt kann ich machen, um mein Leben heute etwas schöner zu machen?

» Wenn ich in diesem Augenblick genau eine Sache ändern könnte, um etwas fitter zu werden, was wäre das?

> » Welche kleine Gewohnheit kann ich in meine morgendliche Routine integrieren, sodass ich positiver in den Tag starte?

> » Wie sieht der Schritt aus, den ich heute machen kann, um diesen bestimmten Prozess zukünftig etwas weniger zeitaufwendig zu machen?

> » Auf welche Weise kann ich im Hier und Jetzt etwas Positives zu dieser Beziehung beitragen?

Ganz einfach.

Mittlerweile bin ich auch dahintergekommen, warum mich diese Philosophie so anspricht. Ich habe sie bereits mein ganzes Leben angewendet, allerdings ohne mir darüber im Klaren zu sein. Indem ich darüber las, konnte ich mein »Schuldgefühl« endlich abschütteln und den Clou »kleiner Schritt bringt großen Fortschritt« mit Dankbarkeit annehmen.

Es ist nämlich tatsächlich ein Clou. Man braucht sich nicht abzurackern, zu quälen. Hier geht es nicht um schweiß- und tränentreibende Plackerei. Es ist lediglich ein kontinuierlicher Verbesserungsprozess. Klein, mühelos, tagtäglich. Mit enormen Ergebnissen wohlgemerkt. Und das lässt uns wie Superhelden erscheinen. Wir brauchen uns kaum anzustrengen und machen gleichzeitig riesige Schritte vorwärts.

Es scheint mehr Zeit zu kosten, als einige drastische Veränderungen durchzuführen. Aber lass dich nicht täuschen. Wenn man sich zwei Monate lang an ein Wochenmenü hält und danach wieder auf Los steht, weil man in sein altes Essverhalten zurückgefallen ist, dann hat man in acht Wochen nicht viel erreicht. Und der Körper wird in kürzester Zeit auch wieder genauso aussehen wie zuvor.

Wenn man stattdessen jede Woche eine bis zwei kleine Verbesserungen an seinem Essverhalten durchführt, die man dann für den Rest des Lebens mühelos beibehält, hat man nach zwei Monaten schon eine ganze Menge erreicht. Stell dir bloß vor, wie weit du nach einem Jahr sein kannst! Davon mal abgesehen, man fühlt sich dabei auch noch besser. Man hat Erfolg und man baut auf diese kleinen Erfolge mit immer mehr kleinen Verbesserungen auf.

Auf diese Weise wird dein Leben immer besser und schöner und schöner und besser. Zumindest solange du die richtigen Schritte machst.

WIE DIE AUSBRÜT-METHODE SUPERHELDEN-STATUS BEKOMMT

Mit dem Brüten gemäß der Ausbrüt-Methode umgehen wir am effektivsten innere Widerstände und sind so in der Lage, das zu tun, was wir tun wollen. Und obwohl diese kleinen Schritte wenig Mühe kosten, verbrauchen wir trotzdem etwas von unserer begrenzten Lebensenergie, schließlich müssen wir Zeit und Energie aufwenden, um die Schritte umzusetzen. Deswegen ist es im Hinblick auf optimale Ergebnisse so wichtig, dass wir ausschließlich die richtigen Eier bebrüten, so, wie bereits in den vorherigen Kapiteln besprochen. Dass wir einige wenige Dinge von dem auswählen, was uns wirklich wichtig ist, und diese anschließend in kleinen Schritten realisieren.

Ich zum Beispiel fand, dass es an der Zeit sei, endlich dieses Buch zu schreiben. Ein großes Projekt, das mir sehr wichtig ist (mein Spezial-Ei). Um es schreiben zu können, habe ich eine Menge andere Projekte zur Seite geschoben. So konnte ich mich optimal auf den Schreibprozess konzentrieren.

Ich reiste auf eine tropische Insel, sodass ich ungestört arbeiten konnte. Dort schrieb ich das Buch in kleinen, überschaubaren und vor allem regelmäßigen Schritten. Das Einzige, was ich von mir selbst erwartete, war, dass ich jeden Tag 2000 Wörter zu Papier brachte. Da ich ein geübter Schreiber bin, erledige ich das in ein bis zwei Stunden. Meine Idee war ganz einfach: Wenn ich einen Monat lang tagtäglich minimal eine Stunde mit Schreiben zubringe, habe ich am Ende meiner Reise das Buch fertig geschrieben. Total einfach. Also tat ich genau das. Morgens schrieb ich, danach kam Planschen mit Palmen rundherum. Da die Aufgabe, die ich mir gestellt hatte, so überschaubar war, verspürte ich so gut wie keinen inneren Widerstand.

Nach dreißig Tagen lag die erste Version dieses Buchs auf dem Tisch. Selbstverständlich war es noch nicht fertig. Mit dieser Arbeitsmethode war das Schreiben jedoch keine anstrengende oder quälende Angelegenheit gewesen. Dabei hatten alle behauptet, ein Buch zu schreiben sei furchtbar schwierig. Wenn sie mit »schwierig« meinten, dass es noch eine Herausforderung werden würde, Tag für Tag entscheiden zu müssen, in welchem kleinen Restaurant ich mein Lieblingscurry bestellen sollte – ja, dann wird mir klar, was sie meinten.

Versteh mich nicht falsch, das Schreiben dieses Buchs hat viel Zeit in Anspruch genommen, und es war auch kein Kinderspiel. Aber mit der Ausbrüt-Methode war die Arbeit an der ersten Version alles andere als ein unangenehmes oder schwieriges Unterfangen. Ich brauchte lediglich eine Reihe von kleinen Schritten zu machen. Das tat ich jeden Tag, ich brütete morgens auf meinem Spezial-Ei »Buch«, und mit einem Mal war Version 1 fertig. So, als ob ich mich durch ein fantastisches Computerspiel bewegt hätte und plötzlich den Endstand präsentiert bekam – »wie, schon zu Ende gespielt?«

Denk an all das, was du in deinem Leben gerne erreichen oder verbessern möchtest, was dir bisher aber nicht gelang, weil es zu viel Mühe kostet. Denk an deine Arbeit, deine Beziehungen, deinen Körper, dein persönliches Wachstum. All das kannst du in eine Aufwärtsspirale bringen – und du kannst es mit viel weniger Mühe umsetzen, als du erwarten würdest.

SÄE JETZT DIE SAMEN FÜR EINE BESSERE ZUKUNFT

Verstehst du, wie es funktioniert? Intelligentes Brüten auf den besten Eiern ist die reinste Magie. Du musst nur das Unnötige, das Überflüssige weglassen. Die Lebensenergie, die du dadurch gewinnst, setzt du Schritt für Schritt für die Verbesserung deines Lebens ein.

Die richtigen Dinge tun und dafür weniger Mühe aufwenden.

Stell dir vor, wie viel Zeit du sparst, wenn du deinen Kabelanschluss kündigst oder wenn du weniger auf deinem Smartphone rumdaddelst. Denk mal darüber nach, was passieren würde, wenn du die Zeit dafür verwenden würdest, um dich peu à peu auf deine größten Träume und Ziele zuzubewegen.

Was du machst, ist ganz einfach: Du säst die Samen für eine bessere Zukunft.

Am Anfang wirst du erst mal nichts merken. Du machst nur Tag für Tag kleine Schritte, so gibst du den Samen Wasser, Licht und Dünger. Und nach ein paar Wochen siehst du die ersten Resultate: Da kommt ein kleiner Stängel aus der Erde!

Du machst weiter. Du sitzt auf deinem Nest und brütest, du pflegst dein Pflänzchen. Tag für Tag machst du kleine Schritte Richtung besseres Leben. Du siehst, wie dein Pflänzchen wächst und kräftiger wird. Es bilden sich Ästchen, es wächst immer schneller.

Nach einem Jahr hat es bereits einen kleinen Stamm. Nach fünf Jahren ist es schon ein richtiges Bäumchen mit tiefen Wurzeln und einem dicken Stamm. Nach zehn Jahren hast du einen ausgewachsenen Baum, der den größten Stürmen standhalten kann.

Das Bäumchen steht für dein neues, schöneres Leben. Das Einzige, was du tun musst, ist, den Baum zu versorgen. Mit den richtigen Schritten, und die sind überschaubar klein. Du verzeichnest kontinuierlich in all den Lebensbereichen, in denen du weiterkommen willst, Verbesserungen. Dabei kostet es weniger Mühe, als du dir jemals hättest vorstellen können.

DEN ERSTEN DOMINOSTEIN ANSTOSSEN

An welcher Stelle in unserem Leben können wir am besten anfangen, Veränderungen in Gang zu setzen? Dort, wo es den größten positiven Effekt hat. Eine intelligente Fragestellung, um hierüber nachzudenken, lautet:

»Welche kleine Veränderung könnte bewirken, dass einige andere Dinge einfacher oder sogar unnötig werden würden?

WENIGER BALLAST BEDEUTET MEHR FREIHEIT

Ein Bespiel: Das Aufräumen deines Kellers wird unnötig, wenn du damit beginnst, deinen Besitz auf ein Minimum zu beschränken. Wenn du weniger Sachen hast, wird Aufräumen zum Kinderspiel.

Meine Eltern haben ein interessantes Muster in Bezug auf ihre Garage, in die, theoretisch zumindest, zwei Autos hintereinander passen würden. Doch weit und breit ist kein Auto zu sehen, dafür jede Menge Krempel. In unregelmäßigen Abständen ist es so weit, dann sind sie der Meinung, die Garage müsste dringend mal wieder aufgeräumt werden. Die Sachen werden fein säuberlich geordnet, sodass nichts mehr im Weg rumsteht. Außerdem passiert etwas, was sonst so gut wie nie vorkommt, meine Eltern streiten sich. Es ist wirklich urkomisch, denn wir wissen alle, dass die ganze Aktion nichts bringen wird. Der Umfang der Sachen bleibt gleich, genau wie die Größe der Garage. Hinterher ist zwar alles ordentlich aufgeräumt, aber dieser Zustand ist nie von langer Dauer. Über kurz oder lang ist die Garage wieder genauso unordentlich, und das ganze Lied beginnt von vorn.

Meine Eltern schlagen meine ungebetenen Ratschläge genauso in den Wind, wie ich es meistens mit den ihren tue – so muss es wohl sein. Wenn sie es aber schaffen würden, die überflüssigen Sachen in der Garage wegzugeben, bräuchten sie sich erstens nie wieder zu streiten. Und zweitens würde das Weggeben der Sachen einmalig so viel Zeit in Anspruch nehmen, wie jedes Mal die Garage aufräumen zu müssen. Ein paar Mal das Auto vollladen und zum Sozialkaufhaus fahren und das Problem wäre aus der Welt. Mit deutlich weniger Krempel wäre die Garage nie wieder so unordentlich, dass man einen ganzen Samstag fürs Aufräumen vergeuden müsste.

Wenn es dir gelingt, den ersten Dominostein anzustoßen, fallen alle anderen von selbst um. Das bedeutet, dass wir eine ganze Menge Sachen nicht mehr machen müssen, gleichzeitig aber die Vorteile davon genießen können. In den folgenden Kapiteln werden wir uns auf die Suche machen nach den strategisch günstigsten Stellen für Veränderungen, die, in die wir am wenigsten Mühe stecken müssen, mit denen wir das Schwungrad in Gang setzen und alles immer einfacher und besser wird. Etwas nicht tun zu müssen und trotzdem Vorteile einheimsen, das ist die kurze Route. Einfacher geht es nicht.

Gemäß der Ausbrüt-Methode werden wir das Folgende tun:

> » Wir wählen mit der Zielsetzung, dass unser Leben förmlich überfließt vor Freiheit, Freude und Erfüllung, das richtige Nest aus.

> » Wir wählen die besten Eier aus, sodass wir mehr erreichen mit weniger Aufwand.

> » Wir verbessern unser Leben, indem wir diese Eier in überschaubaren kleinen Schritten ausbrüten.

Keine Sorge. Ich werde dir alles so präsentieren, dass du sofort loslegen kannst. Du wirst unmittelbar und kontinuierlich kleine Fortschritte verbuchen und du wirst wie ein Superheld dastehen.

Wir fangen gleich mit dem ersten Schritt an. Wir werden gründlich aufräumen, damit du ab jetzt mehr Lebensenergie überhast für das, was dich glücklich macht. Wir putzen Ärger und Kummer aus deinem Leben. Denn weniger alter Ballast bedeutet mehr Freiheit, versprochen.

TEIL 2

FREIHEIT – WEG MIT ÄRGER UND KUMMER

4

UND TSCHÜSS, ÜBERFLÜSSIGER BALLAST!

Schon früh im Leben wurde mir bewusst, dass alles viel schöner ist, wenn man Ärger und Kummer aus seinem Leben verbannt. Wer nicht mehr ständig von überflüssigem Ballast nach unten gezogen wird, braucht sich nicht mehr so abzumühen, um mit dem Kopf über Wasser zu bleiben. Ich erinnere mich noch gut daran, wie ich mit sechzehn durch offene Landschaft radelte. Das machte ich häufiger, wenn ich Raum zum Nachdenken brauchte. Immer dabei mein hipper MP3-Player, mit 32 MB illegal runtergeladener Lieblingssongs. Nach zwanzig Minuten kam ich an einen ruhigen Ort mit wunderschöner Aussicht über die Wiesen und Felder, die Stadt lag in weiter Ferne. Ich ließ mich ins Gras fallen und zog mein Notizbüchlein raus.

Im Pre-Smartphone-Zeitalter schrieb ich täglich und andauernd etwas in ein Notizbuch, um den Kopf frei zu bekommen. In der Schule hatte ich Brainstormen und Mindmappen kennengelernt; Techniken, die ich vielfältig einsetzte und mit deren Hilfe ich eine Methode entwickelt hatte, mich in null Komma nichts wieder besser zu fühlen. Unter der grasenden Aufsicht einiger bauschiger Schafe schrieb ich mitten auf eine leere Seite: »Was steht meinem Glück im Weg?« Ich schaute in den blauen Himmel, und während ich nachdachte, ergänzten einige flauschige Wolken die Bauschigkeit der Schafe.

Und wie es sich für eine Mindmap gehört, kamen schon bald die ersten Antworten auf die Frage in mir auf. Meine Aufschieberitis bei einigen Schulaufgaben. Mathematik – einfach schrecklich. Außerdem fand ich mich zu dick. Was nur logisch war, schließlich verdrückte ich in der Schulkantine fast täglich eine Blätterteigtasche mit Fleischfüllung.

Immer mehr kleine und größere Hindernisse bevölkerten das Blatt. Ich entdeckte Zusammenhänge und fing an, sie zu gruppieren. Indem ich meine Gedanken zu Papier brachte, führte ich mir vor Augen, welche Probleme den größten Stress verursachten und wo ich am besten ansetzen konnte. Inzwischen hatten mir alle Schafe auf der Suche nach saftigerem Gras den Rücken gekehrt, und ich schwang mich mit dem Gefühl, die Kontrolle über mein Leben wiedererlangt zu haben, in den Sattel. Ich wusste, was ich zu tun hatte: Hindernisse aus dem Weg räumen.

Wegwerfen, wegräumen, absagen, sein lassen, ich bin verrückt nach allem, was unter den Nenner »Streichen« fällt. Streichen verschafft Luft und Raum. Es schafft Raum für etwas, dem wir in unserem Leben einen (größeren) Platz einräumen möchten. Es ist ein Akt, der Mut erfordert. Denn manchmal sorgen bestimmte Sachen nicht ausschließlich für Ärger und Kummer, und trotzdem ist es besser, sich von ihnen zu trennen.

Ich sehe es so: weg mit allem, was uns unnötigerweise ärgert oder unglücklich macht, sodass wir nur das in unserem Leben behalten, was wir wirklich um uns haben möchten, in jeder Hinsicht. Mein Motto: Weniger Sachen, mehr Spaß.

VON UFOS ÜBERWÄLTIGT

Vor einiger Zeit besuchte ich das beliebte UFO-Museum in Roswell, New Mexico. Es lag auf dem Weg unseres Coast-to-Coast-Roadtrips von San Francisco nach Miami. Eigentlich lag es nicht wirklich auf der Strecke. Ich hatte dafür gesorgt, dass es auf unserem Weg lag, denn tief in meinem Inneren bin ich ein großer Space-Nerd. Billy fand es nicht so superspannend, aber er war einverstanden. Und es wurde eine interessante Erfahrung. Nicht wegen des Inhalts der gezeigten Ausstellung, sondern wegen ihrer Zusammenstellung.

Eine Sache fiel uns sofort auf, hier hing ein riesiges Kuddelmuddel an der Wand. Viel zu viel Information wurde auf zu kleinem Raum präsentiert, so, als ob der Museumsleiter unter einer unkontrollierten Ufo-Sammelwut leiden würde. Es wirkte so, als sei alles, was auch nur irgendwie mit Ufos zu tun hat, an die Wand gehängt worden. Wir waren komplett überfordert und verließen schon nach einigen Minuten – nicht ohne Kühlschrankmagnet – die Ausstellung.

Dieses Museum bräuchte jemanden, der sich traut, eine Auswahl zu treffen. Wir hätten das Ganze genießen können, wenn weniger ausgestellt gewesen wäre. Wenn jemand den Mut aufgebracht hätte, Überflüssiges zu streichen, und dadurch eine übersichtliche Ausstellung zustande gekommen wäre.

Museen haben oft viele Tausende Ausstellungsstücke im Depot stehen, die meisten werden nicht oder nur selten gezeigt. Kuratoren haben die Aufgabe zu entscheiden, welche Stücke in die Ausstellung aufgenommen werden und welche im Depot bleiben. Würden sie beschließen, alle Exponate gleichzeitig zu zeigen, würden die Besucher innerhalb kürzester Zeit völlig überwältigt aus dem Museum flüchten. Und auf dem Weg zum Ausgang noch schnell eine negative Beurteilung im Internet hinterlassen. Mit der Folge, dass weniger neue Besucher kämen. Das funktioniert also nicht.

Genau deswegen gibt es Kuratoren. Sie müssen beurteilen, aus welchen der Stücke sich eine ausgezeichnete Ausstellung zusammenstellen lässt, und den Rest weglassen. Kuratieren ist in diesem Sinne ein Akt des Kreierens. Man könnte auch sagen, weglassen ist kreieren. Wenn man den Mut aufbringt, überflüssige Dinge aus dem eigenen Leben zu entfernen, betätigt man sich als Bildhauer. Das unordentliche, konfuse Leben ist wie ein Felsblock, von dem man kleine Stücke hackt. So lange, bis ein schönes Kunstwerk entstanden ist.

Die meisten Menschen finden Streichen und Weglassen schwierig. Deshalb lassen sie es bleiben. Sie leben mit dem, was das Leben anspült, und treffen keine bewussten Entscheidungen darüber, was in ihrem Leben einen Platz haben soll und was sie lieber rauswerfen sollten.

Du bist der Kurator deines Lebens. Es ist deine Aufgabe, ein Leben zu entwerfen, das sorgfältig zusammengestellt ist, mit dem Ziel, dir ein umwerfendes Erlebnis zu bereiten. Dir und den Menschen, die dir nahestehen.

Daher ist es auch so wichtig, dass du weißt, was du erreichen möchtest. Denn wenn du nicht weißt, was du beabsichtigst, kannst du auch nicht entscheiden, was du behalten und was du streichen solltest. Die Campingausrüstung, beispielsweise, steht das ganze Jahr über furchtbar im Weg herum, es liegt nahe, dass du sie einfach aus deinem Leben entfernen kannst. Zack, aufgeräumt. Es sei denn, der jährliche Campingausflug macht dich superglücklich. Dann ist die ganze Ausrüstung natürlich sehr wichtig für die Gestaltung deines Wunschlebens.

Wenn du nicht weißt, was dein Wunschleben beinhalten soll, kann Streichen und Weglassen regelrecht beängstigend sein. Denn wer weiß — vielleicht bereust du es ja hinterher?

Das ist ein typischer Fallstrick, denn wenn du dich nicht traust, dich von Sachen oder Gewohnheiten zu trennen, hat das negativen Einfluss auf deine Lebensqualität. Dann wird dein Leben kein Kunstwerk, sondern eine vollgestopfte Ausstellung. Mit schlechten Bewertungen auf TripAdvisor.

Schade.

BALLAST IST NICHT GRATIS. DER KOSTET WAS

Wir fangen mit dem Streichen an, weil ich es als den ersten Schritt erachte. Es ist der praktischste Schritt, der den größten Effekt hat und die Grundlage bildet für unsere weitere Reise Richtung besseres Leben.

Mal angenommen, du würdest bei einem Raumfahrtunternehmen arbeiten, das plant, eine Rakete zu entwickeln. Wenn man so ein Fluggerät in die Umlaufbahn der Erde schicken will, muss man über das Gewicht an Bord gut nachdenken. Bei einem Raumfahrzeug kostet jedes zusätzliche Gramm unglaublich viel Energie und Treibstoff. Also wird alles optimiert – von der Innenausstattung über das Körpergewicht der Besatzung bis zum Gewicht der Lackschicht der Außenhaut.

Zusätzlicher Ballast kostet. Das gilt für Raketen wie auch allgemein im Leben.

Er hält uns am Boden, deswegen fällt er in die Kategorie Ärger und Kummer. Und deshalb werden wir ihn abwerfen. Damit du Richtung Sterne abheben kannst. Damit du einen neuen Anfang machen kannst. Man ist nur dann in der Lage, etwas Schönes aufzubauen, wenn man ein gutes Fundament hat. Ein Leben ohne unnötigen Ballast ist unser Fundament.

Was aber bedeuten Ärger und Kummer in diesem Fall genau? Sie umfassen alles, was uns nicht weiterhilft, was uns beim Aufbau unseres besseren Lebens behindert. Es sind Sachen, die für sich gesehen sogar prima, angenehm oder schön sein können. Es stellt sich nur meist heraus, dass sie für unser Wunschleben keine Bedeutung haben, also überflüssig sind.

Ein gutes Beispiel ist ein Apparat, der bei der Hälfte aller Haushalte im Keller, auf dem Dachboden oder im Küchenschrank steht: die Brotbackmaschine. Wenn man sie regelmäßig einsetzt, freut man sich, dass man sie hat. Dann stellt sie eine echte Bereicherung dar. Wenn man das sperrige Gerät jedoch nur aus einem Impuls heraus angeschafft und kurz darauf irgendwohin verbannt hat, wo es jetzt im Weg herumsteht und verstaubt – dann ist es Ballast.

Alles Überflüssige macht Ärger und Kummer. Es ist Verschwendung von Lebensenergie und in keinerlei Weise effizient oder effektiv. Es bereichert unser Leben nicht wie ein sparsames LED-Lämpchen, sondern frisst Strom wie eine altmodische Glühlampe. Glühlampen sind Energiefresser. Nur ein kleiner Teil der eingesetzten Energie wird in Licht umgewandelt, der Rest geht als Wärme verloren. Diese Wärme ist überflüssig. Wir benötigen sie nicht, und trotzdem ist sie da.

ALLES ÜBERFLÜSSIGE IST VERSCHWENDUNG VON LEBENSENERGIE

Ganz anders die LED-Lampe. Noch nicht perfekt (auch hier entsteht etwas Wärme), aber bedeutend besser. Genauso wollen wir leben. Es muss gar nicht perfekt sein (das führt nur zu Neurosen – und somit zu Ärger und Kummer). Wir geben jedoch unser Bestes, um so effizient wie möglich zu agieren, damit wir unsere kostbare Lebensenergie nur auf etwas verwenden, was uns in Richtung unseres Wunschlebens bringt.

Der Zweck einer LED-Lampe ist Lichterzeugung, dafür wird so gut wie alle Energie aufgewendet. Unser Ziel ist es, Freiheit, Freude und Erfüllung im Leben zu erfahren. Alles, was nicht dazu beiträgt, streichen wir aus unserem Leben.

Wer als Kind auf eine Spielkonsole gespart hat, weiß, dass man dann sein Taschengeld besser nicht für Süßigkeiten ausgibt. Denn jede Süßigkeit, die man kauft, verlängert das Warten auf die Spielkonsole.

Alles Überflüssige im Leben bedeutet, dass wir länger auf das Leben, das wir uns wünschen, warten müssen. Es ist nichts gegen Warten einzuwenden, aber ich glaube, du hast das jetzt lange genug gemacht. Lass uns jetzt also schauen, wie wir unser Leben vereinfachen können, damit alles leichter wird.

Wie wir wissen: Das einfache Leben ist der neue Luxus.

Im Überfluss zu schwimmen hat seinen Reiz verloren. Die Zeit des Anhäufens, nur um des Anhäufens willen, ist vorbei. Es macht unser Leben nicht besser, es macht die Welt nicht schöner und es hilft uns auch nicht dabei, einen positiven Beitrag für unser Umfeld zu leisten.

Wie also können wir unseren ersten Schritt Richtung einfacheres Leben unternehmen?

ÜBERFLÜSSIGE GEGENSTÄNDE LOSLASSEN

Man kann guten Gewissens behaupten, dass ich ganz besonders an ihr hing. Genauer gesagt, ich hing vor allem an den Erinnerungen. Zu meinem zwanzigsten Geburtstag hatten sich Billy und meine Eltern zusammengetan. Ich hatte mich bei vier verschiedenen Geschäften auf die Warteliste für die neueste Nintendo Wii Spielkonsole setzen lassen. Es war eine total verrückte Zeit. Jeder wollte so schnell wie möglich so ein Gerät haben. Im Internet kursierten sogar Videos, in denen zu sehen war, wie sich Menschen gegenseitig die Haare ausrissen, nur um auch eine Konsole zu erwischen.

Keines der vier Geschäfte rief mich an. Das frustrierte mich enorm. Täglich checkte ich alle möglichen Foren, auf denen Hunderte meiner gestressten Nerd-Kollegen bis ins kleinste Detail ihre Suche mit Verrückten wie mir teilten. Ich kam kein Stück voran. Es zeichnete sich ab, dass ich meine Wii erst nach dem Jahreswechsel bekommen würde. Erst nach den Weihnachtsferien. Also dann, wenn ich wieder Projekte bearbeiten und Vorlesungen besuchen musste. Wie blöd und ärgerlich!

Dann stand mein Geburtstag vor der Tür. Ich hatte keine besonderen Wünsche geäußert. Es gab ja auch nichts, was ich haben wollte, außer dieser Spielkonsole, die nirgends zu bekommen war. Am Geburtstagsmorgen lief ich völlig verschlafen und mit verwuscheltem Haar die Treppe nach unten, wo mich Billy und meine Eltern mit einem breiten Grinsen und einem ziemlich großen Karton erwarteten.

Es sah nicht nach einem Geschenkgutschein aus.

Eine Woche zuvor hatte meine Mutter einen Anruf von einem der Geschäfte entgegengenommen und hinter meinem Rücken meinen Platz auf der Warteliste gegen eine Wii eingelöst. Ich konnte mein Glück nicht fassen! Das Rumsuchen auf Foren hatte nun ein Ende, und ich konnte endlich wieder leben!

Danach kam eine Zeit, in der ich viel Spaß hatte. Freunde und Familienangehörige kamen vorbei, um im Wohnzimmer Tennis zu spielen. Stundenlang fuhr ich mit meiner jüngeren Schwester Rennen, ich flog und ich boxte. Donkey Kong, Mario Kart – es war ein Riesenspaß. Wir hatten so viel Spaß, dass wir davon überzeugt waren, es würde immer so weitergehen.

Und doch war es irgendwann vorbei. Jahre später lag meine heiß begehrte Wii in eine Plastiktüte gestopft, mit Kabeln, Zubehör, Spielen und allem Drum und Dran, irgendwo in einer Ecke auf dem Dachboden. Das machte mich alles andere als froh, und mir wurde klar, dass es an der Zeit war, meine geliebte Wii loszulassen.

LOS-LASSEN VON DINGEN IST EINE EMOTIONALE REISE

Eigentlich war es nur logisch. Erstens hatte ich sie jahrelang nicht mehr angerührt, zweitens hatte ich vor Kurzem meinen Fernseher weggegeben. Selbst wenn ich sie wieder hätte benutzen wollen, es wäre nicht mehr gegangen. Außerdem kamen mir die Spiele, die mir damals so viel Spaß bereitet hatten, überholt vor, die Spannung war raus. Das ganze Paket nahm ziemlich viel Raum in Anspruch. Die reinste Platzverschwendung. Vielleicht konnte ich damit noch irgendeinem Kind eine Freude bereiten. Also gab ich die Wii schließlich weg. Es war an der Zeit weiterzugehen. Zeit, die Vergangenheit loszulassen und mein Herz für eine neue, bessere Zukunft zu öffnen.

Das Loslassen von Gegenständen ist ein besonderer Prozess. Einerseits ist es total einfach. Pack die Vase in einen Karton und bring ihn zum Sozialkaufhaus. Andererseits ist es eine emotionale Reise. Ein Prozess des inneren Wachstums, der Trauer, des Loslassens und der Befreiung.

Wir alle haben Sachen, die wir nicht benutzen. Zeug, das wir in unser Leben holen, das uns jedoch nicht dabei hilft, Richtung Wunschleben voranzukommen.

Ich kenne das nur zu gut. Als ich mit neunzehn Billy kennenlernte, war Shoppen unser Hobby. Auch Klamotten, aber vor allem Wohnaccessoires. Zunächst, um unser Schlafzimmer zu verschönern. Dann, um unsere erste kleine Wohnung einzurichten. Und danach, um die Gegenstände in unserer Wohnung gegen noch schönere Gegenstände auszutauschen.

Und Loslassen war nicht gerade unsere Stärke. Zum Glück fanden wir Aufräumen gut und wichtig. Mit so vielen Sachen in einer derart winzigen Wohnung ist man schließlich endlos damit beschäftigt, die Sachen so zu ordnen, dass man sich noch umdrehen kann. Es gab Zeiten, in denen wir wahre Expeditionen in den feuchten Kellerraum unseres 50er-Jahre-Appartementkomplexes unternehmen mussten. Wir bekamen die Tür gerade noch auf und bahnten uns dann einen Weg durch all die Sachen. Anschließend waren wir eine Viertelstunde damit beschäftigt, das eine kleine Dings, das wir suchten, auch zu finden.

Frustration, Irritation, Streit. Es war alles andere als eine erstrebenswerte Situation. Das Besitzen von Sachen ist nicht das eigentliche Problem. Das Problem entsteht vielmehr durch das Besitzen von überflüssigen Sachen. All das, was uns daran hindert, ein großartiges Leben zu führen. Man könnte jetzt meinen: »Nützt es nichts, so schadet es nichts.« Eine schöne Redewendung, trotzdem trifft sie hier nicht zu. Warum nicht? Weil Überflüssiges uns sehr wohl schadet. Es hält uns in einem durchschnittlichen Leben gefangen. Ein Leben, in dem man nicht unglücklich ist, aber eben auch nicht richtig glücklich. Ein Leben, in dem man doch immer wieder etwas zu meckern hat.

Es ist Ballast. Ballast hat die Eigenschaft, einen nach unten zu ziehen, wenn man nach oben will. Er hält uns an einem Ort, an dem wir nicht sein wollen. Es macht uns unfrei und unfroh.

Warum ist Überflüssiges schädlich? Ganz einfach: weil wir uns nicht so sehr von der Rakete, die aufsteigen soll, unterscheiden. Eine Rakete kann nur eine begrenzte Menge Treibstoff mitnehmen. Und wir bekommen für das, was wir in unserem Leben auf diesem Planeten machen möchten, nur begrenzt Zeit. Und genauso steht uns für diesen Zeitraum nur eine begrenzte Ration Energie zur Verfügung. Diese Energie können wir dafür verwenden, sie auf eine begrenzte Anzahl von Dingen zu richten.

So können wir einen Teil der Energie dafür einsetzen, Geld zu verdienen, für unsere Gesundheit zu sorgen, indem wir auf unseren Lebensstil achten, und liebevolle Beziehungen zu pflegen, indem wir Zeit mit den Menschen verbringen, die uns wichtig sind.

In unserem Leben spielen die drei Elemente Zeit, Energie und Aufmerksamkeit eine große Rolle. Je mehr wir davon vergeuden, desto weniger behalten wir übrig für das, was uns wirklich wichtig ist.

Eine überflüssige Vase verursacht keinen Ärger und Kummer. Ein ganzer Dachboden voller unnötigem Krempel hat schon größeren Effekt auf unser Leben. Genauso wie ein Tag voller Aufgaben, die dich unzufrieden machen, ein soziales Umfeld mit viel zu vielen Menschen, die dich leer saugen, Verpflichtungen, die dich einengen, oder Angewohnheiten, die deine Lebensqualität beeinträchtigen. Ausnahmslos überflüssige Sachen – nichts als Ärger und Kummer. Ausnahmslos Lecks in deinem begrenzten Vorrat an Lebensenergie.

Das klingt jetzt etwas übertrieben. Wie viel Energie soll es denn schon kosten, eine überflüssige Spielkonsole zu haben? Tja, Platz in deinem Haus. Platz, den man teuer bezahlen muss, in Form von Miete, einem Kredit oder Versicherungspolicen.

Und das ist noch nicht alles. Denn immer, wenn ich etwas suchte, dauerte das länger als nötig, weil eine überflüssige Wii im Weg rumlag. Ich stellte das Ding jedes Jahr, wenn ich den Dachboden aufräumte, an eine andere Stelle. Überflüssiges kostet wertvolle Zeit. In diesem Fall betraf das nicht nur meine, sondern auch noch die meines Partners. Als ich endlich dazu bereit war, konnte ich die Konsole zu Geld machen, und damit konnte ich wiederum etwas unternehmen, was sich positiv auf mein Leben auswirkte. Gleichzeitig kann sich jetzt jemand anderes mit der Spielkonsole vergnügen und die Zeit vertreiben. Nun war die Wii immerhin in einer Plastiktüte verstaut gewesen, jede Menge anderer Sachen müssen jedoch abgestaubt und während des Staubsaugens verschoben werden.

Obendrein besetzte die Wii mentalen Raum. Jedes Mal, wenn ich sie sah, fühlte ich etwas. Eine bittersüße Mischung aus Erinnerung, Vergänglichkeit, Schuldgefühl und Verantwortungsbewusstsein. Sie symbolisierte eine schöne Zeit, die vergangen war. Zwar finde ich Nostalgie eine ganz nette Emotion, die hin und wieder dazugehört, aber bitte nicht jedes Mal, wenn ich auf den Dachboden komme.

Nun habe ich die ganze Zeit im Großen und Ganzen von einem einzigen überflüssigen Gegenstand gesprochen: meiner Spielkonsole, die ich nicht mehr brauchte. Mein Dachboden aber lag voller Zeug. Und der Schuppen auch. Die Schränke waren voll. Und jedes einzelne Teil dieser vielen überflüssigen Sachen knabberte an meiner begrenzten Lebensenergie, der ganze Nippes nahm ein großes Stück meines Geists ein.

Du kannst vermutlich nachvollziehen, dass es sich wie eine Befreiung anfühlte, als ich die Wii an eine Frau verkaufte, die ihrem kleinen Sohn damit eine Riesenfreude machen würde. Und mit jeder Tour zum Sozialkaufhaus, die folgte, fühlte ich mich etwas freier und froher. Einige Vasen weniger, ein Stapel Fehlkäufe, an die ich nicht länger erinnert werden mochte, Bücher, die mir nichts mehr sagten, Küchenutensilien, die nicht benutzt wurden. Weg damit.

Mit weniger überflüssigen Sachen zu leben macht alles effizienter. Es hilft uns, uns in Richtung LED-Lämpchen zu bewegen. Weniger Verschwendung, mehr Nutzen. Durch Ballastabwerfen wird alles besser.

Gut. Nur, wie fängt man den Prozess des Minimalisierens an? Wie lässt man den Ballast mit so wenig Aufwand wie möglich hinter sich?

DIE KURZE ROUTE ZU EINEM AUFGERÄUMTEN LEBEN

Ich bin kein Anhänger der extremen Minimalisierung. Ein Leben mit maximal hundert Sachen ist toll für Instagram und besonders nervig, wenn man eine Party gibt und zwanzig Weingläser braucht. Soll ich meinen schönen Wein dann etwa in Pappbechern ausschenken? Oder Gläser beim Getränkemarkt ausleihen? Ich ziehe es vor, einen Karton Weingläser auf dem Dachboden zu haben, den ich in den nächsten Jahren bei solchen Gelegenheiten zum Vorschein hole.

Wenig zu besitzen ist meiner Meinung nach kein Selbstzweck. Das, worum es sich im Leben drehen sollte, ist Freiheit, Freude und Erfüllung. Zwar stimmt es, dass man sich für gewöhnlich freier fühlt, wenn man sich mit weniger Sachen umgibt. Doch wenn es allzu wenige sind, macht man sich das Leben wieder unnötig kompliziert. Ich brauche einen Karton voll Weingläser, weil Partys geben ein wichtiger Teil meines Lebens ist. Je mehr Gläser ich habe, desto angenehmer wird die Party.

Minimalisierung ist also nicht gleichbedeutend mit einem Wohnzimmer, in dem nur noch ein Stuhl, eine Lampe und eine Pflanze stehen. Minimalisieren bedeutet, dass du selbst entscheidest, was du brauchst, und den Rest aus deinem Leben weglässt. Wenn dich eine leere Wand stört, brauchst du eben ein Bild, um dem Zimmer die Atmosphäre zu verleihen, in der du dich wohlfühlst.

Wenn man es so betrachtet, ist es ganz einfach. Frag dich: »Welche Gegenstände helfen mir dabei, mein Leben auf Freiheit, Freude und Erfüllung auszurichten? Welche Sachen bereichern mein Leben?«

Der Rest kann weg.

UMGIB DICH NUR MIT LIEBLINGS-SACHEN

Und täusche dich nicht, höchstwahrscheinlich können ziemlich viele Sachen Richtung Sozialkaufhaus. Wir alle haben jede Menge überflüssiges Zeug, wie du jetzt weißt, auch ich. Sachen, die wir aus allerlei Gründen aufheben, die in praktischer Hinsicht jedoch nichts Positives zu unserem Leben beitragen.

Wie gesagt: Alles, was wir besitzen, hat Einfluss auf unser Gefühl von Freiheit. Die Gesamtheit der Sachen hält dich auf dem Boden.

Stell dir vor, du hättest ausschließlich Dinge, die dir Freude bereiten. In deiner Wohnung wären nur Gegenstände, die du tatsächlich benutzt und die du gut findest. Schöne, funktionelle, nützliche Objekte, die dein Leben schöner machen. Wie entspannend!

DER PREIS VON ÜBERFLÜSSIGEM KREMPEL

Früher hatte ich drei Computer. Einen iMac, ein MacBook und einen Spielecomputer. Diese drei Computer nahmen eine Menge Platz ein, mal ganz abgesehen von den Zusatzgeräten und Kabeln. Außerdem steckte in ihnen viel Geld, und sie kosteten auch noch haufenweise Zeit. Warum Zeit? Updates installieren, den Virusscanner aktualisieren, Back-ups machen, defekte Teile reparieren lassen oder austauschen, abstauben,

Dateien synchronisieren etc. pp. Irgendwann hatte ich genug von diesem Irrsinn. Ich stellte alles bei Ebay ein und kaufte mir stattdessen ein einziges flaches MacBook.

Je weniger Geräte, desto weniger Komplexität. Ich kann alles, was ich tun muss und möchte, auf meinem MacBook machen. Ich benutze es jeden Tag, ich benutze es gern und ich kann es überallhin mitnehmen. Mit anderen Worten: Ich habe weniger Sachen und an denen kann ich mich intensiver erfreuen. Keine Abende mehr, die für die Wartung von Betriebssystemen und allem Drum und Dran draufgehen. Ich brauche mich nur noch um einen Computer zu kümmern: ein Back-up, ein Ort, an dem ich alles finde. Es ist befreiend, produktiv und angenehm.

Je kritischer man hinschaut, desto mehr Überflüssiges entdeckt man im eigenen Leben. Brauche ich wirklich so viele Möbel? So viele Wohnaccessoires? Sind zwei Autos in der Tat unvermeidlich? Brauche ich so viele Zimmer, so viele Kleidungsstücke? Wenn man sich seine Urlaubsfotos ansieht, fällt einem meistens auf, dass man auf jedem Foto das eine Lieblings-T-Shirt anhat. Wie wäre es, wenn in meinem Kleiderschrank nur noch Lieblingsstücke hingen? So einfach könnte es sein.

Stell dir vor, du würdest dich nur noch mit deinen Lieblingssachen umgeben. Mit Sachen, die dein Leben schöner machen, an denen sich dein Herz erfreut. Nur noch eine Küchenmaschine, die alles kann, statt mehrerer billiger, minderwertiger Geräte. Nur noch ein Regal mit Büchern, die dir am Herzen liegen, statt eines Schranks voller Exemplare, die dir nichts mehr bedeuten. Bloß noch eine fabelhafte Tasche, die du jeden Tag trägst, statt der sechs Taschen, die du aus einem Impuls heraus gekauft hast. Lediglich drei Paar Schuhe für verschiedene Zwecke, statt der fünfzehn Paar, die du kaum anziehst.

Mit weniger Sachen wird vieles unkomplizierter. Aufräumen zum Beispiel, das geht fast wie von selbst. Die Wohnung in Ordnung halten ist schlichtweg einfacher, wenn man weniger Krempel herumstehen hat.

Man kann es als Kontinuum betrachten, das bei Freiheit beginnt und sich Richtung Ärger und Kummer bewegt. Ein leeres Zimmer ohne Sachen wird nie unordentlich – einfach, weil es nichts gibt, was Unordnung verursachen könnte. Das ist pure Freiheit von Unordnung.

Ein Zimmer mit Nippes, zahlreichen Möbeln, Zeitschriften, Geräten und Wohnaccessoires erfordert ununterbrochen Aufmerksamkeit. Mit so vielen Sachen ist es beinahe unmöglich, das Ganze aufgeräumt zu halten. Also, Ärger und Kummer.

Auch Saubermachen wird einfacher, wenn man weniger Sachen hat. Insbesondere, weil man nicht erst lang aufräumen muss, um sauber machen zu können. Denk dran: Ein leeres Zimmer ist schnell sauber gemacht. Staubsaugen, wischen: fertig. Mit jedem Gegenstand, der dazukommt, wird Putzen komplexer. Tischchen abwischen, Schränkchen abstauben, das Sofa absaugen, Teppiche ausschütteln und so fort.

Keiner will in einer leeren Wohnung wohnen. Trotzdem ist es gut, wenn man das Prinzip verstanden hat. Je mehr man hinzufügt, desto komplexer wird es. Und je komplexer etwas ist, desto mehr Lebensenergie verbraucht es. Es ist daher mehr als sinnvoll, die Vor- und Nachteile abzuwägen.

Ein Beispiel: Ich bin der Meinung, dass mir ein Sofa viele Vorteile bietet. Also steht so ein Möbelstück in meinem Wohnzimmer. Außerdem habe ich einen Couchtisch, und da ich gern auf dem Boden sitze, auch einen Teppich. In meinem Wohnzimmer gibt es jedoch keine Regalbretter voller Nippes. Weil das für mich mehr Nachteile als Vorteile bringt. Den Boden halte ich auch lieber frei, damit Saubermachen einfach ist. Ich möchte Gemütlichkeit, aber keine, die es kompliziert macht.

Früher habe ich zu Weihnachten die Wohnung dekoriert mit Adventskranz, Lichterkette, allerlei Kerzen und Figürchen – dem ganzen Klimbim. Sehr nett das alles, im Laufe der Jahre kam ich jedoch zu folgender wichtiger Einsicht: Das, was im Haus die Weihnachtsstimmung verbreitet, ist der Weihnachtsbaum. Alles andere bringt kaum etwas, macht aber viel Arbeit.

Ich konzentriere mich seitdem auf einen schönen Baum mit ein paar Weihnachtskugeln und vielen Lichtern dran. Und der ganze Rest? Den habe ich zum Sozialkaufhaus gebracht. Ein Drittel meines Dachbodens wurde somit frei!

MINIMALISIERUNG FINDET IN WELLENBEWEGUNGEN STATT

Genau. Es ist eigentlich ganz einfach. Streich überflüssige Dinge aus deinem Leben. Sei dir jedoch bewusst, dass der Prozess Zeit braucht. Minimalisieren erfolgt in Wellenbewegungen. Am Anfang kann man eine ganze Menge loslassen, und das fühlt sich großartig an. Man hebt jedoch immer noch genug Zeug auf, das man erst später als überflüssig beurteilen wird.

Und das ist logisch. Man will die zusätzliche Kamera noch aufheben, sie macht so schöne Fotos und war auch nicht ganz billig. Nach ein paar Monaten stößt man wieder auf die Kamera, die immer noch an derselben Stelle liegt und keineswegs für kreative Zwecke reaktiviert wurde. Also wird einem deutlich, dass es an der Zeit ist, die Kamera loszulassen. Man findet sie immer noch toll, aber man benutzt sie offensichtlich nicht mehr. Also, verkaufen.

Wir halten häufig an den Sachen fest, die für ein bestimmtes Bild stehen, das wir uns von uns machen. Kürzlich stieß ich im Keller auf ein ganzes Sortiment professioneller Zeichenutensilien, ein Überbleibsel meines Studiums. Ich beschäftige mich nie mit Zeichnen. Ich finde es ganz nett, aber nicht super. Als ich die Sachen fand, wollte ich sie aufbewahren. Ich überlegte, ob ich vielleicht wieder anfangen würde zu zeichnen, ob das mein neues kreatives Hobby werden könnte. Kurz darauf gab ich alles weg. Warum sollte ich auf einmal wieder mit Zeichnen anfangen, wenn es mich jahrelang nicht interessiert hatte? Ich sah ein, dass ich mir selbst etwas vormachte.

DINGE, DIE MAN LOSLÄSST, VERMISST MAN NICHT

Je mehr man loslässt, desto besser wird man. Vor allem, weil man merkt, dass das Leben sich dadurch nie verschlechtert, im Gegenteil, es wird so gut wie immer besser. Die Gegenstände, die man loslässt, vermisst man nicht. Und die Freiheit, die es mit sich bringt, macht süchtig. Und selbst wenn man etwas vermissen sollte – man kann es sich einfach über Ebay wiederbeschaffen. Kein Problem.

Stell dir vor: nie mehr suchen. Weniger Krempel aufräumen. Mehr Luft und Raum zum Leben. Mehr Einfachheit, Qualität, Ruhe und Freude. Genau – das klingt herrlich befreiend.

UND WAS IST MIT DEN MITBEWOHNERN?

Leidenschaftlich damit loslegen ist toll, das heißt aber noch lange nicht, dass all unsere Mitbewohner (Eltern, Liebste, Kinder etc.) genauso motiviert sind. Wie geht man damit um? Ganz einfach – man bleibt bei sich. Man kann andere nicht verändern, man kann sie höchstens inspirieren. Wer andere dazu bringen möchte, sich mit dem Behalten oder Loslassen ihrer Sachen zu beschäftigen, sollte sie nicht dazu drängen, ihnen nicht das Messer auf die Brust setzen und schon gar nicht Sachen heimlich wegtun.

So nicht. Man macht einfach nur das Folgende: Man minimalisiert die eigenen Sachen. Das ist alles. Nervt oder beeinträchtigt einen der Krempel der lieben Mitbewohner, kann man das selbstverständlich ansprechen. Wenn die anderen sich aber nicht von unserem Vorgehen anstecken lassen, lässt sich daran, wenn man Spannung, Frust oder Streit vermeiden möchte, wenig ändern.

Das ist es nicht wert. Man sollte es also nicht kompliziert machen und die anderen nicht damit belästigen. Man kann anderen dabei helfen, sie begleiten oder inspirieren, zwingen kann man sie nicht.

MINIMALISIEREN – WIE MACHT MAN DAS?

Was ist das effektivste Vorgehen, um den überflüssigen Krempel loszuwerden? Um diese Frage zu beantworten, machen wir einen kleinen Ausflug zur populären Aufräummethode der Japanerin Marie Kondo. Ihre Vorgehensweise ist sehr detailliert und enthält darüber hinaus eine gehörige Portion – so nenne ich das – japanischen Aberglauben. Zum Beispiel soll man sich am Ende eines Tages bei seiner Tasche bedanken. Oder man soll beim Wegräumen der Socken darauf achten, dass sie nicht »müde« werden, daher soll man sie nicht aufrollen, sondern stattdessen gefaltet in die Schublade legen.

Tut mir leid, ich habe echt Besseres zu tun. Aber auch hier gilt der universelle Rat: Tu, was du nicht lassen kannst. Und wenn man sich erst einmal durch solche behämmerten Ratschläge gekämpft hat, entpuppt sich die Methode als ziemlich solide. Insbesondere wegen folgenden Prinzips ist die »KonMari-Methode« effektiver als andere:

NICHT NACH ZIMMERN AUFRÄUMEN, SONDERN NACH KATEGORIEN

Man holt alle Sachen, die man von einer Kategorie (z. B. Kleidung, Bücher oder Elektrogeräte) besitzt, und legt sie an eine Stelle. Man muss also ein bisschen schleppen und hin und her laufen, aber die Mühe lohnt sich.

Danach geht man schrittweise vor. Man nimmt jedes Teil einzeln in die Hand, spürt in sich hinein und stellt sich die Frage: »Macht mich dieser Gegenstand glücklich?«

Hierbei auf das Bauchgefühl achten. Bei Ja, kommt das Teil auf die eine Seite, den »Behalten«-Stapel, bei Nein wird es aussortiert, kommt also auf den »Wegtun«-Stapel. Alles auf diesem Stapel wird entweder verkauft, im Freundes- und Bekanntenkreis verschenkt, zum Sozialkaufhaus gebracht oder in die Altkleidersammlung beziehungsweise den Sperrmüll gegeben. Und zwar in dieser Reihenfolge, denn Altkleidersammlung oder Sperrmüll sollten nach Möglichkeit vermieden werden. Der »Behalten«-Stapel wird wieder verstaut. Allerdings nach einem neuen System. Und hier verbirgt sich das zweite Geheimnis dieser Methode:

JEDE KATEGORIE WIRD AN EINEM ORT ZUSAMMEN-GEBRACHT

Das heißt also, alle Bücher in einem Bücherregal, alle Kleidung in einem Kleiderschrank, alle Kabel in einer Kabelkiste. Dabei ist es erlaubt, die Sachen in Unterkategorien einzuteilen. Ich beispielsweise hänge Jacken nicht mehr in den Kleiderschrank. Und einige Küchenutensilien kommen maximal zwei Mal im Monat zum Einsatz, die hole ich dann gern schnell mal aus dem Keller.

DU BEHÄLTST NUR, WAS DICH GLÜCKLICH MACHT

Die Stärke des Zusammenbringens nach Kategorie liegt darin, dass man immer mit einem Blick sieht, wie viele Sachen man von dieser bestimmten Kategorie besitzt. Damit wird es viel leichter, Unordnung zu vermeiden und weiter zu reduzieren. Man steht vor dem Bücherregal und denkt: Dieses Buch habe ich seit der letzten Aufräumaktion nicht angerührt. Kann also weg.

Los geht's! Wenn man erst einmal mit weniger Überflüssigem lebt, hat man wie von selbst die Neigung, weiter zu reduzieren. Man wird zum Kurator des eigenen Lebens. Weil man weiß und fühlt, dass weniger tatsächlich mehr ist. Dass das Leben ohne überflüssigen Krempel schöner, leichter, preiswerter und erfüllter ist.

Du solltest es nicht komplizierter machen als nötig: Du hebst auf, was dich glücklich macht, das, was dich nicht glücklich macht, lässt du los. Das ist der Kern, mehr brauchst du nicht zu tun.

WO ANFANGEN?

Die meisten Menschen beginnen mit Kleidung, Büchern und Wohnaccessoires. All das, was eine emotionale Ladung hat, sollte man als Letztes in Angriff nehmen. Diese Dinge gruppiert man ebenfalls an einem Ort. Das Aussortieren dieser Kategorie ist am schwierigsten. Man sollte also zunächst die »Loslass-Muskeln« trainieren, bevor man sich dieser Herausforderung stellt.

Stell dir selbst folgende Frage: »Welchen Einfluss hätte es auf mein Leben, wenn ich weniger Sachen besitzen würde?«

Und: »Welchen kleinen Schritt kann ich heute machen, um mich etwas freier zu fühlen?«

Man muss nicht notwendigerweise gleich die ganze Wohnung ausmisten. Fang also klein und simpel an. Streich heute eine einzige überflüssige Sache aus deinem Leben. Mit jedem Schritt, den du machst, wirst du ein bisschen freier.

Das Reduzieren überflüssiger Sachen ist der erste und praktischste Schritt, um deine persönliche Freiheit zu vergrößern. Du kannst aber viel mehr erreichen. Richten wir uns also auf den nächsten Schritt Richtung Freiheit aus.

Es geht um Raupen, Schmetterlinge und kleine Ärgernisse.

5

RAUPEN, SCHMETTERLINGE UND IMMER BESSERE PROBLEME

Es ist wirklich erstaunlich, wie das funktioniert. Man hat das Gefühl, die ganze Welt würde zusammenbrechen, und dann entschließt man sich, ein einziges Problem anzugehen. Auf einmal fühlt sich alles wieder viel besser an. Plötzlich scheint sich das Blatt gewendet zu haben, die Aufwärtsspirale ist erneut in Gang gesetzt.

Über was ich spreche? Über das Aus-dem-Weg-Räumen von kleinen Ärgernissen. Das, worüber man sich täglich ärgert, es aber offensichtlich auch nicht schlimm genug findet, um es anzugehen. Viele Jahre lang ärgerte ich mich jedes Mal, wenn ich unser Haus betrat. Es ist ein kleines Haus, das wir mitsamt einem Bleiglasfenster aus dem Jahr 1870 gekauft hatten. Das Bleiglasfenster an sich war wundervoll, doch leider hatten die vorherigen Bewohner es mindestens dreimal mit Holzreparaturmasse traktiert. Wenn man an den Rahmen klopfte, klang es total hohl. Wir bestellten also einen Allroundhandwerker, der sich das mal ansehen sollte. Der stach kurzerhand mit einem Schraubenzieher ein

Loch ins Holz, um beurteilen zu können, wie schlimm es wirklich war. Es war schlimm.

Nun hatten wir also zusätzlich auch noch ein Loch im Rahmen. Bisher war das hohle Innere zumindest noch von einer dünnen Lackschicht kaschiert worden, jetzt war es für jeden sichtbar: Das schöne Fenster war verrottet. Der freundliche Handwerker schien leider zu bequem zu sein, uns ein Angebot zu schicken. Und wir schienen wiederum zu bequem zu sein, uns um einen anderen Handwerker zu bemühen. Also tat Mutter Natur, was sie immer tut – sie holte sich den Holzrahmen langsam, aber sicher zurück.

Jeden Tag stellte ich mein Fahrrad vor das weiter verrottende Fenster. Und jeden Tag ärgerte ich mich aufs Neue über seinen Zustand. »Ach ja, das müssen wir ja noch regeln.« Ich habe eine derart große Abneigung dagegen, so etwas regeln zu müssen, dass ich anscheinend bereit war, zu warten, bis Schnee in die Diele wehen würde.

Außerdem bin ich extrem gut im Relativieren. Mal ehrlich, wie schlimm ist es, ein einziges morsches Fenster zu haben? In unserem Viertel gibt es mehrere Häuser, bei denen die Fenster verrottet sind. Darüber hinaus, in den allermeisten anderen Ländern würde man das kleine Loch einfach noch einmal mit Kitt dicht machen. Solang kein Schnee reinkam, brauchte ich mich nicht aufzuregen, oder?

Aber man kennt das ja, wenn man ein neues Smartphone hat, kommt einem das alte so modern wie ein Telefon mit Wählscheibe vor. Und wenn man in den Niederlanden ein morsches Fenster hat, dann wirkt das Haus – im Vergleich zu den hübschen Häusern in der Nachbarschaft – gleich völlig heruntergekommen.

Also? Nichts also. Die Monate gingen ins Land. Das Holz verrottete weiter, und ich ärgerte mich weiterhin über diese unveränderte Tatsache. Ein Fenster repariert sich leider nicht von selbst. Ich reparierte es auch nicht, denn ich hatte wohl Besseres zu tun … So ging es immer weiter. Während die Jahreszeiten am Holz nagten, fraß mich von innen der Frust auf. Bis mir eines schönen Tages, im Frühling, bewusst wurde, was ich mir da eigentlich selbst antat.

Das Einzige, was passieren musste, war, einen Handwerker zu finden, der einen neuen Fensterrahmen einbaut. Mir wurde klar, dass ich mein Haus wieder mit einem Lächeln im Gesicht betreten könnte und alles nicht länger relativieren müsste, wenn es mir gelänge, dieses Projekt abzuschließen. Ich müsste nicht mehr das Gefühl haben, dass wegen uns der ganze Stadtteil so wirkte, als würde auf der Straße gedealt werden. Ich hätte nicht mehr das unangenehme Gefühl – und zwar jedes Mal, wenn ich mein kleines Schloss betrat –, dass etwas, zu dem ich keine Lust habe, passieren müsste.

LAUTER KLEINE RAUPEN

Kleine Ärgernisse verschlingen keine Energie, aber sie knabbern doch recht erheblich daran. Häufig so, dass es noch nicht einmal auffällt. In etwa so, wie eine Raupe an einer riesigen Pflanze. Eine Raupe frisst ein paar Löcher in ein paar Blätter, man merkt es kaum. Viele Raupen hingegen fressen die ganze Pflanze kahl – das fällt dann schon auf.

Jede Irritation – und mag sie noch so klein sein – knabbert an unserer Energie. Die Knabberei aller kleinen Ärgernisse zusammen sorgt dafür, dass wir uns nicht so energievoll fühlen, wie wir uns fühlen könnten. Das ist nicht gut. Wir benötigen unsere Energie, um uns wohlzufühlen. Und einen freien Kopf, um uns frei zu fühlen. Wenn man sich das klarmacht, weiß man, dass kleine (und auch große) Ärgernisse im Leben zur Kategorie »überflüssig« gehören. Sie sind Ballast. Sie müssen aus dem Weg geräumt werden, weil wir sonst nicht vorankommen.

ZWEI METHODEN, UM DIE RAUPEN LOSZUWERDEN

Ich bin kein Fan von Gift. Ich töte keine Tiere mit Absicht. Dann opfere ich lieber eine Pflanze. Außerdem: Aus Raupen werden Schmetterlinge, und die lieben wir alle. Der Einsatz von Gift ist Wahnsinn. Zum einen, weil Raupen unschuldig sind. Sie schlüpfen zwischen Blättern und haben Hunger, kein Grund, um sie einen qualvollen Tod sterben zu lassen. Zum anderen, weil Gift alles schwächt. Die Pflanze, die Erde und die Tiere, deren Nahrung Raupen sind. Gift löst das Problem nicht, sondern verschiebt es lediglich. Wenn man Ärgernisse in den Griff bekommen möchte, hat man zwei Möglichkeiten:

1. Der Raupe die Energie geben, die sie benötigt, um sich in einen Schmetterling zu verwandeln.

2. Die Pflanze stärken, sodass sich keine Raupenplagen mehr entwickeln.

Einfach und elegant, weil es funktioniert. Lassen wir das ganze Gift – all die negativen Gedanken, die unbestimmten Erwartungen und Urteile, mit denen man sich selbst runterzieht, einfach weg. Keine Aggression, kein Hass, kein Zorn. Es ist nicht tragisch, man kann es mit Liebe und Mitgefühl lösen.

AUS RAUPEN SCHMETTERLINGE MACHEN, DIE VON SELBST DAVONFLIEGEN

Um sich in einen Schmetterling zu verwandeln, benötigt eine Raupe viel Nahrung. Unter normalen Umständen lässt sich eine Raupe Zeit, um zu wachsen, kleine Köttel zu produzieren und schließlich als Schmetterling kleine Eierhaufen abzulegen. So muss es aber nicht laufen, wir können das ändern. Wir bieten »unserer« Raupe einen Deal an: »Ich gebe dir, was du brauchst, um dich zu verpuppen, und du legst dafür später, wenn du's zum Schmetterling gebracht hast, keine Eier auf dieser Pflanze ab.« Ein solches Angebot würde keine Raupe ausschlagen, denn Raupen haben Hunger.

Anschließend gehen wir sorgfältig vor und entfernen ein Ärgernis nach dem anderen aus unserem Leben. Das machen wir so lang, bis alle Ärgernisse verpuppt sind. So investiert man einmal die Menge Energie, die nötig ist, um zukünftig keine Energie mehr hierfür aufbringen zu müssen.

Einen Fensterrahmen austauschen zu lassen kostet mich einmalig eine Menge Energie. Telefonieren, mailen, Angebote einholen. Verhandeln, zu Hause bleiben, ein Schwätzchen mit dem Handwerker halten, Kaffee kochen, so tun, als ob man über schlechte Witze lacht, noch mehr Kaffee kochen, Lärm ertragen und Dreck wegmachen, noch einen Tag zu Hause bleiben für den letzten Schliff etc. pp. Hinzu kommt die viele Energie, die ich aufwenden musste, um das Geld zu verdienen, das ich nach erfolgreichem Abschluss der Arbeiten an den Handwerksbetrieb überweisen muss.

Aber seien wir ehrlich, sobald ich all diese Energie dafür aufgewendet habe, passiert auch etwas Großartiges. Es fühlt sich an, als ob eine große Last von meinen Schultern genommen wurde. Es war ein ziemlicher Zirkus, aber nun brauche ich all die Raupen nicht mehr zu füttern. Kein unterschwelliger, nagender Ärger mehr, kein schlechtes Gewissen mehr, wenn ich zur Tür reinkomme, nicht mehr dieses Gefühl, ich müsste etwas dagegen unternehmen.

Ruhe, Raum, Stille. Spielraum, den ich füllen oder ungenutzt lassen kann, ganz wie ich möchte. Ein freier Kopf, mehr Energie, mehr Freiheit und mehr Frohsinn.

Ein Leben mit weniger kleinen Ärgernissen ist großartig. Jede Irritation, die man loslässt, setzt Energie frei. Der Erfolg stellt sich sehr schnell ein. Nachdem einem die Last von den Schultern genommen wurde, fühlt man sich so gut, dass man unmittelbar Energie und Raum verspürt, um sich anderen Ärgernissen zu widmen.

Stell dir vor, du müsstest mit einem kleinen Sonnenkollektor hundert Modelleisenbahnen antreiben. Sollten die Züge überhaupt in Bewegung kommen, kämen sie nur sehr langsam voran. Doch jedes Mal, wenn du einen der Züge von den Schienen nimmst, verteilt sich die restliche Energie auf die anderen Züge. Die anderen Züge fahren nun also schneller. Zunächst ist die Auswirkung klein. Aber je mehr Züge du wegnimmst, desto deutlicher zeigt sich der Effekt auf die verbleibenden Züge. Die letzten Züge fahren irgendwann so schnell, dass sie von selbst von den Schienen springen. Voilà – du hast dich von unnötigen Energiefressern befreit.

Was du nun tun musst, ist ganz einfach: Finde deine kleinsten Ärgernisse und beseitige sie.

DER ERFOLG STELLT SICH SEHR SCHNELL EIN

Du wirst schnell merken, dass die Beseitigung deiner kleinsten Irritationen wenig Aufwand erfordert. Es macht sogar Spaß. Und da man mit jedem beseitigten Problem einen etwas freieren Kopf und freie Energieressourcen bekommt, wird auch die Lösung des nächsten Problems ein kleines bisschen einfacher.

Stell dir folgende Frage: »Über welche Kleinigkeiten ärgere ich mich jeden Tag?« Genau da fängst du an.

Vor einiger Zeit ärgerte ich mich maßlos über die vielen Aufladekabel in der Küche. Also fasste ich alle separaten USB-Ladegeräte zu einem Block mit mehreren USB-Anschlüssen zusammen und führte die Kabel mit einer Kabelklemme entlang der Wand. Ich habe mich seitdem nie wieder darüber geärgert.

Noch ein Beispiel: Unser Badezimmer befindet sich im Erdgeschoss, unser Kleiderschrank aber steht oben. Ergebnis: unten hingen immerzu Kleidungsstücke an der Türklinke oder über diversen Esszimmerstühlen. Es sah unaufgeräumt aus, und Billy und ich gaben uns andauernd gegenseitig die Schuld an dieser Schlamperei. Lösung: Ich kaufte einige Kleiderhaken, die ich an der Badezimmertür anbrachte. Seitdem hängt die Kleidung ordentlich an einem Ort, und wir sind nicht mehr ständig sauer aufeinander.

Wenn mich etwas öfter als zweimal nervt, überlege ich mir, wie ich dieses Ärgernis am einfachsten für immer aus der Welt schaffen könnte. Ich mache das, weil ich weiß, dass mehrere kleine Ärgernisse sich zu einem großen Energiefresser addieren und damit eine Abwärtsspirale in Gang gesetzt wird.

Indem ich zunächst eine Menge kleinerer Ärgernisse beseitigte, wurde in meinem Leben nach und nach so viel Energie frei, dass ich irgendwann die Kraft fand, einen Handwerker zu bestellen, den Fensterrahmen austauschen zu lassen, viel Kaffee zu kochen und über schlechte Witze zu lachen. Herrlich ist das.

KLEINE ÄRGERNISSE VERMEIDEN

Wir freuen uns alle über umherflatternde Schmetterlinge. Daher ist das Auflösen unserer Ärgernisse zunächst der erste Schritt. Aber wie sorgt man dafür, dass Ärgernisse nicht zurückkommen? Dass nicht erneut eine Plage ausbricht, die alle Energieressourcen in Beschlag nimmt?

Als Allererstes, indem du wachsam bist. Sobald etwas unterschwellig nagt, unternimm sofort etwas. Du kannst dich ruhig ein bisschen anstrengen, dieses Ärgernis so schnell wie möglich zu vertreiben. Je eher du die Sache löst, desto weniger Energie verlierst du.

Okay, das ist logisch, aber man kann noch mehr machen. Man kann nämlich nicht alle Ärgernisse selbst beseitigen. Wenn du über Sachen genervt oder verärgert bist, auf die du keinen Einfluss hast, kannst du nur etwas ändern, auf das du sehr wohl Einfluss hast: dich selbst.

Neben dem konkreten Beseitigen von Ärgernissen, kann man an sich selbst arbeiten, sodass man weniger schnell über etwas genervt ist oder sich ärgert. So, als ob man den Garten widerstandsfähiger macht, wodurch Raupenplagen keine Chance mehr haben. Mit einer entspannten Lebenseinstellung lässt sich sehr viel Ärger und Frust vermeiden.

Zugegeben, ich bin von Natur aus kein einfacher Mensch. In der Regel weiß ich ganz genau, was ich will. Ich bin nicht stolz darauf, aber früher sorgte ich auch dafür, dass ich möglichst immer das bekam, was ich wollte. Unabhängig davon, ob jemand anderes dafür zurückstecken musste. Ich bin nun einmal jemand, der andere überzeugen kann. Ich fand es auch nur zu logisch. Wenn ich etwas sehr gerne möchte und mein Gegenüber äußert sich nicht deutlich, dann ist es doch selbstverständlich, dass wir das machen, was ich will, oder etwa nicht?

Richtig – das funktioniert nicht. Warum nicht? Weil diese Haltung zu großer Verstimmung führte, wenn ich meinen Willen nicht bekam. Zum Beispiel, wenn ich einen Tisch am Fenster wollte, meine Begleitung aber lieber an der Wand sitzen mochte. Oder wenn ich eine blaue Wand wollte und Billy lieber eine grüne. Außerdem war ich deswegen oft ziemlich verspannt. Durch die Anspannung war ich dann im Umgang nicht gerade angenehm. Diese Haltung habe ich also aufgegeben.

Es gibt genau einen, ganz einfachen Grund für das Entstehen von Ärgernissen: Erwartungen. Sie sind gleichzeitig auch eine der Hauptursachen für die Unzufriedenheit in unserem Leben.

Je mehr Erwartungen man hat, wie das Leben aussehen sollte, desto mehr Ärgernisse und Irritationen entstehen. Warum? Weil das Aufrechterhalten von Erwartungen dafür sorgt, dass das Leben nie gut genug zu sein scheint. Das ist nur zu logisch, denn das Leben läuft in der Regel nicht so, wie man es vor Augen hatte. Man hat eine Vorstellung davon, was man »gut« und was man »schlecht« findet. Eines der beiden Label klebt man auf alles, was einem begegnet.

Ein verrotteter Fensterrahmen ist »schlecht«, ein Kuss vom Liebsten ist »gut«, eine hässliche Bemerkung eines Kollegen ist »schlecht«, ein Lob für etwas ist »gut«.

Immer, wenn wir auf irgendetwas das »schlecht«-Label kleben, sind wir verärgert, weil das Leben nicht so läuft wie gewünscht. Wir sind frustriert und geben den Umständen die Schuld dafür, dass wir uns mies fühlen. In Wahrheit haben die Umstände wenig damit zu tun. Wir ärgern uns nämlich, weil wir uns selbst dafür entschieden haben.

Wie soll das denn gehen? Ereignisse an sich sind bedeutungslos. Sie ereignen sich einfach, unabhängig davon, was wir darüber denken. Eine Tür, die wegen Zugluft zuschlägt, eine Freundin, die etwas zu dir sagt, was du anders formuliert hättest, eine sich langsam fortbewegende Ansammlung von Molekülen in Form eines Autos, die sich auf der Autobahn links von dir installiert hat.

Du kannst dich entscheiden, ob du dich ärgern möchtest. Du kannst dich genauso gut dafür entscheiden, das Ganze an dir abgleiten zu lassen. Du solltest dir klarmachen, dass es sich nicht lohnt, sich darüber aufzuregen. Mir wurde bewusst, dass es nur sehr wenig im Leben gibt, das es wert ist, sich darüber aufzuregen. Und ich merkte, dass es selbst dann herzlich wenig nützt, wenn ich die Ruhe verliere.

Nicht umsonst heißt es, in der Ruhe liegt die Kraft. Sich über alles Mögliche aufzuregen, das letztendlich doch nicht wirklich wichtig ist, ist

IN DER RUHE LIEGT DIE KRAFT

Energieverschwendung. Es schwächt uns, und wir nehmen uns damit selbst die Chance, den Moment zu genießen. Punkt.

Bitte behalte im Hinterkopf, dass nur sehr wenig im Leben wirklich wichtig ist.

Der Rest hat kaum Bedeutung. Je bewusster wir uns dessen sind, dass Frustration und Verärgerung den Energieaufwand nicht lohnen, desto einfacher können wir Abstand davon nehmen. Und damit wird unser Leben immer schöner. Wir sind auf Anhieb ruhiger, liebevoller, bewusster und auch ein bisschen weiser. Ich weiß nicht, wie es dir geht, aber wenn ich es mir aussuchen kann, schlafe ich lieber in einem Zimmer mit zwei Mücken als mit zwei Elefanten.

UND WIR FUNKTIONIERT DAS GANZE BEI GRÖSSEREN PROBLEMEN?

Leider sind nicht alle Probleme im Leben klein. Zwar sorgen kleine Probleme dafür, dass unser Leben weniger schön ist, aber große Probleme können uns richtig leer saugen. Und es ist tatsächlich so, jeder hat Probleme. Man kann sich entscheiden, Probleme als Herausforderungen zu betrachten. Das ist eine positive Betrachtungsweise. Das unangenehme Gefühl bleibt trotzdem. Schließlich kann man nicht jederzeit eine Herausforderung gebrauchen. Manchmal will man einfach ganz normal in Ruhe leben. Dann fühlen sich all die positiv formulierten Probleme als das an, was sie sind, Probleme. Und das bleiben sie auch, bis sie gelöst sind.

Leider habe ich eine unangenehme Mitteilung für dich: Es gibt kein Leben ohne Probleme. Du solltest dich besser auf diese Tatsache einstellen. Probleme verschwinden nicht. Man hat immer welche, und selbst wenn es gelänge, sie ausnahmslos aus der Welt zu schaffen, es kommen neue. Immer. Da kann man nichts dran ändern. Es gibt aber etwas, was du sehr wohl tun kannst. Und diese Erkenntnis kann dafür sorgen, dass dein Leben Schritt für Schritt besser wird, sogar mit Problemen.

Wie lautet diese Erkenntnis? Ganz einfach: Es gibt kein Leben ohne Probleme, aber man kann dafür sorgen, dass man immer bessere Probleme hat.

IMMER BESSERE PROBLEME HABEN

Was soll das bedeuten, immer bessere Probleme haben? Damit ist gemeint, dass man sich bemüht, die Probleme immer weniger problematisch zu machen.

Zum Beispiel Uneinigkeit in der Partnerschaft. Es gibt viele verschiedene Sorten von Uneinigkeit. Am wenigsten wünschenswert ist körperlicher Streit. Also einer, bei dem man sich nicht nur verbal wehtut, sondern auch handgreiflich wird. Mit umherfliegendem Geschirr und so – griechischer Stil. Wenn es das in deinem Leben gibt, hast du ein großes Problem. Das ist ein enormes Handicap für ein glückliches Leben.

Andererseits kann man am anderen Ende des Spektrums – in einer Beziehung, die perfekt aussieht – auch Probleme haben. Beispielsweise, weil man sich nie einig wird, welchen Film man sehen möchte. Oder weil man sich wegen der Urlaubsplanung streitet. Auch solche Uneinigkeit fühlt sich wie ein Problem an. Trotzdem bist du wahrscheinlich mit mir einer Meinung, dass man besser solche Probleme hat als umherfliegende Suppenschüsseln.

Eine Milliardärin hat Geldprobleme. Sie macht sich Sorgen über Rendite, schwankende Wechselkurse, Steuern, Erben und geschickte Investitionen. Die Geldprobleme der Milliardärin sind für viele Menschen (nicht für alle) wünschenswerter als die, mit denen man sich auseinandersetzen muss, wenn man alleinerziehend ist und mit Sozialhilfe auskommen muss.

Man kann Probleme nie völlig eliminieren. Man kann sich bemühen, weniger Probleme zu haben (darauf kommen wir gleich zurück). Vor allem aber sollte man versuchen, die Qualität der Probleme zu steigern. Man sollte darauf hinarbeiten, bessere Probleme zu haben. Irgendwann kommt dann der Moment, wo man denkt: »Wow, das einzige Problem, das wir zurzeit haben, ist die Urlaubsplanung, das nenne ich ein Luxusproblem. Unser Leben ist eigentlich gar nicht so übel.«

WIE REDUZIERT MAN DIE ANZAHL DER PROBLEME?

Probleme entstehen auf unterschiedliche Weise. Zunächst einmal, weil man sie verursacht. Das ist tatsächlich so. Sobald man damit aufhört, Probleme zu verursachen, wird das Leben ein ganzes Stück leichter sein.

Die zweite Ursache ist, dass man Probleme von anderen übernimmt und sie zu den eigenen macht. Eigentlich eine sehr unlogische Weise, um sich Probleme aufzuhalsen. Wahrscheinlich aber am verbreitetsten.

Und drittens tauchen Probleme in unserem Leben auf, die von Ereignissen verursacht werden, auf die wir keinerlei Einfluss haben, deren Ergebnis wir aber als negativ bewerten.

Wenn du die Anzahl der Probleme in deinem Leben reduzieren möchtest, solltest du diese drei Ratschläge beherzigen:

» Hör damit auf, Probleme zu verursachen.

» Hör damit auf, Probleme anderer zu deinen eigenen zu machen.

» Lerne, mit unerwünschten Ereignissen besser umzugehen.

Wie hört man damit auf, Probleme zu verursachen? Indem man die Schritte unternimmt, die einen den gesteckten Zielen näherbringen. Indem man auf dem richtigen Nest brütet. Wenn man sich von Geldproblemen befreien möchte, sollte man damit aufhören, Geldprobleme zu verursachen, man sollte keine unnötigen Ausgaben mehr tätigen und nicht mehr über seine Verhältnisse leben. Das kann eine Herausforderung sein, wenn es einem aber gelingt, sie zu meistern, hat man ein entscheidendes Problem weniger.

Wenn man Beziehungsprobleme loswerden möchte, sollte man damit aufhören, anderen Vorwürfe zu machen und sie zu verurteilen, und stattdessen Schritte unternehmen, um die Kommunikation in der Beziehung zu verbessern. Bücher lesen, ein Kommunikationstraining absolvieren, mit jemandem darüber reden. Unternimm die Schritte, die nötig sind, um das Ergebnis zu erreichen, das du dir wünschst.

Wie hört man damit auf, Probleme anderer zu den eigenen zu machen? In erster Linie, indem man sich bewusst macht, dass jeder Mensch seinen eigenen Weg geht. Und dass man mit seinen Grübeleien niemandem weiterhilft. Man kann sich bemühen, jemandem dabei zu helfen, sein Problem zu lösen. Das bedeutet jedoch nicht, dass man es zum eigenen Problem macht. Die Verantwortung dafür liegt beim anderen, und da sollte sie auch bleiben. Ich kann dir dabei helfen, dein Haus zu renovieren. Aber ich werde mir keine Sorgen darüber machen, ob du es schaffst, rechtzeitig fertig zu sein, bevor der Bodenleger vor der Tür steht. Das ist dein Problem.

Probleme dort lassen, wo sie hingehören, schafft sehr viel Ruhe und Freiheit.

Die Anzahl der Probleme in unserem Leben wird damit erheblich verringert. Und es klingt viel egoistischer, als es tatsächlich ist. Denn gerade dadurch, dass du Probleme anderer Leute nicht zu deinen eigenen machst, kannst du ihnen viel besser helfen. Du kannst aus einer stabilen und glücklichen Haltung heraus agieren, du behältst deine Stärke und Hilfsbereitschaft und du bleibst positiv. In den Ärger und Kummer eines anderen lässt man sich nicht hineinziehen. Im Gegenteil, man hilft dem anderen heraus, indem man ihn mit dem eigenen Frohsinn ansteckt. Das ist ein ganz wichtiger Unterschied, sozusagen eine Win-win-Situation.

Und schließlich: Man kann lernen, mit unerwünschten Ereignissen, auf die man keinen Einfluss hat, umzugehen. Was kannst du tun, wenn sich dir auf einmal ein Problem in den Weg stellt? Zum Beispiel, wenn du erfährst, dass dein Arbeitsvertrag nicht verlängert wird oder dass du keinen Ausbildungsplatz für den Beruf bekommen hast, den du so gerne ausüben würdest?

Es gibt zweierlei, was du dann tun kannst:

1. Die Situation akzeptieren, wie sie ist.

2. Anschließend kleine Schritte unternehmen, um die Situation zu verbessern. So gelingt es dir, Probleme weniger problematisch zu machen.

PROBLEMEN EIN UPGRADE VERPASSEN

Es gibt immer etwas, was du beeinflussen kannst – das ist der Ansatz. Weil es wahr ist. Selbst wenn wir denken, wir könnten nichts tun, um das Problem zu verbessern. Wir können einen sehr wertvollen Schritt machen: die Situation akzeptieren. Damit befreien wir uns von Frustration und erfahren das Problem als viel weniger problematisch.

Ein Beispiel: Was machst du, wenn dein Arbeitsvertrag nicht verlängert wird? Es gibt vieles, was du unternehmen kannst. Als Erstes, den Tiefschlag verarbeiten, indem du zunächst zulässt, dass du enttäuscht, wütend oder traurig bist. Doch du hältst dich nicht lange mit diesen Gefühlen auf und akzeptierst im nächsten Schritt die Situation, wie sie nun mal ist. Danach machst du dich an die Arbeit. Du bringst deinen Lebenslauf auf den neuesten Stand, suchst Stellenangebote raus, beantragst Arbeitslosengeld, passt deine Haushaltsausgaben an, stornierst den teuren Urlaub, aktualisierst dein Profil auf LinkedIn oder Xing, aktivierst dein Netzwerk, forschst nach anderen Karrieremöglichkeiten, nutzt die freigesetzte Zeit, um dich weiterzuentwickeln, schreibst deine Sorgen nieder, richtest dich auf die positiven Seiten dieser Entwicklung aus und umarmst das Abenteuer.

Es gibt immer etwas, was du beeinflussen kannst, um die Situation zu verbessern und deinem Problem damit ein »Upgrade« zu verpassen.

Probleme sind nicht auf der Welt, um uns zu ärgern. Es sind neutrale Ereignisse, denen wir das Label »unerwünscht« verpassen. Sobald wir anders mit ihnen umgehen, können wir das besagte Label mit der Zeit verändern. Wir erfahren das Problem nicht mehr als riesiges Handicap, sondern als Teil unseres Lebens. Als ein Ereignis mit Vor- und Nachteilen. Als neue Entwicklungschance.

> PROBLEME SIND NICHT AUF DER WELT, UM UNS ZU ÄRGERN

ALLES IM LEBEN IST RELATIV

Genau. Alles ist relativ. Nichts ist absolut. Dein Problem verblasst im Vergleich zu dem Problem, das ein anderer hat, dem das Leben viel übler mitgespielt hat als dir. Und die Sorgen, die du zurzeit hast, haben vermutlich wenig Bedeutung, wenn du sie in Relation zu deinem ganzen Leben siehst.

Und dein Leben ist viel weniger beeindruckend, wenn du dir bewusst machst, wie groß das Universum ist, wie lang es schon existiert und wie kurz deine Existenz darin eine Rolle spielen wird.

Alles ist relativ. Relativieren hilft uns, Probleme kleiner zu machen. Wir erfahren sie als weniger beängstigend und können sie neutraler betrachten. Das hilft uns zu begreifen, dass das Problem, obwohl wir es ernst nehmen, eigentlich weniger wichtig ist, als wir zunächst dachten.

Natürlich, es ist wichtig, dass dein Arbeitgeber mit dir zufrieden ist. Wenn er das aber nicht ist und dich rauswirft, dann geht deswegen die Welt nicht unter. Du wirst dich wieder aufrappeln, weil du immer etwas unternehmen kannst, um eine Verbesserung herbeizuführen.

Und immer daran denken: Es gibt stets einen kleinen Schritt, den du machen kannst, um die Situation zu ändern. Und wenn es nur eine Viertelstunde Meditieren ist, um alles wieder in die richtige Perspektive zu rücken. Oder einen kleineren Spaziergang durch den Park machen, bei dem du die Umgebung genießt. Oder einer guten Freundin bei einem Glas Wein das Herz ausschütten.

Die Ausbrüt-Methode hilft dir jederzeit aus der Patsche. Schritt für Schritt ein glücklicheres Leben ausbrüten. Wenn du die richtigen Eier bebrütest, kann nichts schiefgehen. Die Ursache kann man nicht immer verändern. Manchmal hat man mit Problemen zu tun, die andere verursacht haben. Das ist nicht schön. Aber ob es nun schön ist oder nicht, das verändert nichts an der Situation.

Mach einen ersten Schritt. Einfach einen kleinen Schritt, um die Situation zu verbessern. Du kannst immer, wirklich immer etwas unternehmen. Manchmal ist das ein ganz praktischer Schritt, den man selbst machen kann, oder man nimmt einen anderen Blickwinkel ein, und mitunter muss man sich auch Hilfe suchen. Es ist nämlich so: Deine Probleme sind zwar deine Probleme – das stimmt. Das bedeutet aber noch lange nicht, dass dir niemand dabei helfen kann. Dein Problem liegt in deiner Verantwortung, es ist aber auch deine Verantwortung einzusehen, dass du manchmal ein bisschen Hilfe brauchen kannst. Und anschließend so tapfer zu sein, diese Hilfe auch anzunehmen und willkommen zu heißen.

Die Menschen, denen du etwas bedeutest, finden es vermutlich richtig gut, wenn sie dir helfen können. Mir geht es auf jeden Fall so, wenn ich einen mir wichtigen Menschen unterstützen kann. Es fühlt sich toll an, Menschen, denen man nur das Beste wünscht, zu helfen. Wenn man ihnen etwas geben kann, das sie weiterbringt. Ich möchte angerufen werden, wenn eine Freundin einsam oder traurig ist. Ich möchte es wissen, wenn sie in Schwierigkeiten ist und Hilfe braucht. Dafür hat man schließlich Freunde.

Das Leben ist nicht immerzu nur großer Spaß. Aber wir sind nicht allein. Und wir können Probleme kleiner machen, indem wir kleine Schritte unternehmen. Und in vielen Fällen ist es noch leichter, wenn man diese Schritte gemeinsam mit jemand anderem unternehmen kann.

Man muss nur dranbleiben und beständig kleine Schritte in die richtige Richtung machen, dann werden die Probleme immer kleiner und die Ärgernisse weniger.

Bis man nur noch dasjenige überbehält, das einen glücklich macht: eben das Schöne im Leben.

Wenden wir uns nun also einem Quell großer Freiheit und gleichzeitig vieler Probleme zu: unseren finanziellen Angelegenheiten. Die Frage lautet: Wie quetsche ich möglichst viel Freiheit aus meinem Einkommen?

STOPF DIE LÖCHER IN DEINER GELDPIPELINE

Nachttöpfe, ja, die gab es schon. Und Hühner liefen auch schon herum. Toiletten, Wasserleitungen und Badezimmer aber waren, als unser Haus um 1870 erbaut wurde, eher die Ausnahme. Heißes Wasser holte man zu dieser Zeit in den Niederlanden bei einem »Wasser-kocher« (sozusagen ein damaliger Einzelhändler für gekochtes Wasser) an der Ecke und kaltes Wasser aus dem Brunnen hinterm Haus. Innerhalb der Stadtmauern floss das Abwasser direkt in die Grachten. So auch in dieselbe Gracht, aus der die 300 Delfter Bierbrauereien ihr Brauwasser bezogen. An dem Ort, wo ich heutzutage mit einem selbst gemachten Eis-tee in der Sonne sitze und mich über superschnelles WLAN freue, mühten sich die Bewohner in einem anderen Jahrhundert mit Nachtpötten und Sickergruben ab. Umringt von Hühnern, Schweinen und Straßenhunden sowie tuberkulös hustenden Nachbarn.

Ach ja, die gute alte Zeit.

Aber wie so häufig: Auch diese unhygienischen Umstände hatten irgendwann ein Ende. Das 20. Jahrhundert hielt Einzug, und Nachttöpfe wie Wasserkocher verschwanden nach und nach aus dem Straßenbild. Das Haus wurde einige Male umgebaut und erweitert. Eine Toilette und ein Badezimmer wurden eingebaut und auch ein Wasseranschluss (der den Gang zum Brunnen ersparte). Der gemeinschaftliche, begrünte Innenhof wurde in schmale Gärten unterteilt mit im Kataster registrierten Begrenzungen, über die in ferner Zukunft Nachbarn würden Streit anzetteln können. Und irgendwann in diesem Prozess wurde der verrottete Holzfußboden entfernt und das Ganze mit Beton aufgefüllt.

Wunderbar einfach zu unterhalten.

Wenn ich mich in meinem Viertel umsehe, wurden überall die gleichen baulichen Veränderungen vorgenommen. Allerdings hat unser Haus eine Eigenart, die kein anderes der Nachbargebäude aufweist. In unserem Haus läuft die Hauptwasserleitung entlang der Fußleiste durch das gesamte Wohnzimmer, zur Küche, zum Badezimmer und auch zur Toilette. Meine Nachbarin – die hier schon sehr lang wohnt – konnte mir auch erklären, warum das so ist. Frühere Bewohner unseres Hauses wurden eines Tages von einem Brief überrascht, der alles andere als Freude auslöste. Der Umschlag enthielt eine Rechnung über mehrere Tausend Euro. Auf was bezog sich die Rechnung? Richtig, auf ihren Wasserverbrauch. Sie griffen sofort zum Telefon, aber es schien kein Fehler zu sein. Der Wasserzähler hatte den Verbrauch völlig korrekt gemessen. Also ein Leck. Die alte Wasserleitung, die in den 1960er-Jahren in den Beton eingegossen worden war, war defekt. Es war so viel Wasser ausgetreten, dass es gereicht hätte, um mehrere olympische Schwimmbäder damit zu füllen – und niemand hatte es bemerkt.

Man konnte unmöglich noch mehr Zeit (und Geld) verlieren. Also wurde die Leitung an zwei Stellen durchtrennt und in aller Eile eine neue

Leitung im Wohnzimmer entlang der Fußleiste verlegt. Damit war die Sache erledigt. Das Leck war behoben.

Die meisten Menschen würden eine Wasserleitung, die im Wohnzimmer verläuft, eher nicht als wünschenswerte Baumaßnahme betrachten. Ich hingegen bin heilfroh, dieses hässliche Ding im Haus zu haben. Weil es mich täglich an eine sehr wichtige Erkenntnis erinnert, die mir dabei hilft, mein freieres Leben auszubrüten: Lecks sind teuer und absolut nicht wünschenswert.

Lecks sind die reinste Verschwendung von Zeit, Geld und Energie. Verschwendung von Lebensenergie. Und das gilt insbesondere im Bereich unserer Finanzausgaben. Undichte Stellen im Finanzhaushalt schränken unsere Freiheit ein, weil diese Art von »Tropfen« sich aufsummieren zu olympischen Größenordnungen. Geld ist eine Form von Lebensenergie. Es kostet immerhin Zeit und Energie, es zu verdienen, und sollte definitiv nicht unbemerkt abfließen.

Unser Einkommen kann uns gehörig voranbringen, allerdings nur, wenn nicht zu viel für Sachen verloren geht, die unser Leben nicht verbessern oder sogar verschlechtern.

Also sparsam leben? Genau. Ich zeige dir, wie dir ein sparsamerer Lebensstil dabei hilft, deine Ziele Freiheit, Freude und Erfüllung auszubrüten.

DEIN GELDSTROM IST WIE EINE WASSERLEITUNG

Geld fließt, genau wie Wasser. Es fließt auf dein Konto und fließt oft genauso schnell wieder ab. Betrachte deinen Geldstrom als die alte, leckende Wasserleitung. Das Wasser, das in dein Haus fließt und vom Wasserzähler gemessen wird, ist dein Einkommen. Das gesamte Geld wird auf dein Konto gebucht (Gehalt, Zuschläge, Umsätze und/oder Renditen, Zinsen, sonstige Leistungen wie Arbeitslosengeld etc.). Das Geld, das über den Wasserhahn entnommen, also verbraucht wird, sind die Ausgaben, die dir helfen, dich deinem besseren Leben zu nähern. Du tätigst sie bewusst und wohlüberlegt. Beispielsweise für gesunde Ernährung, ein trockenes Dach über dem Kopf oder ein wohlverdientes langes Wochenende.

Aber nicht das ganze Geld wird sofort verbraucht. Im Gegenteil – du hast deinen Verbrauch optimiert, wodurch mehr Geld reinfließt, als du benötigst. Daher zweigst du einen Teil des Wassers ab und lässt es in ein Reservoir fließen. Eine Art Regenfass für Zeiten der Trockenheit. Dieses Reservoir steht für dein Sparbuch.

Klingt logisch, oder? Alles ist in Ordnung und nichts geht daneben. Trotzdem ist nicht alles so prima in Ordnung, wie es zunächst scheint. Dir fällt nämlich auf, dass der Wasserzähler einen höheren Verbrauch anzeigt, als du bewusst über den Wasserhahn entnimmst. Irgendwo läuft etwas schief – irgendwo muss ein Leck sein.

So gehen kostbare Euros verloren, bevor du etwas Sinnvolles damit anstellen konntest. Das ist mehr als schade. Du hast immerhin viel Zeit, Mühe und Energie aufgewendet, um dieses Geld zu verdienen. Soll es dann etwa, ohne dass es zu deinem schöneren Leben beiträgt, einfach so wegfließen?

Lecks in der Wasserleitung sind die täglichen kleinen und größeren Ausgaben, die dich nicht voranbringen. Für Sachen wie Zigaretten, Impulskäufe, zu teure oder überflüssige Versicherungen oder ein zweites Auto, das kaum genutzt wird.

Lecks gehören in die Kategorie Ärger und Kummer und können weg. Sie sind ineffizient, sorgen dafür, dass man immer mehr oder härter arbeiten muss, um den Wasserdruck konstant zu halten, und sie sind auch sonst für nichts gut. Je mehr also von deinem Einkommen für Überflüssiges wegfließt, umso mehr benötigst du, um deinen Lebensstandard halten zu können. Und umso weniger Spielraum hast du, um deine Freiheit auszubauen.

GELDVERDIENEN KOSTET DICH MÜHE

Dass Geld verdienen Mühe kostet, ist nicht neu. Trotzdem sind sich viele Menschen dessen in dem Moment, wo das Geld auf dem Konto liegt, nicht mehr bewusst. Sie jammern, dass sie so viel arbeiten müssen, oder verabscheuen ihre Arbeit sogar. Aber sobald sie die Früchte ihrer harten Arbeit ernten, ist es ihnen plötzlich egal.

Das ist, als ob man abnehmen möchte und sich den ganzen Tag über bewusst ernährt und dann am Abend eine ganze Packung Eis auslöffelt – das funktioniert nicht.

Die meisten Menschen machen von ihrem Kontostand abhängig, wie viel Geld sie noch ausgeben können. Mit dieser Methode schmeißt man das Geld raus und hat jeden Monat gerade genug oder etwas zu wenig. Aber eben weil das Geldverdienen so viel Mühe kostet, sollte es mehr sein als eine Belohnung, die man am Ende eines arbeitsreichen Monats bekommt. Geld spiegelt Lebensenergie wider. Es steht für die Zeit und Energie, die man aufgewendet hat, um einen Mehrwert für andere zu schaffen.

Ein Beispiel: Du verdienst 1500 € netto im Monat bei einer 40-Stunden-Woche. Dein Netto-Stundenlohn beträgt also 9,38 €. Mal angenommen, du siehst irgendwo ein Paar Stiefel für 180 €. Du findest die Stiefel total toll und beschließt, sie zu kaufen. Um diese Stiefel kaufen zu können, musstest du 19 Stunden arbeiten. Das sind mehr als zwei volle Arbeitstage für ein Paar fabelhafte Stiefel. Das ist vielleicht noch überschaubar. Im Monat darauf beschließt du aber, dir ein neues Smartphone zuzulegen, weil dein Handyvertrag das bei Vertragsverlängerung so vorsieht. Du wechselst den Tarif, dein Abonnement kostet jetzt 35 € im Monat, außerdem bezahlst du einmalig 300 €, weil du das neueste Modell des Smartphones haben möchtest. Der Vertrag hat eine Laufzeit von 24 Monaten, also zahlst du in den kommenden zwei Jahren für das Smartphone insgesamt 1140 €. Dafür musst du 122 Stunden arbeiten, das sind 15 komplette Arbeitstage! Ob dir ein Smartphone so viel wert ist, musst du selbst entscheiden. Wichtig ist nur, dass dir bewusst ist, was du für die jeweilige Anschaffung aufbringen musst. Wenn du mit deinem derzeitigen Smartphone zufrieden bist und ein preiswerteres Abonnement behältst, könntest du weniger arbeiten und trotzdem deinen Lebensstandard halten oder Geld für eine sorglose Zukunft beiseitelegen.

GELD SPIEGELT LEBENS-ENERGIE WIDER

DIE ZERO-WASTE-PHILOSOPHIE

Ich empfehle dir, bei der Haushaltsführung die Zero-Waste-Philosophie zu beherzigen. Nachhaltigkeit auch für dein Einkommen. Keinen Abfall mehr und keine Lecks. Ab jetzt bemühst du dich, dass deine Ausgaben dazu beitragen, deinem Ziel: mehr Freiheit, Freude und Erfüllung für ein besseres Leben, näherzukommen. Das klingt streng, ist aber viel weniger schlimm, als du denkst. Schließlich bestimmst du die Kriterien, an denen du eine Ausgabe misst.

Ein Beispiel: Die Ausgabe für einen Soja-Cappuccino und ein Croissant in meinem Lieblings-Café, die ich genieße, während ich ein gutes Buch lese, erfüllt absolut meine Kriterien. In meinen Augen ist das sogar Perfektion. Das Leben könnte kaum besser sein.

Das Gleiche gilt für eine Reise auf eine tropische Insel. Ich schreibe dieses Kapitel gerade an einem weißen Strand unter Palmen, mit einem Eiskaffee neben mir. Während ich über den nächsten Satz nachdenke, schaue ich aufs Meer mit einigen kleine Inseln darin, die wie Schokostreusel auf einer Torte wirken.

Reisen ist nicht billig (obwohl es weniger kosten kann, als viele Menschen glauben) – für mich ist es aber eine nahezu perfekte Art und Weise, Geld auszugeben. Es ermöglicht mir, Freiheit und Freude zu spüren. Reisen schenkt mir Erfüllung. Für mich ist daher das Geld, das ich für Reisen ausgebe, gut angelegtes Geld.

Welche Ausgaben sind weniger sinnvoll?

Die monatliche Abbuchung für eine teure Versicherung, die ich nicht dringend brauche, macht mein Leben nicht schöner. Auch das belegte Brötchen aus der Kantine, das mir nicht einmal richtig schmeckt, kann als Leck betrachtet werden. Wenn ich mir zu Hause ein gesundes und leckereres Essen für die Mittagspause vorbereite, kostet mich das viel weniger. Das Gleiche gilt auch für den täglichen teuren Coffee to go.

Die Optimierung der eigenen Ausgaben kann einen großen Effekt auf die Lebensqualität haben. Insbesondere dann, wenn man in der Vergangenheit nicht so strikt darauf geachtet hat. Außerdem geht sie mit dem ersten Tipp über das Streichen von Ärger und Kummer einher, denn ein Leben mit weniger Sachen, Abonnements und Dienstleistungen führt in der Regel zu einer preiswerteren Lebensführung.

Ich kündigte beispielsweise meinen teuren Triple-Play-Vertrag (Internetzugang, Festnetzanschluss und Fernsehen) für 60 € im Monat und entschied mich stattdessen für den billigsten Internetanschluss, den ich finden konnte. Damit spare ich 40 € monatlich! Darüber hinaus verbesserte sich mein Leben, da ich ohne Fernsehen weniger abgelenkt und auch nicht mehr so schlecht drauf bin. Auf das ganze Jahr gerechnet, spare ich fast 500 €. Allein diese Kosteneinsparung ermöglicht es mir, jedes Jahr auf eine tropische Insel zu reisen und Eiskaffee zu bestellen.

Ein kleines Leck an sich macht wenig Eindruck und scheint kaum der Mühe wert. Wenn man aber alle kleinen Lecks addiert, kommt man schnell zu interessanten Einsichten. Jede zehn Euro, die man monatlich weniger ausgibt, bedeuten aufs Jahr gerechnet 120 € mehr im Portemonnaie. Meistens ist es recht einfach, zehn, zwanzig, dreißig oder sogar mehr Euro im Monat einzusparen, und das kann sich schnell zu einem halben Monatsgehalt summieren.

SPARSAM LEBEN BRINGT MEHR VORTEILE, ALS MAN DENKT

Wenn du Shoppen und Geldausgeben toll findest, klingt sparsam leben nach Spaßbremse und Opfer bringen müssen. Aber sparsam leben bringt mehr Vorteile, als man zunächst denkt. Wer geschickter mit seinem Geld umgeht, kann viel in seinem Leben verbessern. Es ist sogar so, dass eine Aufwärtsspirale in Gang gesetzt werden kann, die einen dem Leben voller Freiheit, Freude und Erfüllung näherbringt.

Schau es dir einfach mal an.

1. Du bist weniger materialistisch orientiert

Materialismus erzeugt chronische Unruhe. Zum einen, weil man nie mit dem zufrieden ist, was man hat. Und zum anderen, weil man sich total abrackern muss, um das Geld zu verdienen, das man für all die schönen, glänzenden Dinge braucht.

Materialismus gaukelt einem vor, dass das Glück zum Greifen nah sei. »Wenn ich erst einmal das neue iPhone habe, bin ich zufrieden!«, ein Gedanke, der einem anderen Gedanken verdächtig ähnlich ist, »Wenn ich erst einmal das Nokia 3310 habe, bin ich zufrieden!«, nur war das im Jahr 2001. Der entscheidende Punkt ist: Noch mehr überflüssige Sachen machen auch nicht glücklich. Das ständige Verlangen nach neuen Sachen macht einen sogar konkret unglücklich. Weil man nie zufrieden ist. Sparsam leben bedeutet, dass man diesen Teufelskreis durchbricht. So wird einem bewusst, dass neue Sachen einem nur Freiheit rauben, da sie viel Geld kosten.

Glaub mir, Menschen, die reich aussehen, sind meistens ärmer, als man glaubt.

Wie das kommt? Tja, wenn ich möchte, dass man meinen Wohlstand auch sieht, muss ich zwangsläufig Geld ausgeben. Keiner sieht, wie viel Geld man auf der Bank hat, aber jeder kann sehen, welches Auto man fährt oder welche Kleidung man trägt. Niemand kann abschätzen, für wie viele Monate ohne Einkommen das Vermögen reichen würde. Aber alle Welt sieht einen auf Facebook, im schicken Restaurant, beim hippen Event oder im eleganten Hotel. Man wirkt reicher, wenn man viel Geld für teure Sachen ausgibt. Das ist die kurze Route zu gähnender Leere auf dem Konto.

Wenn man mehr Freiheit im eigenen Leben verwirklichen möchte, ist es viel intelligenter, weniger Geld auszugeben. Man sieht dann zwar weniger wohlhabend aus, ist in Wahrheit aber umso reicher. Man fährt eine alte Karre in dem Wissen, dass man sich jederzeit ein neues Auto kaufen könnte, wenn man es denn wollte, weil das Geld auf der Bank liegt. Aber man will es gar nicht, weil man die Sicherheit schätzt, dass man sich in finanzieller Hinsicht keine Sorgen um die Zukunft zu machen braucht. Diese Freiheit ist um vieles wichtiger als Status.

DEINE FINANZIELLE FREIHEIT IST WICHTIGER ALS STATUS

2. Es lastet weniger auf deinen Schultern

Vor Kurzem fragte mich eine soChicken-Besucherin, was sie mit dem Geld anfangen könne, das ihr nun zusätzlich zur Verfügung stehe, da sie aufgehört habe zu rauchen. Sollte sie es dafür ausgeben, um schöne Sachen zu machen oder um Schulden zurückzubezahlen? Sie stellte die Frage, weil das Tilgen ihrer Schulden sich für sie anfühlte, als ob sie sich »bestrafen« würde, obwohl sie sich eigentlich für das, was sie erreicht hatte, belohnen wollte.

Ich kann mir vorstellen, warum sie so denkt. Mit der Tilgung von Schulden bestraft man sich jedoch nicht – im Gegenteil, man tut sich selbst etwas Gutes. Mit jedem Euro, den man weniger an Schulden hat, wird das Leben etwas besser, weil es weniger Lasten bedeutet. Das betrifft sowohl die Höhe der Sollzinsen als auch das schlechte Gewissen. Wenn man sparsam lebt, reduziert man die Fixkosten und die täglichen Ausgaben. So wird eine enorme Last von deinen Schultern genommen. Sparsam leben bewirkt:

» Du brauchst immer weniger Geld, um über die Runden zu kommen. Es verschafft dir eine stabile finanzielle Situation.

» Du hast dauerhaft weniger Geldsorgen.

» Du empfindest schlichtweg mehr Ruhe. Du brauchst nicht mehr dauernd shoppen zu gehen oder dich mit anderen zu vergleichen. Du sehnst dich nicht ständig nach etwas und bist zufriedener mit dem, was du hast.

» Indem du Geld sparst, bekommst du mehr Möglichkeiten. Du weißt, dass du dir das neueste iPhone kaufen könntest, wenn du wolltest. Aber es ist dir nicht mehr so wichtig, weil dir deine finanzielle Flexibilität mehr bedeutet.

» Sparsam leben macht das Leben leichter, kompakter und minimalistischer. Was für eine herrliche Leichtigkeit!

Finanzielle Lasten heißen nicht umsonst so. Je höher sie sind, desto anstrengender und lästiger wird alles. Zum Glück stimmt die Rechnung andersherum auch.

3. Du baust einen Freiheitspuffer auf

Sobald du deine Schulden abbezahlt hast, kannst du das Geld, das du nun überbehältst, sparen; das verschafft dir noch mehr innere Ruhe. Und dein sparsames Leben beschleunigt den Sparprozess. Ich selbst kam schon als ganz junger Erwachsener zu folgender Einsicht: »Einen Euro sparen macht mich glücklicher, als ihn für nette Gadgets auszugeben.« Wie kann das sein? Ganz einfach: Ein dickes Sparbuch gibt dir ein Gefühl von Freiheit. Die volle Regentonne ist dein Freiheitspuffer.

> » Wenn irgendetwas mit deinem Einkommen passiert, hast du immer noch genug Geld, um einige Monate deinen Lebensunterhalt zu bestreiten.

> » Wenn etwas kaputtgeht, hast du Geld für die Reparatur oder eine Neuanschaffung.

> » Weil du genug Geld hast, kannst du bestimmte Versicherungen kündigen oder die Prämie anpassen lassen. Beispielsweise kannst du die Selbstbeteiligung deiner Kaskoversicherung erhöhen und so bei der monatlichen Prämie sparen. Du brauchst dich nicht mehr für eine Smartphone-Versicherung dumm und dämlich zu zahlen. Du sparst also noch mehr Geld, das Sparbuch wird noch dicker.

> » Du bist in der komfortablen Situation, dass du alles Mögliche kaufen oder anschaffen könntest, dich aber bewusst dafür entscheidest, es nicht zu tun.

> » Du fühlst dich generell unbeschwerter und bist herrlich sorgenfrei.

Puffer machen Systeme stabiler. Das Puffern von online Videospielen sorgt dafür, dass sie nicht dauernd hängen bleiben. Da der Strom aus deinen Sonnenkollektoren in einem Akku gespeichert wird, kannst du deinen Föhn auch noch nach Sonnenuntergang benutzen. Und wenn man Vorräte gekochter Mahlzeiten im Gefrierschrank anlegt, hat man jederzeit gesundes und preiswertes Essen im Haus, auch wenn man mal keine Zeit zum Kochen hat.

Ein finanzieller Puffer gibt einem die Freiheit, Entscheidungen zu treffen, die man sonst nicht treffen könnte. Man ist finanziell unabhängiger, wodurch man mehr Risiken eingehen kann. Man kann um eine Gehaltserhöhung bitten, den Job wechseln, eine lange Reise machen oder sich eine neue berufliche Laufbahn oder Existenz aufbauen.

Und glaub mir, das fühlt sich viel besser an, als dauernd das neueste iPhone zu haben.

4. Du kannst eventuell Arbeitszeit reduzieren

Die meisten Menschen geben ihr ganzes Einkommen, bis auf das Geld, das sie für Urlaub oder ein neues Sofa beiseitelegen, aus.

Wenn man sparsam lebt, lebt man bewusst unter seinen Verhältnissen. Das bedeutet also, dass man mit weniger Geld auskommt. Das gibt einem die Freiheit, weniger zu arbeiten oder früher in den Ruhestand zu treten, wenn man das möchte. Mal angenommen, jemand hat eine gut bezahlte Stelle. Er arbeitet tagtäglich mit abstrakten Zahlen und Daten, irgendwann wird ihm bewusst, dass er viel glücklicher wäre, wenn er etwas Praktisches tun könnte. Er wünscht sich eine handfestere Arbeit, eine, wo er täglich mit Menschen zu tun hat. Am liebsten würde er ein paar Jahre als Barista in einer relaxten Coffee Bar arbeiten, was gleichbedeutend damit wäre, dass er nur die Hälfte seines heutigen Gehalts verdienen würde.

Für die meisten Menschen kommt das nicht infrage, weil sie sich an ihren hohen Lebensstandard gewöhnt haben, den ihr Einkommen ihnen ermöglicht. Sie können nicht mit weniger Geld

WER SPARSAM LEBT, KANN SEINEM HERZEN FOLGEN

auskommen, weil sonst ihr Lebensstil ins Wanken gerät. Der Kredit, das Auto, die Reisen, die teuren Angewohnheiten – alles müsste daran angepasst werden. Und was würden die Leute bloß denken! Wer jedoch weit unter seinen Verhältnissen lebt, kann nach Herzenslust den Job wechseln oder (vorübergehend) weniger arbeiten. Wer wenig Geld braucht, um seinen Lebensstil zu finanzieren, ist freier, seinem Herzen zu folgen. Wer sagt denn, dass man am glücklichsten ist, wenn man fünf Tage die Woche arbeitet? Vielleicht fühlst du dich ausgeglichener und erfüllter, wenn du nur vier oder sogar nur drei Tage die Woche arbeitest?

Du wärst nicht der oder die Erste. Vor einer Weile beschloss ich, meine Freitage zukünftig für mein persönliches Wachstum zu nutzen. Lesen, mich weiterbilden, meditieren, Sport treiben und meine Beziehungen pflegen. Schon kurz nachdem ich diese Veränderung durchgeführt hatte, fühlte ich mich ausgeglichener, glücklicher und freier. Ein dreitägiges Wochenende gibt mir einfach mehr Raum und Luft, sodass ich auch an den anderen vier Tagen kreativer und produktiver arbeiten kann. Wer bescheiden lebt, gönnt sich mehr Selbstbestimmung über seine Zeit. Diese Freiheit fühlt sich so viel besser an, als die eigene Unzufriedenheit und damit leider auch die Freiheit in teuren Restaurants »wegessen« zu müssen.

5. Du verbindest dich mit dem »echten« Leben

Du optimierst dein Ausgabeverhalten für Freiheit, Freude und Erfüllung. Nicht für Reichtum, Status, Popularität oder hippe Sachen. Der Witz daran ist, dass dir schon bald bewusst werden wird, wie dir sparsam leben dabei hilft, dich mit dem echten Leben zu verbinden. Was ich damit meine?

> » Ein Mittagessen auf der Terrasse eines Restaurants ist teuer. Ein Picknick im nahe gelegenen Park dagegen spottbillig.

> » Ein Abonnement fürs Fitnessstudio ist teuer, Joggen in der Natur ist gratis.

> » Shoppen mit einer Freundin ist teuer. Ein Waldspaziergang mit derselben Freundin kostet nichts.

»   Essen beim Bringdienst bestellen ist teuer. Sich die Zeit zu nehmen, mit Freude und Aufmerksamkeit zu kochen, ist preiswerter *und* gesünder.

»   Mit den Kindern einen Indoor-Spielplatz besuchen ist teuer. Im Wald zu spielen oder auf dem Spielplatz um die Ecke ist kostenlos.

Sparsam zu leben führt zu authentischen Erfahrungen. Man verlässt die Welt der konsumierbaren Erfahrungen und genießt die schönen, einfachen Dinge des Lebens. Solche Erlebnisse bringen dir meist mehr Zufriedenheit und Freude, stärken deine zwischenmenschlichen Beziehungen, und du sparst eine Menge Geld. Einfachheit macht alles einfacher.

AN EINEM FREIEREN LEBEN ARBEITEN

Bescheiden zu leben macht reich. Und dieser Reichtum bewirkt etwas sehr Wichtiges: Man erhält die Kontrolle über seine eigene Zeit zurück. Man ist weniger abhängig und wird ein ganzes Stück widerstandsfähiger. »Zeit ist Geld« – es klingt wie das Mantra des Rattenrennens. Aber wenn man es umkehrt, wird deutlich, wie wahr es ist: Geld ist Zeit.

Ein Unternehmen existiert, solang es Gewinn macht. So kann es Geld zurücklegen für Zeiten, in denen die Geschäfte weniger gut gehen. Aber mal angenommen, es kommt zu einer Rezession, das Unternehmen macht Verluste, die Geschäftszahlen bewegen sich auf den roten Bereich zu. Wie lang das Unternehmen überleben wird, hängt vom Umfang der Reserven ab. Wenn die Reserven aufgebraucht sind, ist das Unternehmen am Ende.

So funktioniert es auch mit unseren Geldangelegenheiten. Solang man Gewinn macht, kann man seinen Lebensstil theoretisch unendlich lang beibehalten. Wer aber Verluste macht, lebt über seinen Verhältnissen und wird schnell in Schwierigkeiten kommen. Weniger auszugeben, als man verdient, macht alles einfacher und besser. Und je weiter du unter den eigenen Verhältnissen lebst, während du – ganz wichtig – die gewünschte Lebensqualität beibehältst, desto freier bist du.

Das ist ja auch logisch: Angenommen, man hat nur 500 € auf der hohen Kante, dann wird man ziemlich nervös, wenn die Waschmaschine den Geist aufgibt und man zur gleichen Zeit auch noch zu hören bekommt, dass der Job gefährdet ist. Hat man aber 10 000 € auf dem Sparbuch, denkt man: Wie unangenehm, aber es wird schon gehen. Warum denkt man das? Weil es die Wahrheit ist. Ein Puffer gibt uns Freiheit und Bewegungsspielraum. Wir können unseren Lebensstandard halten, ohne gleich in Probleme zu geraten. Das ist der Grund dafür, dass ich mich schon seit Jahren damit beschäftige, meine Ausgaben zu optimieren. Ich bin nicht übertrieben sparsam, aber ich denke erst kritisch darüber nach, ob etwas zur Verbesserung meiner Lebensqualität beiträgt, bevor ich dafür Geld ausgebe. Insbesondere, wenn es um Fixkosten geht, wie Abonnements und Versicherungen, da ich diese nicht unmittelbar loswerden kann.

Aus diesem Grund haben Billy und ich auch die Hypothek auf unser Haus vorzeitig abgelöst, gibt es Sonnenkollektoren auf unserem Dach und begnüge ich mich mit einem alten iPhone und einem preisgünstigen Handyvertrag. Außerdem fahren wir zurzeit in einem alten Auto herum und bleiben vorerst in einem kleinen, abbezahlten Haus wohnen. Je geringer meine Lasten, desto freier bin ich. Diese »Zugeständnisse« haben kaum Einfluss auf meinen Lebensstandard, sorgen aber dafür, dass ich weit unter meinen Verhältnissen lebe. Und das wiederum erfahre ich als ein echtes Plus für meine Lebensqualität.

FREIER WERDEN, NICHT GROSSARTIGER

Wie gesagt, ich könnte mein Leben als Märchen beschreiben. Mache ich aber nicht, denn ich wohne in keinem Schloss, habe keine baumbestandene Auffahrt und außer ein paar Stockrosen noch nicht einmal einen richtigen Vorgarten. Keine Badewanne auf Füßen, die sprechen kann. Und die Abmessungen meines ganzen »Landguts« sind vier mal vier Meter. Nicht groß genug, um Wölfe zu jagen, aber gerade genug für einen schönen vegetarischen Grillabend mit Freunden.

Und obwohl ich in den letzten Jahren immer mehr verdiene, hatte ich noch nie eine so preisgünstige Einrichtung wie jetzt. Es ist sogar so, dass meine Ausgaben sanken, je mehr Geld auf mein Konto strömte. Je mehr ich das Konzept sparsam leben in meinen Alltag integrierte, desto schöner und gleichzeitig preisgünstiger wurde mein Leben.

Wie ist das möglich? Ganz einfach: Ich verwende mein Einkommen nicht dafür, mein Ego zu streicheln. Ich brauche nicht mit Geldscheinen zu wedeln, um anderen zu zeigen, dass ich wertvoll bin. Ich habe das in der Vergangenheit probiert, es funktioniert nicht. Immer wenn ich dachte, ich sei wegen meines neuen iPhones cool, hatte jemand anderes eins mit einem noch größeren Display. Und als ich mit meinem neuen flachen Laptop eine große Show abziehen wollte, schien sich niemand für mein hippes Gadget zu interessieren. Echt nicht. Ich kam daher schnell zu dem Schluss, dass der Versuch, durch Geld oder angesagte Sachen zu punkten, eher die entgegengesetzte Wirkung hat. Andere Menschen finden einen dann eher nervig. Es distanziert uns von anderen und bringt uns kein Stück weiter.

WIR WÜNSCHEN UNS ANTEILNAHME UND MITGEFÜHL

Hin und wieder kaufe ich auch jetzt teurere Sachen, weil es mich froh macht. Beispielsweise tausche ich nach vier Jahren bald mein altes iPhone gegen das neueste Modell, und irgendwann werde ich unsere alte Karre durch ein elektrisches, selbst fahrendes Wohnmobil ersetzen – aber das hat Zeit. Im Übrigen lasse ich mein Geld für mich arbeiten, damit ich die Freiheit habe, mein Leben so zu gestalten, dass ich zum großen Ganzen beitragen kann.

In den letzten Jahren habe ich das Folgende gelernt: Sobald man ein bestimmtes Maß an Komfort erreicht hat, führt noch größerer Komfort oder Luxus nicht dazu, dass man sich glücklicher fühlt. Das Einzige, was man damit erreicht, ist, dass man meint, man sei angesagter als die anderen. Nun ist der Grund, warum du dieses Buch liest, wahrscheinlich nicht der, dass du dich cooler als andere fühlen möchtest. Mein Ziel ist das ganz sicher nicht. Ich will mein Ego kleiner machen und nicht größer. Ich will anderen ebenbürtig sein, mich nicht als was Besseres fühlen.

Was bringt es mir, wenn die Menschen um mich herum den Eindruck bekommen, ich sei genialer als sie? Sie müssten zu mir aufschauen, weil ich ein riesiges Haus gekauft habe oder weil ich einen teuren Sportwagen fahre? Es macht sie nicht glücklicher. Und mich auch nicht. Das Haus würde einen ganzen Sack voll Geld für Heizkosten und Unterhalt verschlingen. Allein der Gedanke, ich müsste das Haus staubsaugen – nein, wie furchtbar. Und der Sportwagen würde auf Dauer auch nur mein Konto leer saugen. Und in der Zwischenzeit entfremde ich mich von den Menschen, die mir etwas bedeuten, und vertue außerdem noch die Chance, mein Leben *wirklich* schöner zu machen.

Nein, ich will mein Leben nicht darauf ausrichten, etwas Besseres zu sein. Diese Haltung schafft Distanz. Wir wünschen uns jedoch mehr Anteilnahme und Mitgefühl in unserem Leben. Und beides ist, wie wir noch sehen werden, völlig kostenlos.

Und das ist häufig so – die schönsten Dinge im Leben kosten nichts.

DICHTE DIE LECKS AB UND VERBESSERE DEIN LEBEN

Optimiere deine Ausgaben und erfahre mehr Freiheit. Gib dein Geld nur für etwas aus, was dein Leben verbessert. Brüte auf einem Freiheitspuffer, nutze diesen Puffer, um noch mehr Geld einzusparen.

Keine Sorge, du sollst nicht dein ganzes Leben auf einmal umkrempeln. Sei einfach kritisch in Bezug auf dein Konsumverhalten und passe es Schritt für Schritt an.

Stell dir folgende Fragen:

> **WELCHEN KLEINEN SCHRITT KÖNNTE ICH HEUTE TUN, UM EIN PAAR EURO ZU SPAREN?**

> **WIE KANN ICH MEIN LEBEN SCHÖNER GESTALTEN UND GLEICHZEITIG WENIGER GELD AUSGEBEN?**

Das Ziel lautet nicht, Geld des Geldes wegen einzusparen. Das Ziel lautet, mit dem begrenzten Einkommen, das dir zur Verfügung steht, ein so großartiges Leben wie möglich zu gestalten. Ein Leben voller Freiheit, Freude und Erfüllung. Denn Geld ist Zeit.

Und wo wir gerade über Zeit sprechen – nun wollen wir uns der Frage widmen, wie du mehr davon bekommst …

7

HOL DIR
DEINE ZEIT ZURÜCK –
WENIGER MÜSSEN

Die folgende Erkenntnis solltest du nie vergessen: Du kannst dein Leben nur ein einziges Mal leben. Wenn du also ein gutes Leben haben möchtest, musst du so auf deine Zeit achten, als wäre sie der kostbarste Rohstoff.

Genau das ist sie auch.

Es gibt etwas, was noch schlimmer ist als Ärgernisse und überflüssiger Krempel: Wenn wir etwas mit Widerwillen tun. Unnötige Tätigkeiten sind ein Angriff auf deine Lebensqualität, sie sind Raubbau an deiner kostbaren Zeit und Energie. Jedes Mal, wenn man etwas widerwillig tut, kann man sich zur gleichen Zeit nicht mit dem beschäftigen, was man lieber täte.

Es ist eine Kunst, nicht notwendige Tätigkeiten zu streichen. Zum einen, weil es oft schwierig ist, herauszufinden, was überflüssig ist. Zum Zweiten, weil man andere dann manchmal enttäuschen muss. Die gesamte Grundschule deiner Tochter ist sehr froh darüber, dass du jede Woche so viel Zeit in den Elternbeirat investierst. Nur hast du deshalb leider neben deinem Job und dem Haushalt kaum mehr Zeit für das, was dir wirklich wichtig ist. Wenn du zu der Überzeugung kommst, dass diese Tätigkeit nicht mehr zu dem Leben, das dir vorschwebt, passt, wirst du wohl oder übel ein nicht ganz einfaches Gespräch führen müssen.

Mit dem aufzuhören, was man nicht mehr tun möchte, ist schwierig. Denn egal, was man erreichen möchte, es erfordert Einsatz. Also, sei tapfer und triff schwierige Entscheidungen dann, wenn du dir sicher bist, dass dein Leben sich auf lange Sicht dadurch verbessern wird.

WARUM MAN NICHT NOTWENDIGE DINGE TUT

Wir tun nicht notwendige Dinge, weil es von uns erwartet wird. Beispielsweise, weil wir uns nicht trauen, Nein zu sagen, oder wir uns vor dem fürchten, was andere über uns denken, wenn wir es anders machen. Ein weiterer Grund ist, dass wir oft gar nicht wissen, was wir erleben möchten. Wenn man kein Ziel vor Augen hat, ist es weniger entscheidend, womit man sich beschäftigt. Wem Freiheit weniger wichtig ist, der kann viel leichter allerlei Verpflichtungen eingehen, die für sich genommen prima sind, die einem zusammengenommen jedoch die gesamte Energie abziehen.

Das Loslassen von überflüssigen Tätigkeiten verschafft dir Zeit wie Sand am Meer. Und somit auch massenweise Energie. Du fühlst dich freier, froher und hast mehr Raum für wirkliche Erfüllung. Und genau wie beim Loslassen von Gegenständen gilt: Schon kleine Veränderungen haben einen großen Effekt.

Wer, indem er ein überflüssiges Schränkchen entsorgt, ein paar Minuten beim wöchentlichen Saubermachen der Wohnung einspart, hat Zeit und Energie gewonnen. Wer auf dem Laptop ein tägliches automatisches Back-up einrichtet, braucht sich nicht mehr selbst darum zu kümmern. Und wer (wie ich) den verrotteten Fensterrahmen austauschen lässt, braucht sich nie mehr damit auseinanderzusetzen. Einfach großartig.

Es geht hier nicht darum, nie wieder etwas tun zu müssen. Ein faules Leben klingt vielleicht attraktiv, wird aber schnell langweilig. Glaub mir, denn ich weiß es. Viele meiner früheren Reisen in tropische Gebiete drehten sich vor allem um rumhängen, Cocktails trinken und um ein bisschen unter Palmen zwischen Hippies herumschwimmen.

Das ist völlig in Ordnung, aber nach ein bis zwei Wochen wird es ziemlich öde. Nichtstun funktioniert nicht – auf lange Sicht macht es uns nicht zufrieden, gibt uns kein Gefühl von Sinnhaftigkeit. Und genau das braucht man, um ein großartiges Leben zu führen. Faulsein ist also nicht das, was wir anstreben. Wobei richtig schön faulenzen für mich zu einem herrlichen Leben dazugehört.

Genau wie bei allen vorherigen Schritten geht es darum, Freiheit zu kreieren, damit du mehr Zeit und Aufmerksamkeit für das hast, was dich wirklich glücklich und zufrieden macht. Und das ist individuell verschieden. Für mich bedeutet es, Raum zu haben, um zu schreiben, um Pläne umzusetzen, um zu entspannen, Sport zu treiben, mich mit gesunder Ernährung zu beschäftigen, Zeit für Freunde und Familie zu haben, mit Billy zu reisen, zu lesen, mich weiterzubilden und zu meditieren. Plus, um ab und zu so richtig schön faul zu sein, einfach, weil ich Lust dazu habe.

All das macht mich glücklich und zufrieden. Und darum möchte ich damit so viel Zeit wie möglich verbringen. Und das geht nur, wenn ich mir meine Zeit nicht dauernd stehlen lasse.

HOL DIR DEINE ZEIT ZURÜCK

Ich selbst bin davon überzeugt, dass ich eine der am besten fokussierten Personen weit und breit bin. Tag für Tag tue ich mein Möglichstes, um die ständigen Ablenkungen im Zaum zu halten, trotzdem gelingt das nicht immer. Abgelenktsein ist heutzutage Standard. Wer sich wirklich länger auf etwas konzentrieren kann, stellt eine Ausnahme dar. Zum Teil wird das durch all die wunderbaren neuen Technologien verursacht, die unser Leben erobert haben. Es liegt aber vor allem an uns selbst. Schließlich ist man ja kein hilfloses Opfer der Technik. Man kann selbst bestimmen, wie und wann man sich ablenken lassen will.

Stell dir vor, du sitzt mit einer guten Freundin in einem Sushi-Restaurant. Ihr unterhaltet euch angeregt bei California Rolls und Dumplings. Die Stimmung ist entspannt, und du fühlst dich wohl. Nach einer Weile unterbricht deine Freundin das Gespräch, weil sie zur Toilette muss. Prima.

Auf einmal sitzt du allein an eurem Tisch. Was für eine Stille. Deine Augen wandern über die Gerichte. Du schaust auf das knallgrüne Wasabi, das du normalerweise nie anrührst, heute aber auf Drängen deiner Freundin mal probiert hast. Gar nicht so schlecht. Du stellst fest, dass du mal wieder viel zu viel gegessen hast. Aber das ignorierst du, es schmeckt einfach zu gut. Du sagst dir selbst, dass du dafür morgen etwas weniger essen wirst. Und dabei ist uns beiden klar, dass du das morgen wieder vergessen haben wirst.

Inzwischen sind vier Sekunden verstrichen. Du beginnst dich unbehaglich zu fühlen. Was machst du jetzt? Weiteressen? Das ist »ungemütlich«. Fünf Sekunden: Dein Gehirn hat eine gute Idee – hat da nicht eben etwas vibriert, mal nachsehen, ob nicht vielleicht ein paar Nachrichten reingekommen sind! Yep. Die Gruppen-App mit den Kollegen. Nicht so spannend. Du schließt die App wieder und bist auf dem Startbildschirm. Neueste Idee: Kurz mal Facebook checken!

Drei Sekunden hängst du in deinem Newsfeed. Nette Fotos, Katzen, Hunde, doofe Fotos, die Cousine, die dauernd Selbstbestätigung braucht, das Selfie von einem Freund, der sich selbst attraktiver findet, als er ist. Und, oh, eine Benachrichtigung! Dein Sushi-Selfie vom Anfang des Abends wurde dreißig Mal gelikt. Nicht schlecht, aber mehr wäre natürlich besser. Ein paar Kommentare. Prima, ganz nice.

UNSER GEHIRN HAT GELERNT: LANGEWEILE IST UNERTRÄGLICH

Du scrollst weiter durch den Newsfeed. Alles Mögliche, ansehen, weiterlesen, klicken. Videos von noch mehr Katzen, eine Petition, die du eigentlich unterzeichnen möchtest, wozu du jetzt aber zu faul bist. Für dich war in der Stadt Sushi essen eine tolle Sache, nur sitzt jetzt ein Ex-Kollege von dir in Texas in einem Restaurant und isst Tacos. Seufz. Ach ja.

Nach ein paar Minuten siehst du aus den Augenwinkeln, wie deine Freundin fröhlich auf den Tisch zukommt. Du schließt die App, machst das Smartphone aus, steckst es weg und nimmst das Gespräch wieder auf.

Kommt dir bekannt vor? Eben. Das bedeutet, abgelenkt zu sein. Unser Abgelenktsein wird nicht nur von Mitteilungen, Anrufen und aufleuchtendem Display verursacht. Es entsteht vor allem durch uns selbst. Unser Gehirn ist ständig auf der Suche nach äußeren Reizen, es hat gelernt: Langeweile ist unerträglich. Wenn man mal kurz nichts zu tun hat, entsteht im Gehirn eine leichte Panik. Es will etwas erfahren, etwas lernen. Es will Neuigkeiten, Reize, etwas Stimulierendes. Alles, nur keine Langeweile.

Und so wechselt man von Gespräch zu Display. Von Display zu Tagträumerei. Von Tagträumerei zu Grübeln. Und keinen einzigen Moment ist man im Hier und Jetzt. Und wenn man nichts dagegen unternimmt, wird das auch nicht besser, im Gegenteil, es nimmt noch weiter zu. Denn je mehr Entertainment, Technologien und Medien Einzug in unser Leben halten, desto bewusster sollten wir uns dessen sein, dass wir unsere Aufmerksamkeit vor äußeren Einflüssen schützen müssen. Warum? Weil Aufmerksamkeit eines unserer kostbarsten Güter ist.

WARUM AUFMERKSAMKEIT SO WICHTIG IST

Die Tatsache, dass wir ein Bewusstsein haben, unterscheidet uns von Brokkoli und von Nachbars Katze, die plötzlich, während du sie streichelst, ihre Krallen in deinen Arm schlägt. Das Bewusstsein macht uns zum Menschen. Unser Bewusstsein ermöglicht es uns, aufmerksam zu sein. Aufmerksamkeit ist ein einzigartiger mentaler Rohstoff. Man hat nur eine begrenzte Menge davon und kann diese auch nur genau einmal einsetzen. Wenn du deine Aufmerksamkeit auf einen blauen Lutscher richtest, kannst du sie nicht gleichzeitig auf ein lilafarbenes Lama richten. Nun ist es mehr als wahrscheinlich, dass das lilafarbene Lama deine Aufmerksamkeit auf sich zieht, nur ist sie dann eben nicht mehr bei dem blauen Lolli. Das ist auch der Grund dafür, dass die Benutzung von Smartphones im Straßenverkehr verboten ist. Fahren mit eingeschränkter Aufmerksamkeit ist unverantwortlich.

Morgens, wenn wir aufwachen, steht uns für die kommenden vierundzwanzig Stunden eine bestimmte Menge Energie zur Verfügung. Diese Energie ermöglicht es uns, unsere Aufmerksamkeit auf die verschiedenen Elemente dieses Tages zu richten. Wenn die Energie verbraucht ist, verschwindet auch unsere Aufmerksamkeit. Bis wir dann irgendwann unser Bewusstsein »verlieren«, weil wir einschlafen.

Für etwas Aufmerksamkeit aufzubringen kostet Energie. Und wie so vieles im Leben kostet auch in Gang kommen Energie. Wie das Losradeln an einer grünen Ampel. Zunächst kostet es viel Energie, sich überhaupt in Bewegung zu setzen. Wenn man aber erst einmal in Schwung ist, bedeutet es viel weniger Anstrengung, weiterhin in Bewegung zu bleiben.

Mit Aufmerksamkeit funktioniert es genauso. Am Anfang kostet es Mühe, etwas Schwierigem (einer wichtigen Aufgabe) die volle Aufmerksamkeit zu widmen. Und weil es so mühsam ist, hören wir gern auch schnell wieder damit auf. Jede Ablenkung, die wir finden können, erlöst uns von dieser Strapaze. So versuchen wir zu vermeiden, dass wir »kräftig in die Pedale treten« müssen. Das Ergebnis: Es ist, als ob man immer wieder zehn Meter radelt, bremst, absteigt und anschließend in eine andere Richtung wieder zehn Meter zurücklegt. Es ist extrem anstrengend und bringt einen nirgendwohin.

Fragmentierte Aufmerksamkeit ist Energieverschwendung. Und nicht nur das, wir legen uns damit selbst Steine in den Weg. Mit voller Fahrt radeln hat vor allem einen großen Vorteil: Man bewegt sich schnell von A nach B, während es relativ wenig Energie erfordert. Man bekommt mehr für weniger Aufwand.

So funktioniert es auch mit ungeteilter Aufmerksamkeit. Je häufiger man etwas mit ganzer Aufmerksamkeit tun kann, desto ausgeglichener fühlt man sich und desto stärker nimmt die Qualität zu. Qualität im Sinne von Lebensqualität – man fühlt sich besser – sowie Qualität im Sinne von Erfolg – man liefert bessere Arbeitsergebnisse.

Ein Gespräch mit einer Freundin, die dauernd ihr Smartphone checkt, bekommt keinen Tiefgang, es stellt sich kein Gefühl von »in Kontakt sein« ein. Ein Film, den man alle zehn Minuten anhält, ist auf einmal kein toller Film mehr. Und wenn man sich in den Momenten, in denen man gerade mal nichts zu tun hat, nicht die Zeit nimmt, um im Hier und Jetzt zu sein, fliegt das Leben an einem vorbei, ohne dass man es bewusst wahrnimmt.

Je zusammenhängender die Aufmerksamkeitsabschnitte eines Tages sind, desto mehr können wir aus unserem Leben holen.

DIE HEILENDE WIRKUNG DES IM-HIER-UND-JETZT-LEBENS

Wir wissen natürlich alle, dass wir im Hier und Jetzt leben sollten. Achtsamkeit funktioniert. Das lehren uns nicht nur jahrhundertealte östliche Traditionen, sondern auch zahllose wissenschaftliche Studien. Wir lesen es sogar in den Zeitschriften beim Friseur. Wenn wir glücklich, sorglos und entspannt durchs Leben gehen möchten, dann heißt unser bester Freund Mindfulness oder auch Achtsamkeit.

Warum? Achtsamkeit lässt sich einfach erlernen und ist gratis. Sie kostet keine Zeit (im Gegenteil, man meint sogar, mehr Zeit damit zu kreieren) und bringt einen der Realität näher.

Was ich damit meine? Ganz einfach: Wer nicht achtsam lebt – also nicht bewusst mit seiner Aufmerksamkeit im Hier und Jetzt ist –, lebt in seinem Kopf. Und im Kopf finden sich nur Gedanken. Gedanken setzen sich aus Erinnerungen und Zukunftsprojektionen zusammen, die sich wiederum aus Erinnerungen und Erfahrungen speisen.

Diese Gedanken sind nicht die Realität. Man könnte es damit vergleichen, dass eine Landkarte auch kein Land ist, sondern ein Stück Papier, über das reisende Paare in Streit geraten. Gedanken stellen lediglich ein Bild der Realität dar, sie *sind* nicht die Wirklichkeit. Die Wirklichkeit und unser Bild der Wirklichkeit sind zweierlei.

Die Realität ist das, was ist. Das, was man in diesem Moment mit den Sinnesorganen wahrnimmt. Der Wind an unserer Wange, die Geräusche in der Ferne, die Sonnenstrahlen auf der Wand. Das ist Realität. Das, was sich in unserem Kopf abspielt, ist eine komplett andere Geschichte.

Du kennst bestimmt die Redewendung: »Whatever you pay attention to grows«. Eine Redewendung, die sich häufig bewahrheitet und daher auch große Tragweite besitzt. Aufmerksamkeit ist wie Blumendünger. Wenn unsere Aufmerksamkeit zerstückelt und immer wieder von etwas anderem in Anspruch genommen wird, streuen wir quasi teuren Bio-Dünger auf sich sowieso schon üppig vermehrendes Unkraut, das im Nu unseren ganzen Gemüsegarten überwuchert. Wenn es uns gelingt, den Dünger gezielt auf die Gemüsepflanzen zu streuen, entsteht wie von selbst ein prächtiger Küchengarten mit leckeren Früchten.

UNSERE GEDANKEN SIND NUR EIN SUBJEKTIVES BILD DER WIRKLICH-KEIT

Das Düngen von Unkraut lassen wir zukünftig also bleiben.

ABLENKUNG AUS DEM LEBEN ENTFERNEN

Es ist ein strategisch günstiger Schritt, unnötige Ablenkung aus dem Leben zu streichen. Das kostet relativ wenig Mühe und macht uns augenblicklich entspannter, indirekt sorgt es für mehr innere Ruhe. Und je mehr man davon empfindet, umso geringer das Bedürfnis nach Ablenkung. Auch hier entsteht eine Aufwärtsspirale, sie windet sich um Ruhe und Aufmerksamkeit. Wenn das Unkraut nicht mehr so schnell wächst, brauchen wir auch nicht mehr so hart in unserem Gemüsegarten zu arbeiten.

Versteh mich bitte nicht falsch: Ablenkung ist nicht grundsätzlich schlecht. Es ist, was es ist. Wenn ich von meiner Arbeit abgelenkt werde, weil Billy einen leckeren Carrotcake gebacken hat und gemeinsam mit mir ein Stückchen probieren möchte – nur zu! Wenn ich mitten in einem Gespräch die Mitteilung bekomme, dass eine Freundin ein gesundes Kind zur Welt gebracht hat, dann mache ich ein Tänzchen. Und wenn ich meine Zeit mit einem dämlichen Film vertue und meine Mutter ruft mich über

FaceTime an, um ein Schwätzchen zu halten – danke, liebe Mama, du hast mich gerettet!

Was wir einschränken wollen, sind die unnötigen Ablenkungen. Die, die unserem Leben nicht guttun. Die dafür sorgen, dass wir weniger achtsam sind. Jemand, der sich NICHT ständig von einem Display ablenken lässt, während man sich mit ihm unterhält, versteht es, einen zu fesseln, er hat fast eine magische Ausstrahlung. Denn dieser Jemand entscheidet sich dafür, dass die Interaktion mit dir wichtiger ist als Mitteilungen von Menschen aus anderen Städten. Ihm ist klar, dass das bewusste Erleben dieses Moments wertvoller ist, als unmittelbar von einem Erdbeben irgendwo auf der Welt zu erfahren.

Es geht nicht um gut oder schlecht. Es geht darum, was im Hinblick auf unsere Ziele funktioniert und was nicht. Wir wollen die richtigen Eier ausbrüten. Und das Entfernen von Ablenkungen ist so ein Ei. Schauen wir uns nun also an, mit welchen kleinen Schritten wir für mehr Aufmerksamkeit und weniger Ablenkung in unserem Leben sorgen können.

WEG MIT UNNÖTIGEN BENACHRICHTIGUNGEN

Es klingt rigoros, aber es ist notwendig: Schalte ALLE Benachrichtigungen ab. Auf deinem Laptop, deinem Computer, deinem Smartphone, deiner Smartwatch und auch auf deinem Tablet. Ja, wirklich. Sorge dafür, dass dich keine einzige Benachrichtigung mehr unterbricht. Kein Piepton, kein Vibrieren, kein Blinken.

So! Was für eine Erleichterung!

Okay, das scheint jetzt etwas übertrieben zu sein. Aber lass es mich erläutern.

Deine Aufmerksamkeit ist Gold wert, Technologieunternehmen wissen das. Je länger du auf deine Apps schaust, desto mehr Geld verdienen sie an dir. Es werden Millionen investiert, nur um dafür zu sorgen, dass unsere Aufmerksamkeit so lang wie möglich gefesselt wird und dass wir so oft wie möglich zurückkommen.

131

So weit prima und logisch. Aber es geht hier um *dein* Leben. Und wenn dir deine Aufmerksamkeit von gewieften Unternehmen gestohlen wird, dann vergeudest du dein Leben mit etwas, was du dir nicht bewusst ausgesucht hast. Sollen diese Unternehmen doch tun, was sie tun; wir tun, was für uns gut ist.

Wenn nun alle Benachrichtigungen deaktiviert sind, ist es an der Zeit, sich die folgenden Fragen zu stellen:

> ## WELCHE BENACHRICHTIGUNGEN SIND FÜR MICH VON BEDEUTUNG? ÜBER WAS MÖCHTE ICH SOFORT INFORMIERT WERDEN?

Mal angenommen, es würde dich jedes Mal einen Euro kosten, wenn du dich von einem Apparat ablenken lässt. Für welche Benachrichtigungen wärst du bereit zu zahlen? Ich selbst gehe wie folgt vor:

» Auf meinem Laptop erhalte ich keinerlei Benachrichtigungen. Alles ausgeschaltet. Punkt. Mir gibt es mehr Ruhe, wenn ich sie ausschließlich auf meinem iPhone erhalte.

» Auf meinem iPhone darf mich keine App stören, mit Ausnahme der Messenger-Apps. Und da treffe ich eine persönliche Auswahl. Die wichtigsten Menschen meines Lebens schicken auf zwei Apps Nachrichten, die lasse ich jederzeit durch. Alle anderen Apps sind auf lautlos geschaltet und erscheinen nur auf dem Display.

» Ich erhalte also keine Benachrichtigungen von Facebook oder anderen sozialen Medien, es sei denn, es handelt sich um eine direkt an mich gerichtete Nachricht.

» Ich habe eine Smartwatch (das klingt widersprüchlich, aber ich bin auch ein bisschen widersprüchlich), auf ihr bekomme ich nur Benachrichtigungen einiger ausgewählter Apps, die mir etwas bringen. Beispielsweise öffnet sich ein Pop-up-Fenster, wenn mein Webserver ausgefallen ist. Zusätzlich erhalte ich die Nachrichten von einer Handvoll Leuten, die mir wichtig sind. Alles andere wird ausschließlich auf meinem Handy angezeigt.

» Für mein iPhone und meine Smartwatch habe ich von 21.00 bis 10.00 Uhr den »Nicht-stören-Modus« aktiviert. Nur wiederholte Anrufe und eine Handvoll Menschen habe ich hiervon ausgenommen.

» E-Mails checke ich ausschließlich auf meinem Laptop, ein paarmal in der Woche. Ich erhalte keine Benachrichtigungen über eingegangene E-Mails.

Der Gedanke hinter solchen restriktiven Maßnahmen ist der, dass du dich nur von echten Menschen stören lässt. Und auch da solltest du eine strenge Auswahl treffen. Räume bestimmten Menschen einen direkteren Zugang ein als anderen, sodass du deine Aufmerksamkeit auf die Menschen richtest, die dir am wichtigsten sind.

So drehst du die Situation um. Du benutzt die Apparate für deine Zwecke und wirst nicht von ihnen benutzt. In den Menüs kann man in der Regel einstellen, welche Apps und Personen Benachrichtigungen beziehungsweise Nachrichten schicken dürfen und in welcher Form.

Als Mobiltelefone noch ganz neu waren, wollten Leute, die sich für wichtig hielten, vor allem jederzeit erreichbar sein. Ich plädiere heutzutage für das Gegenteil. Wenn dir Aufmerksamkeit wichtig ist, dann mach dich selbst möglichst schlecht erreichbar. Um dein Leben schöner zu gestalten, solltest du selektiv sein.

WEG MIT DEN AUFMERKSAMKEITSFRESSER-APPS

Was den Aufmerksamkeitsraub anbelangt, gibt es zwischen den Apps deutliche Unterschiede. Einige Apps sind größere Aufmerksamkeitsfresser als andere. Meine Lösung dieses Problems? Entferne alle Apps, die nur dazu dienen, dich abzulenken. In der Praxis heißt das, auf dem Smartphone sind nur Apps installiert, die eine wichtige Funktion erfüllen. Also kein Facebook, sehr wohl aber eine Tagebuch-App. Keine Nachrichten- und Unterhaltungs-Apps, sehr wohl aber die App für das smarte Heizkörper-Thermostat oder die App mit Karten.

Mir ist bewusst, dass diese Vorschläge sehr rigoros klingen, man kann sie jedoch jederzeit rückgängig machen. Betrachte es als ein Experiment. Entferne alles von deinem Smartphone, was dich ablenkt. So bringst du dich selbst dazu, bewusster mit dem Ablenkungspotenzial umzugehen.

Wenn du das nächste Mal mit einer Freundin zu Abend isst und sie geht zur Toilette, wirst du vermutlich wieder zu deinem Smartphone greifen. Nur dieses Mal wirst du entdecken, dass alle deine Lieblings-Apps, mit denen du dich normalerweise abgelenkt hast, verschwunden sind. Dein Smartphone ist ein funktioneller Apparat geworden, der dir dabei hilft, deine Aufgaben zu erledigen. Wenn du in einem Restaurant bist, gibt es keine Aufgaben, die du erledigen müsstest. Also? Du wirst daran erinnert, dass du achtsamer leben wolltest. Du steckst dein Smartphone wieder in die Tasche, atmest ruhig ein und aus und genießt ein paar Minuten Mindfulness. Du wartest nicht – du bist. Einfach so. Du entdeckst, dass du es gut aushalten kannst, einfach im Hier und Jetzt zu sein.

Wer das ein paar Wochen gemacht hat, hat die alten Gewohnheiten abgelegt. Nachdem ich meine Facebook-App entfernt hatte, verschwand mein Interesse an Facebook innerhalb weniger Wochen komplett. Es ist sogar so, dass mir das Abrufen meines Facebook-Accounts mittlerweile weniger Freude bereitet. Gerade weil es so ein Aufmerksamkeitsfresser ist und weil es süchtig macht. Nur wenn ich mich auf eine längere Reise begebe, installiere ich die Facebook-App, weil es mich freut, auf diese Weise mit meinen Freunden und meiner Familie in Kontakt zu bleiben. Ansonsten rufe ich mein Facebook-Account nur hin und wieder auf meinem Laptop ab.

Es gibt übrigens noch eine Sorte von Smartphone-Apps, die wir hier genauer betrachten wollen: Online-Games. Du weißt, was ich meine, die, bei denen man jede Stunde etwas tun muss. Man sitzt in der S-Bahn und erhält die Nachricht, dass man die Scheune ausbauen muss. Man läuft gemütlich durch die Stadt und erfährt, dass die Schwiegermutter gerade einen Zug gemacht hat und man nun selbst an der Reihe ist. Man hat Sex und bekommt die Benachrichtigung, dass die eigene Armee gerade verloren hat.

Diese Art von Spielen ist mittels effektivster psychologischer Tricks so aufgebaut, dass unsere Aufmerksamkeit so oft wie möglich in den Bann gezogen wird und wir so lang wie möglich festgehalten werden. Es ist Crack fürs Gehirn. Und obwohl es uns, vor allem am Anfang, richtig viel Spaß macht – wird es schnell eine enorme Bürde, die unser Leben beeinträchtigen kann. Ein guter Freund erzählte mir, dass er kürzlich mit so einem süchtig machenden Spiel aufgehört hat, das ihn Jahre in seinem Bann gehalten hatte, und dass er es genießt, nun viel mehr Freizeit zur Verfügung zu haben.

Spiele sind zur Unterhaltung gedacht, aber diese Art von Spielen ist quasi eine Teilzeitbeschäftigung. Tu dir selbst einen Gefallen – mach kurzen Prozess mit diesen Spielen, schmeiß sie von deinem Smartphone.

Man kann Apps, die man doch wichtig findet, jederzeit wieder installieren. Also, keine Angst, man kann sie bedenkenlos vom Smartphone entfernen.

ONLINE-SPIELE SIND EINE TEILZEIT-BESCHÄFTIGUNG

REKLAME – UND WARUM MAN DAVON WENIGER SEHEN SOLLTE

In der Regel nimmt man sich nicht vor, Werbung anzusehen. Man besucht eine Website nicht mit dem Ziel, sich an farbigen Werbebannern zu erfreuen, genauso wenig wie man eine Zeitschrift wegen des eingeklebten Pröbchens einer Antifaltencreme kauft.

Selbstverständlich gibt es Ausnahmen, zum Beispiel die Reklameclips, die du irre witzig findest. Oder wenn du mit einer Suchmaschine etwas suchst und es dank der Werbung findest. Oder wenn du eine Menge Geld brauchst und du plötzlich eine E-Mail von einem nigerianischen Prinzen in der Inbox findest, der ein paar Millionen auf dein Konto überweisen will. Immer gern. Ansonsten gehen Anzeigen vermutlich an deiner Zielsetzung vorbei. Reklame macht unser Leben nicht freier, froher und bringt auch keine Erfüllung. Sollte sie irgendetwas bewirken, dann eher das Gegenteil.

Die meisten Anzeigen sind so entworfen, dass sie einen unzufrieden mit den gegenwärtigen Lebensumständen machen. Alles war gut und schön. Und dann hat man die Anzeige von dem tollen Sofa gesehen, und jetzt scheint das eigene nicht mehr gut genug zu sein. Man ist ein kleines bisschen weniger zufrieden. Und ab diesem Zeitpunkt ist das Leben, bis man das neue Sofa besitzt (oder bis man seine Meinung darüber geändert hat), etwas weniger schön.

Das ist ein Angriff auf unsere Freiheit. Man versucht, uns mit Anzeigen derart unzufrieden zu machen, bis wir Geld ausgeben, um unser neuestes Problem zu lösen. Und wie wir soeben gelernt haben, ist Geld nur dann effektiv, wenn wir es für etwas ausgeben, was uns dabei hilft, unser Leben in die Richtung zu verändern, die wir für richtig und wichtig halten. Mit großer Wahrscheinlichkeit liegt das, was man selbst am wichtigsten findet, nicht auf einer Linie mit dem, was derjenige, der die Anzeige geschaltet hat, am wichtigsten findet.

Wenn man auf dem eigenen Sofa noch gut sitzen kann, wird das Leben durch die Anschaffung eines neuen Sofas nicht erheblich verbessert. Im günstigsten Fall hat sich nicht viel verändert, nachdem die erste Freude abgeflaut ist. Im schlimmsten Fall hat man eine Stange Geld ausgegeben, das einem nun für etwas fehlt, was sehr wohl zu einer Lebensverbesserung hätte beitragen können.

Je weniger wir mit Reklame konfrontiert werden – je weniger wir davon wissen, was es alles zu kaufen gibt – desto ruhiger und zufriedener sind wir. Wenn man nicht weiß, dass der hippe Sitzsack im Baumarkt gerade im Angebot ist, dann braucht man ihn auch nicht. Wenn man die ganzen neuen Funktionen des neuesten Tablets nicht kennt, dann fällt einem gar nicht auf, dass man sie vermissen könnte. Und wenn man keine Ahnung hat von vorübergehenden Preissenkungen, die einen unter Druck setzen, zuzuschlagen, dann tätigt man auch weniger Impulskäufe.

Was übrig bleibt, sind innere Ruhe, mehr Zufriedenheit und weniger Lecks im Geldtank.

Das heißt nicht, dass Werbung an sich schlecht ist. Ich stoße manchmal auf Anzeigen, die genau das bewerben, was ich suche, so komme ich an Sachen, die mein Leben tatsächlich bereichern. Beispielsweise ein interessantes, lehrreiches Buch oder eine schöne Veranstaltung, die mir Freude bereitet, ein gutes Restaurant, das ich gern ausprobieren möchte, oder ein preiswertes Ticket irgendwohin, wo ich dann die Zeit meines Lebens verbringe. Es geht nicht darum, dass man nie wieder etwas Schönes kaufen soll oder dass man alle Anzeigen aus dem Leben verbannen muss. Es geht darum, dass man sich weniger Reklame aussetzt. Es sollte in deiner Entscheidung liegen, wann und wie viel Werbung du siehst.

Das ist auch der Grund dafür, dass ich vor Jahren einen Aufkleber auf meinen Briefkasten geklebt habe, der deutlich macht, dass ich keine Werbung haben möchte. Keine Werbeprospekte mehr, die mir irgendwelchen Mist verkaufen wollen, den ich nicht haben will, oder – noch entscheidender – Mist, den ich sehr wohl will und deswegen dann kaufe. Sachen, die ich nicht wirklich brauche, die ich aber kaufen möchte, weil sie in dem Prospekt stehen und ich daher weiß, dass es sie gibt.

Das wiederum ist der Grund dafür, dass ich ein Privacy-Plug-in in meinem Browser installiert habe. So werde ich nicht von Bannern mit Schuhen verfolgt, nur weil ich irgendwann mal ein Paar Sneaker übers Internet bestellt habe. Außerdem war es auch ein wichtiger Grund für meine Entscheidung, den Fernseher aus meinem Leben zu verbannen.

Das Programm der meisten Sender enthält Product-Placements (von Produkten, die Menschen in dem Programm benutzen, bis hin zu Themen, die behandelt werden), die außerdem noch von Reklameblöcken eingerahmt und im schlimmsten Fall sogar von ihnen unterbrochen werden. Wenn ich all dies nicht sehen muss, macht das mein Leben nicht schlechter. Im Gegenteil, es macht mein Leben besser. Ich vermisse nichts und bekomme dafür viel innere Ruhe. Ich vergeude meine Aufmerksamkeit nicht für etwas, was mir nichts bringt.

NICHT FERNSEHEN IST AUCH OKAY

Als ich vor einigen Jahren meinen Kabelanschluss kündigte, schien das eine ziemlich umstrittene Entscheidung zu sein. Ich erhielt Anrufe von Funk und Fernsehen mit der Bitte, darüber zu erzählen, denn ein Leben ohne Fernsehen – das ist doch wirklich unvorstellbar!

Mittlerweile ist das nichts Besonderes mehr. Mit dem Aufkommen von Online-Streaming wurde für viele Menschen das Bezahlen für einen Kabelanschluss oder für ein anderes Fernsehabonnement genauso überflüssig, wie den Rasen zu sprengen während eines Wolkenbruchs.

Man sollte sich aber nicht täuschen lassen: Ein Leben ohne Kabelanschluss setzt nicht nur Geld frei. Es verschafft einem auch haufenweise Zeit und Aufmerksamkeit, die man für vieles andere einsetzen kann. In Bezug auf die Verschwendung von Aufmerksamkeit ist Fernsehen eine Kategorie für sich.

Fernsehen ist in diesem Zusammenhang etwas Besonderes. Denn Fernsehen stellt die Norm dar. Wenn es in deinem Haushalt in etwa so zugeht wie in meinem damals, wird gegen 18.00 Uhr der Fernseher eingeschaltet und er bleibt an, bis man ins Bett geht. Unter Umständen siehst du sogar im Bett noch fern und schaltest ihn erst unmittelbar vor dem Schlafen aus. Fernsehen kostet uns jeden Tag durchschnittlich fünf Stunden unseres Lebens.

Das sind 76 volle Tage IM JAHR! Das bedeutet, dass man alle fünf Jahre ein ganzes Jahr für Fernsehen aufgewendet hat – schlafen nicht mitgerechnet!

Das klingt nach – ich kann mich auch täuschen – Lebensverschwendung.

Wenn du deine Zeit so gut wie möglich nutzen möchtest, dann funktioniert das so jedenfalls nicht. Dann könntest du dir genauso gut vornehmen, gesünder zu leben und anschließend jeden Tag einen Plutonium-Muffin zum Frühstück verputzen – der reinste Wahnsinn.

Darüber hinaus hat Fernsehen einen weiteren unerwünschten Effekt – es macht uns materialistischer. Das kommt durch die viele Reklame, der

FERN-
SEHEN IST
VERGEUDUNG
VON
AUFMERK-
SAMKEIT

man ausgesetzt ist. Und durch das platte Product-Placement (findest du es nicht auch unrealistisch, dass in den Soaps alle immer das neueste Smartphone benutzen?). Und durch den ganzen Promi-Kult. Man wird ständig mit dem völlig atypischen Leben anderer Menschen belästigt, an dem man den eigenen Alltag aber trotzdem bewusst oder unbewusst misst. Perfekte Körper, prachtvolle Häuser, die schönsten Outfits, das beste Make-up und offensichtlich immerzu und mühelos imstande, alle Bälle in der Luft zu halten.

Diese Reize nimmt unser Gehirn auf, unbewusst denken wir: Das will ich auch. Ich will auch solche Sachen haben. Ich will auch so sein. Ich muss auch schlanker, perfekter, erfolgreicher und beliebter sein. Ich muss auch hippe Sachen machen und häufiger verreisen. Dadurch wird Fernsehen viele Male teurer als nur die reinen Anschlusskosten. Fernsehen sorgt dafür, dass wir es normal finden, ununterbrochen von Überflüssigem umgeben zu sein. Wir bekommen den Eindruck, dass es völlig natürlich ist, jedes Jahr das allerneueste Smartphone zu bestellen, immerzu in der aktuellsten Mode herumzulaufen oder alle Vierteljahre die Wohnungseinrichtung auszutauschen.

Selbstverständlich hängt es davon ab, wie man den Fernseher nutzt. Wenn man mehr Zeit mit dem Programm von *Animal Planet* verbringt als mit dem von privaten Sendern, ist der negative Effekt weniger gravierend. Dennoch war das Abschwören vom Fernsehen eine meiner besten Entscheidungen der letzten Jahre. Es hat mir eine Art Urlaubsgefühl geschenkt: die Abende nicht mehr im Autopilot-Modus verbringen, bewusst entscheiden, was ich tun möchte. Ein Buch lesen nimmt durchschnittlich fünf bis acht Stunden in Anspruch. Denk mal darüber nach, wie viele Bücher du lesen könntest und welchen Einfluss das auf dein Leben hätte!

Aber ich habe auch Zeit für allerlei anderes gewonnen. Für Yoga, für Meditieren, für ein Glas Wein mit einer guten Freundin, um mir einen Film anzusehen oder um an meinen Zielen zu arbeiten.

Willst du wissen, wie ein Leben ohne Fernsehen für dich aussieht? Was es dir bringt? Kündige deinen Kabelanschluss! Ist dir das zu rigoros? Dann probiere es doch einfach mal aus: Zieh den Stecker raus und stell den Fernseher weg.

POST IST NERVIG – WIE MAN WENIGER ERHÄLT

Die einzige Post, die mir ein Lächeln ins Gesicht zaubert, kommt von meinen Freunden. Postkarten aus fernen Ländern oder ein überraschender Brief. Keine Freude kommt bei mir auf, wenn ich Prospekte, Wochenblätter voller Anzeigen, Wurfsendungen oder Briefe von Firmen, die etwas von mir wollen, aus dem Briefkasten ziehe.

Post ist nervig. Man muss den Briefkasten aufschließen oder sich bücken, um sie aufzuheben, man muss sie öffnen und lesen. Und dann muss man »etwas« damit machen. Man muss sie ins Altpapier tun. Und das muss man dann wieder wegbringen. Wenn man ein paar Wochen im Urlaub war, erwartet einen bei der Rückkehr gleich ein ganzes »Projekt«. Es kostet Zeit, bis man sich durch den ganzen Papierstapel gearbeitet hat.

Deswegen ziert meinen Briefkasten dieser Aufkleber: »Bitte keine Werbung und kostenlosen Zeitungen«. Das spart dem Briefträger unnütze Arbeit, den Unternehmen überflüssige Kosten, der Welt überflüssigen Müll und mir unnütz vergeudete Zeit.

Wenn ich eine Zeit lang nicht zu Hause war, gehe ich den kleinen Stapel Post besonders sorgfältig durch. Nicht weil ich alles lesen will, sondern weil ich wissen will, welche Firmen mir noch immer etwas zuschicken, sodass ich mich bei ihnen abmelden kann. Das kostet mich alle paar Monate ein paar Minuten. Aber es lohnt sich. Ich habe meine Kontoauszüge auf digital umgestellt (dafür gibt es schließlich die Apps), die Post mit überflüssigen Neuigkeiten von der Bahn abbestellt, mich in eine Liste eingetragen, um keine adressierte Werbung mehr zu erhalten, und ich habe der Post mitgeteilt, dass ich keine Briefe mehr für die ehemaligen Bewohner des Hauses erhalten möchte.

Das hat man schnell erledigt. Wenn man die unerwünschte Post eine Weile aufhebt, kann man die Unternehmen in einem Rutsch anschreiben, dann kostet es noch weniger Zeit. Deswegen nehme ich mir auch immer kurz Zeit für lästige, übrigens unerlaubte Werbeanrufe. Ich erläutere dem Anrufer sachlich, dass Telefonwerbung gesetzlich verboten ist, und bitte darum, weitere Anrufe zu unterlassen. Außerdem sollte man sich auf der Sperrdatei für Anrufe von Marktforschungsinstituten eintragen lassen.

Ich finde nichts ärgerlicher, als vier Tage hintereinander von einer unbekannten Nummer angerufen zu werden, um dann am fünften Tag, wenn ich schon den Eindruck bekommen habe, gestalkt zu werden, dahinterzukommen, dass mich ein Marktforschungsinstitut zu etwas befragen möchte.

SOCIAL MEDIA GEZIELT NUTZEN

Man könnte es mit dem Aufreißen einer Tüte M&Ms vergleichen. Man will eigentlich nur eine Handvoll davon essen. Und erst dann, wenn einem schon schlecht ist, wird einem bewusst, dass man die Tüte besser nicht hätte aufmachen sollen. Wenn die Facebook-App erst einmal geöffnet wurde, kostet es Mühe, sie wieder zu schließen. Das ist auch nicht verwunderlich, schließlich wurden Millionen investiert, um zu verhindern, dass wir stark genug sind, die App wegzuklicken.

Soziale Netzwerke sind toll. Sie haben absolut ihren Wert. Manchmal können sie uns so ein wunderbares Gefühl geben, dass unser Leben in diesem einen Augenblick tatsächlich schöner wird. Den Rest der Zeit lenken sie uns ab. Man hat das Gefühl, dass man nichts verpassen darf, dass man jeden Höhepunkt des eigenen Lebens teilen muss, dass man nichts mehr zählt, wenn man die sozialen Netzwerke nicht regelmäßig nutzt. Dabei könnte man sie komplett aus dem Leben verbannen, und das wäre noch nicht einmal eine schlechte Idee. Wer das also tun möchte, nur zu. Wem das jedoch zu rigoros erscheint, der kann sich entscheiden, das zu tun, was ich gemacht habe: Social Media gezielt nutzen.

Lass dich von sozialen Netzwerken nicht für deren Zwecke benutzen, sondern setz stattdessen die sozialen Netzwerke dafür ein, deine Ziele zu erreichen.

Als Erstes solltest du dafür sorgen, dass die ganze Angelegenheit wieder sozial wird. Dafür, dass deine Social Media Feeds wieder von echten Menschen handeln und nicht von Unternehmen, Hypes, Nachrichten und Entertainment. Bei Facebook kann man ganz genau einstellen, was man von welchen Menschen zu sehen bekommt und welche Unternehmen im Feed auftauchen. Teilt einer deiner Onkel täglich Artikel darüber, dass wir alle von den Aliens, die die Pyramiden erbaut haben, einer Gehirnwäsche unterzogen werden? Blockier diese Website und er taucht nicht mehr auf. Man kann auch Listen zusammenstellen, mit denen man in einem Klick alle Posts von den Menschen zum Vorschein bringt, die einem etwas bedeuten.

Werde dir darüber bewusst, wofür du soziale Netzwerke nutzen möchtest. Nutzt du sie, weil du süchtig danach geworden bist, weil du Bestätigung brauchst oder weil du möchtest, dass andere positiv über dich denken? Das alles ist nichts Schlimmes. Es ist nur nicht das, was wir anstreben, um unser Leben glücklicher zu gestalten. Social Media bieten viele Möglichkeiten, man kann mit ihnen anderen Menschen eine Freude machen, anderen helfen oder sie inspirieren, die Beziehung zu lieben Menschen vertiefen oder die Welt ein bisschen schöner machen. Und wir können sie dafür nutzen, unsere Ziele zu verfolgen, mit denen wir unsere Träume wahr werden lassen.

Wichtig ist nur, dass uns klar ist, dass wir Schönes erleben dürfen, ohne es mit der ganzen Welt teilen zu müssen. Dass es völlig okay ist, wenn wir mal einen Tag lang nicht gerade Instagram-geeignet rumlaufen. Und dass es auch völlig okay ist, wenn man keine Reise macht oder nicht in einem hippen Imbiss zu Mittag isst, sondern einfach »langweilig« einen Mittag zu Hause verbringt.

Soziale Netzwerke können das Beste oder eben auch das Schlechteste in einem Menschen hervorholen. Es liegt an uns zu entscheiden, welche Richtung wir einschlagen wollen.

ENTERTAINMENT IST UNTERHALTUNG UND KEIN LEBENSZWECK

Entertainment dient der Unterhaltung. Sie schenkt uns Freude, Inspiration und Entspannung. Sie schenkt uns jedoch keine Erfüllung. Ununterbrochen mit Computerspielen beschäftigt sein, den ganzen Abend bis zum Koma Serien gucken, jeden neuen Film kennen, unendlich viele Shows und Programme ansehen – manche Menschen tun so, als ob Entertainment ernsthaft eine sinnvolle Beschäftigung wäre.

Und es ist auch sinnvoll. Wie gesagt, es hilft uns zu entspannen und bereitet uns Vergnügen. Es bringt uns dazu, mit anderen zu spielen und so eventuell Beziehungen zu stärken. Man kann die Angebote jedoch auf ganz unterschiedliche Weise nutzen. Generell ist Serien gucken auf Netflix keine sinnvolle Beschäftigung. Es macht uns weder freier noch froher und bringt uns schon mal gar keine Erfüllung. Unterhaltung hat viele Gesichter. Wir sollten uns dessen bewusst sein, dass es nicht unser Lebensziel ist, sich ununterbrochen zu vergnügen. Komfort und Spaß sind wichtig, aber nichts im Vergleich zu dem, was uns ein Gefühl der Erfüllung gibt. Erfüllung stellt sich aber nur ein, wenn man hin und wieder die Komfortzone verlässt, etwas tut, was man nicht toll findet. Auf dieses Thema kommen wir später noch einmal zurück.

Die Staffel einer neuen Serie kostet einen pro Saison schnell mal 15 Stunden. Und das süchtig machende Computerspiel verschlingt in den nächsten Wochen möglicherweise deine gesamte Freizeit. Sei dir also bewusst, worauf du dich einlässt.

EINEN BEWUSSTEN UMGANG MIT NACHRICHTEN ANSTREBEN

Viele Menschen sind erst einmal verwirrt, wenn sie diesen Rat von mir hören. Aber vertrau mir, es ist logischer, als es zunächst klingt.

Ich verfolge die Nachrichten in Maßen. Ich sage das, ohne mich dafür zu genieren. Ich bin in groben Zügen darüber informiert, was sich auf der Welt abspielt, ich lese hin und wieder Hintergrundartikel oder ein Buch zu einem aktuellen Thema. Die Tagesnachrichten überspringe ich, ich besuche keine Nachrichtenseiten im Internet, ich erhalte keine Pop-ups mit Breaking News über verstorbene Sportler, von denen ich noch nie gehört habe, und die Zeitung lese ich nur, wenn ich sie zufällig in einer Coffee Bar liegen sehe.

Trotzdem bin ich ein vollwertiges Mitglied der Gesellschaft. Es geht mir einfach nur besser ohne all das überflüssige Wissen. Ich bin viel entspannter, weniger besorgt wegen der Weltgeschehnisse und mehr im Lot mit dem, was ich erstrebenswert finde: Liebe und Freude.

Das ist noch nicht alles, ich merke, dass ich besser relativieren kann, weil ich das große Ganze eher im Blick behalte. Die täglichen Nachrichten informieren uns lediglich über einen sehr kleinen Ausschnitt der Realität. Man bekommt dadurch das Gefühl, dass lauter schreckliche Dinge passieren und es daher angebracht ist, misstrauisch und ständig auf der Hut zu sein. Dieses unangenehme Gefühl beeinträchtigt mich nicht mehr. Hypes gehen an mir vorbei, dadurch beschäftige ich mich viel weniger mit »Tagesgesprächen«, die schon übermorgen komplett irrelevant geworden sind.

Die meisten Meldungen sind negativ, beängstigend, aus dem Zusammenhang gerissen und für mein Leben auf diesem Planeten völlig bedeutungslos. Ich erfahre in erster Linie das, was alles schiefläuft in der Welt. Ich erfahre beinahe nichts über die Dinge, die gut gehen, oder darüber, warum etwas passiert. Die kurzen Nachrichten helfen mir nicht, das große Ganze zu verstehen, sie berichten wenig über die generellen Trends, die letztendlich viel mehr aussagen würden.

Immer und überall gut informiert zu sein wird von vielen Menschen als »Bürgerpflicht« angesehen. Für sie stellt es etwas Positives dar. Nur scheint sich niemand ernsthaft die Frage zu stellen, mit welchem Ziel wir das eigentlich tun. Außer dass es wünschenswert ist, auf einer Party mitreden zu können. Ich finde das nicht weiter wichtig, ich kann mich auch über etwas anderes unterhalten.

Nachrichten sind heutzutage allgegenwärtig. Im Fernsehen, im Radio, in der Zeitung, in den Social Media, auf Nachrichtenseiten, Apps und beim Friseur. Obwohl, bei Letzterem liest man in der Regel vor allem veraltete Nachrichten.

Der Großteil der Nachrichtenmedien verdient sein Geld mit Anzeigenkunden, daher lautet die Zielsetzung, so viele Leser oder Besucher wie möglich anzuziehen. Das breite Publikum interessiert sich jedoch nicht besonders für bildende oder positive Berichterstattung. Lediglich ein kleiner Teil der Leserschaft wird mit solchen Inhalten angelockt. Wenn es also um das große Publikum geht, muss Sensation und Grauen im Spiel sein.

Terror beispielsweise hat eine süchtig machende Wirkung. Man bleibt am Bildschirm kleben, wenn einen das Gefühl beschleicht, der nächste Anschlag könnte in der Nähe stattfinden. So entsteht der Eindruck, die ganze Welt könne jeden Moment in komplettes Chaos versinken, man fühlt sich gezwungen, die Berichterstattung weiterzuverfolgen.

WAS IST DAS WAHRE ZIEL VON UMFASSEND INFORMIERT SEIN?

Gut. Aber ich habe mir das abgewöhnt. Je aufmerksamer ich die Nachrichten verfolgte, umso deutlicher wurde mir, dass es sich in vielen Fällen um eine Art Entertainment-Produkt handelt. Ein Produkt, mit dem man versucht, mich zu unterhalten und zu beschäftigen, damit man mir in der Zwischenzeit Werbeanzeigen präsentieren kann. Nur direkten Einfluss auf mein Leben haben die Meldungen so gut wie nie.

Ich verfolge lediglich die Nachrichten, denen ich bewusst meine Aufmerksamkeit schenken möchte. Bahnbrechende Erfindungen im Bereich nachhaltiger Technologien, Sozialunternehmen, positive Entwicklungen in den Bereichen Menschenrechte und Demokratie. Qualitativ hochwertigen Journalismus, der für Enthüllungen sorgt. Hintergrundartikel und Artikel zu gesellschaftlichen Diskussionen über Themen, die ich interessant finde. Beiträge darüber, wie wir vorankommen. Neuigkeiten, die mich motivieren und stimulieren, am Aufbau einer besseren Welt zu arbeiten. Wenn Wahlen anstehen, sehe ich mir einige Debatten an und behalte das Wahlkampfgeschehen in groben Zügen im Auge, weil ich meine Wahlentscheidung gut informiert treffen möchte. Ich höre und sehe mir Meldungen dann an, wenn etwas passiert, über das ich mehr erfahren möchte (eine furchtbare Katastrophe oder etwas anderes, das meine Aufmerksamkeit erregt oder mich interessiert).

Ansonsten gebe ich mir keine Mühe, auf der Höhe zu sein. Für mich ist es nicht relevant, über die Anzahl der entführten Kinder oder der festgenommenen Kriminellen informiert zu sein. Oder darüber, wer wo von wem ermordet wurde oder wie viele Menschen bei einem Bombenanschlag in Asien ums Leben gekommen sind.

Die Meldungen werden sorgfältig ausgewählt. Was relevant ist, wird ohne Einflussnahme des Publikums festgelegt. Deswegen hören wir auch nicht, was gestern alles in China, Indien oder Indonesien passiert ist. Drei Länder, in denen die Hälfte der Menschheit lebt.

Und da sich Nachrichten um Details drehen, hören wir selten etwas von den breiteren Trends. Von Themen wie Klimawandel, dem Aufkommen künstlicher Intelligenz, Automatisierung, der Entwicklung unserer Demokratie, von Errungenschaften der Technik oder bahnbrechenden Erkenntnissen in Wissenschaft, Medizin oder Psychologie. Wir erfahren wenig über die komplexen, jahrhundertealten Beziehungen zwischen Ländern und Nationen sowie das diplomatische Schachspiel, das sich im Hintergrund vollzieht. Über den Zustand unserer Ökosysteme (und was wir tun können, damit sie sich regenerieren), darüber, wie wir unsere Kinder besser aufziehen können. Nein, wir werden konfrontiert mit einem Anschlag am anderen Ende der Welt, dann kommen schreckliche Bilder, dann kommt Reklame für eine teure Antifaltencreme, die genauso effektiv ist wie jedes andere Töpfchen für drei Euro.

Das hilft mir und dir nicht weiter. Es macht uns weder frei noch froh, es bringt uns keine Erfüllung. Es hilft uns nicht dabei, etwas zu einer schöneren Welt beizutragen. Einer der Haupteffekte ist lediglich, dass wir Angst bekommen. Ich lasse mich deswegen nicht mehr von diesem »täglichen Wahnsinn« mitreißen. Ich entscheide mich lieber für die nuancierte Wahrheit hinter den täglichen Nachrichten.

Wenn andere also über Sachen reden, die ich nicht verstehe, bitte ich sie einfach darum, mir zu erklären, um was es geht. Wenn ich mehr wissen will, bin ich in der Regel nur drei Klicks von einem Hintergrundartikel entfernt, einem YouTube-Video oder einem Wikipedia-Eintrag, die mir, zusätzlich zu den Details, auch den großen Zusammenhang vermitteln.

Wenn es dir interessant erscheint, dich weniger mit Nachrichten zu beschäftigen, solltest du mit einem Experiment beginnen. Und dann überprüfen, ob es dir zusagt. Du kannst jederzeit die entfernten Apps neu installieren, solltest du doch weiterhin sofort wissen wollen, dass etwas passiert ist, was dich eigentlich nicht interessiert. Du kannst jederzeit auf deiner Lieblingsnachrichtenseite zurückblättern, um dich darüber zu informieren, was du verpasst hast. Du wirst merken, dass die Meldung von einem Raubüberfall, der in einer anderen Stadt erfolgte, oder die hundertste gesellschaftliche Diskussion über den Schaden, den ein paar durchgedrehte Hooligans angerichtet haben, wenig zu deinem täglichen Leben beiträgt.

Herrlich, diese Ruhe.

KLINGT GUT, ABER WIE SETZE ICH DAS IN DIE PRAXIS UM?

Schritt für Schritt, wie gewohnt. Das Eliminieren von Ablenkungen jeder Art ist ein wunderbares Ei. Wenn man es ausbrütet, schlüpft etwas Herrliches, das einem ab da zur Verfügung steht: Leben. Je mehr Ablenkung man aus seinem Leben verbannt, desto mehr Aufmerksamkeit hat man für den Augenblick. Für das, was einen froh und glücklich macht. Für das, was man wirklich ausbrüten möchte.

Du sparst Zeit und Energie, sodass du deine anderen Ziele schneller erreichen kannst. Und all die kleinen Schritte werden bald ein beeindruckendes Ganzes bilden.

Mit welcher kleinen Veränderung kann ich heute erreichen, weniger abgelenkt zu sein?

Es ist nicht notwendig, drastische Schritte zu machen. Das Einzige, was du tun solltest, ist diese Frage für dich zu beantworten.

Wirf die Aufmerksamkeitsfresser aus deinem Leben – du wirst merken, dass es dadurch an Qualität gewinnt. Du fühlst dich freier, entspannter, fröhlicher und insgesamt positiver gestimmt. Deine Gemütsverfassung wird ausgeglichener, und es fällt dir leichter, erfolgreich und froh zu sein.

Und jetzt, wo wir allen Ärger und Kummer aus deinem Leben entfernt haben, ist es an der Zeit, an Freude zu arbeiten.

TEIL 3

FREUDE –
LACHFALTEN SIND DIE BESTEN FALTEN

8

ERSTAUNLICHE EINSICHTEN ZUM FROHSEIN

Wenn dein Ziel Glück heißt, habe ich gute Neuigkeiten für dich: Du hast dein Ziel schon fast erreicht. Egal, ob du den Abend mit einer Meditation, einer Dankbarkeitsübung oder mit einer Flasche Wein, die du alleine köpfst, verbringst – wahrscheinlich macht es dich glücklich. Die meisten Menschen betrachten Glücklichsein als Endstation. Als den Topf voller Gold am Ende des Regenbogens. Ich sehe das anders. Wie ich weiter vorne bereits schrieb, Glück ist nicht das Ziel. Erst kommt Glück, dann der Rest.

Glück ist da, wenn man es braucht. Es ist kein Ziel, das man abhaken kann. Es ist ein Gefühl, das man erzeugt. Man sollte Glück nicht als Projekt, das man abschließen kann, sondern lieber als Prozess betrachten. Als einen Prozess, der nie endet und der mit kleinen Veränderungen optimiert werden kann. Mit Glücklichsein ist es so ähnlich wie mit Sich-fit-Fühlen. Wenn man sich fit fühlen möchte, fängt man am besten an, kleine förderliche Gewohnheiten ins Leben zu integrieren, denn die eigene Gesundheit pflegt man mit vielen täglichen Entscheidungen.

Wenn die Gesundheit nachlässt, wird es mühsamer, andere Ziele im Leben zu erreichen. Beispielsweise wenn man müde oder erschöpft ist, weil der Körper nicht hundert Prozent mitspielt oder (in den noch unangenehmeren Fällen) man sich in der Nähe einer Toilettenschüssel aufhalten muss.

Gesundsein ist kein Lebensziel. Es ist in erster Linie die Voraussetzung, um überhaupt etwas tun zu können. Eine Art Fundament, auf dem das restliche Leben aufbaut. Ich bin der Meinung, dass es sich mit Glück genauso verhält. Leben aus einem heiteren Gefühl heraus, das ist die Grundlage. Das Fundament. Frohsein ist der Ausgangspunkt, von dem aus wir der Welt entgegentreten. Das ist der Beginn eines wundervollen Lebens, nicht das Ende. Sobald man jeden Tag froh und heiter ist, fängt alles erst richtig an.

Man sollte sich über Glück keine Sorgen machen, sondern dafür sorgen, Ruhe zu finden – dem Glück Raum geben. Also, stell die Flasche Wein beiseite und lass dich mitnehmen auf einen geschickteren Weg Richtung glücklicheres Leben.

JEDEN TAG ETWAS BESSER GESTIMMT SEIN

Wie schafft man es, Tag für Tag ein bisschen froher und heiterer gestimmt zu sein? Auch bei dieser Frage können wir uns daran orientieren, wie man seinen Körper gesund erhält. Je gesünder man lebt, desto fitter fühlt man sich. Wer den Konsum von raffiniertem Zucker reduziert oder sogar ganz aufgibt, fühlt sich energievoller. Bei denen, die mehr Gemüse auf den Speisplan setzen, fängt die Haut an zu strahlen. Wer weniger »Mist« isst, verliert überflüssige Pfunde. Und diejenigen, die täglich für Bewegung sorgen, kräftigen ihren Körper und werden gelenkiger.

All die kleinen Gewohnheiten und täglichen Entscheidungen sorgen in ihrer Gesamtheit für ein erstrebenswertes Resultat. Für einen gesunden Körper ohne größere Beschwerden. Oder zumindest mit möglichst wenig Beschwerden. Für Glücklichsein gilt das Gleiche. Wenn du ab jetzt andere

Entscheidungen triffst, bekommst du auch ein anderes Resultat. Wende die einfachen Tricks an, die ich dir auf den folgenden Seiten erkläre. Je intelligenter du auf dem Gefühl Glücklichsein brütest, desto froher wirst du mit jedem Tag. So einfach ist es.

Wie kommt es, dass du zurzeit nicht jeden Tag wahnsinnig glücklich und froh bist? Tja. Wie kommt es, dass du zurzeit nicht supergesund, fit und energiegeladen bist? Vermutlich, weil du zu viel »Mist« und dafür zu wenig Obst und Gemüse isst und weil du zu viel und zu lang mit deinem Smartphone auf dem Sofa abhängst. Fitness fällt nicht vom Himmel. Glück auch nicht. Wer nichts dafür tut, um glücklicher zu werden, wird es in der Regel auch nicht.

Schauen wir uns also mal an, wie das funktioniert. In diesem Teil zeige ich dir, wie dein Leben Tag für Tag – ohne große Mühe, versteht sich – positiver werden kann. Sodass du dich jeden Morgen mit einem Lächeln auf dem Gesicht rekelst, weil du das Leben so herrlich findest. Man könnte es fast als Märchen bezeichnen, aber das machen wir selbstverständlich nicht, denn in Märchen schieben böse Hexen kleine Kinder in den Back-ofen. Oder tragen Menschen gläserne Pantoffeln, die uns – wenn das Glas aus dem Mittelalter brechen sollte – den Abend mit einer unstillbaren Blutung verderben. Nicht unbedingt das, was wir vor Augen hatten, nicht wahr?

WENN DAS GLÜCK NICHT ZUM GREIFEN NAH LIEGT, LASSEN WIR ES LIEBER FÜR IMMER LIEGEN

Die meisten Menschen habe so ein vages Gefühl, dass sich erst etwas ändern müsste, bevor sie glücklich sein können. Sie haben recht damit. Es muss sich etwas ändern. Jedoch auf eine andere Art, als sie sich das vorstellen. Was sich ändern muss, ist beileibe nicht die Inneneinrichtung, der Inhalt des Kleiderschranks oder die Anzahl Follower in den Social Media.

*Nein. Das Einzige, was sich ändern muss, ist die Überzeugung,
dass sich etwas ändern muss.*

Wir müssen die Idee ablegen, dass wir erst glücklich sein können, wenn sich
etwas an unseren äußeren Umständen ändern würde. Dass wir erst dann
froh sein können, wenn sich unsere Tochter so benimmt, wie wir uns das
vorstellen, oder wenn wir genug auf der hohen Kante haben oder wenn wir
die chice Tasche besitzen oder wenn wir endlich verreisen können.

Warum? Weil äußere Veränderungen zwar glücklich machen können –
aber eben nur für eine kurze Zeit. Man fühlt sich »high«. Doch die Freude
währt nicht lang. Das ist nichts Neues – schließlich waren wir alle total
happy mit unserem neuen Nokia, mit dem man SMS verschicken konnte!
Oder mit der Couch, die wir jetzt zum Sozialkaufhaus bringen. Oder mit
der Wohnung, die uns zu klein geworden ist. Und, ganz klar, mit dem
tollen Discman, auf dem wir unsere selbst gebrannten CDs abspielen
konnten.

Glücklichsein von externer Veränderung abhängig zu machen ist
nicht besonders effektiv. Die Welt um uns herum verändert sich ununterbrochen. Und nicht alle Veränderungen betrachten wir als wünschenswert.
So kommt es immer wieder zu einer Achterbahnfahrt der Gefühle.
Man schwankt zwischen froh gestimmt und enttäuscht sein, es geht auf
und ab zwischen glücklich und traurig sein. Selbstverständlich ist es
völlig in Ordnung, das gesamte Gefühlsspektrum zu erleben.
Wenn etwas Schlimmes passiert ist, ist Trauer genau das, was
wir fühlen möchten. Aber dieses ständige Auf und Ab ist
sicher nicht das, was du dir wünschst. Ich zumindest bin
mir sicher, dass ich das nicht will. Es ist herrlich, bei einem
traurigen Film ein bisschen zu schluchzen, aber es ist
auch schön festzustellen, dass es bloß ein Film ist, der
nichts mit meinem Leben zu tun hat. Letztendlich
bin ich nämlich lieber froh als traurig.

Und zwar nicht nur, weil mir Frohsein besser gefällt als
Traurigsein. Frohsein ist darüber hinaus so toll, weil du damit
deine Umgebung auf liebevolle Weise bereicherst. Warum?

FROHSEIN IST EIN AKT DER LIEBE FÜR DEINE MIT-MENSCHEN

Weil traurige Menschen die Welt eben nicht glücklicher machen. Es ist für dich nicht schön und für die Menschen in deiner Nähe auch nicht.

Je mehr negative Gefühle man hat, desto mehr Negativität strahlt man aus. Und so wird es immer schwieriger, das LED-Lämpchen für dich und andere zu sein. Das funktioniert also nicht. Das Hoffen auf externe Veränderungen ist wie ein Leben mit Cracksucht. Man hangelt sich von high zu high. Und zwischen den High-Zuständen fühlt man sich leer und verloren. Vielleicht nicht unbedingt traurig, aber bestimmt auch nicht froh und glücklich. Und man braucht eine immer stärkere Dosis, um high zu werden.

Früher warst du schon völlig aus dem Häuschen, wenn du ein neues Handy gekauft hast. Jetzt zuckst du nicht einmal mehr mit der Wimper, wenn du dir ein neues Auto leistest. Das kann zu einem Teufelskreis werden. Es ist das Rattenrennen nach immer mehr, das lediglich zu vorübergehenden Glücksmomenten führt, anschließend muss man doch wieder losziehen.

Wie furchtbar ermüdend.

Es gibt einen besseren Weg. Und der basiert auf der Erkenntnis, dass das Glück, das zum Greifen nah liegt, dort einfach liegen bleibt, anstatt sich auf dich zuzubewegen.

Immer wenn wir glauben, es müsse sich etwas Äußerliches verändern, damit wir glücklich sein können, tappen wir in die Falle. Es gibt beim Frohsein keinen Pause-Knopf, es lässt sich nicht auf später verschieben. Du kannst nicht »morgen« froh sein, denn morgen zählt nicht. Es gibt heute, jetzt, diesen Augenblick. Das ist alles, was wir haben. Das ist die Realität. Das war immer so und wird immer so bleiben. Es wird keinen zukünftigen Augenblick geben, in dem wir plötzlich und auf magische Weise völlig und für immer glücklich und erfüllt sein werden. Diesen Augenblick gibt es nicht, für niemanden. Dieser Augenblick wird nicht kommen, weil es so nicht funktioniert.

Nein. Es bleibt so, wie es ist, bis du lernst, wie du trotz allem in der Gegenwart glücklich sein kannst. Mach dir keine Sorgen. Diese Wende einzuleiten ist das Schwierigste, danach wird es immer einfacher.

FROHSEIN IST VIEL EINFACHER, ALS DIE MEISTEN MENSCHEN GLAUBEN

Genau. Das ist der Clou an der Sache. Die meisten Menschen sind davon überzeugt, Glücklichsein sei die Endstation. Eine Art Endgegner, gegen den sie antreten müssen. Das haben wir schon als Kind gelernt: Die Endgegner sind die schwierigsten. Aber der Vergleich geht nicht auf. Glück ist kein Endgegner, es ist eher der erste Super-Mario-Level, bei dem man nur auf den sich bewegenden Pilz springen muss.

Flupp. Erledigt. Bevor das Spiel überhaupt richtig angefangen hat.

Wer es sich gedanklich schwer macht, hat es auch im täglichen Leben schwer. Wir meinen ständig, dass etwas anders sein müsste. Weil wir glauben, dass das Leben nicht schön und einfach sein kann. Man analysiert, philosophiert, redet und – noch schlimmer – nörgelt ohne Unterlass.

Man rätselt, was die Ursache dafür sein könnte, dass man sich nicht glücklich fühlt. Man fragt sich, was sich ändern müsste. Alles scheint so kompliziert zu sein. Das ist völlig normal. Wir alle machen laufend alles kompliziert, aber wie ist es dann möglich, dass der bestmögliche Gemütszustand einfach zu erreichen sein soll?

Tja, es kommt eben darauf an, wem man glaubt. Seit Tausenden von Jahren predigen unzählige weise Menschen die Einfachheit des Glücks. Es heißt, dass Glück in der Einfachheit verborgen liegt, nicht in Komplexität. Dass es dort ist, wo du bist. Und dass »Sein« das Einzige ist, was man tun muss. Das Rattern im Kopf stoppen und damit anfangen, den Augenblick zu erleben.

Die Botschaft ist nicht neu. Und trotzdem mühen wir uns in all den Jahren damit ab. Weil es tatsächlich ein wenig Mühe und Anstrengung kostet. Wir mühen uns auch schon seit eh und je damit ab, »nicht egoistisch zu sein«, »einander nicht wehzutun« und »nett zueinander zu sein«.

Das, was du machen musst, um jeden Tag Glück und Frohsinn zu erleben, erfordert etwas Disziplin. Du musst ein paar Widerstände überwinden. Denn alles, was man erreichen möchte, erfordert Einsatz. Aber so viel Einsatz erfordert es nun auch wieder nicht.

Die Hürde, die man auf dem Weg zum Glück nehmen muss, ist viel weniger die Mühe, die man dafür aufwenden muss. Nein. Es ist vielmehr so, dass sich das Mittelmaß einigermaßen akzeptabel anfühlt. Wenn man sich nicht täglich aktiv darum bemüht, froh und glücklich zu sein, wird man nicht automatisch todunglücklich. Nein, man landet in einer unbestimmten Grauzone. Man hat das Gefühl, immerzu ein bisschen meckern zu müssen, alles ist so lala.

Genau das ist die Falle. »So lala« ist akzeptabel. Nur so halb, so einigermaßen glücklich zu sein ist dermaßen leicht zu erreichen, dass sich die meisten Menschen damit zufriedengeben. Es ist der Weg des geringsten Widerstands. Der einfache Weg. Man ist hin und wieder froh gestimmt (insbesondere dann, wenn im Leben positive, erstrebenswerte Veränderungen eintreten), und dann kommt wieder eine Zeit der inneren Leere. Und den größten Teil der Zeit hängt man gefühlsmäßig irgendwo dazwischen – auch gut. Nicht froh, nicht leer. Normalzustand. Kein Grund zum Heulen, kein Grund zum Strahlen. Einfach akzeptabel. So wie aufgetauter Apfelkuchen oder ein Tagesausflug ins Grüne.

Ein durchschnittliches Leben eben. In etwa so, als ob man den Gemüsegarten einfach sich selbst überlässt. Innerhalb kürzester Zeit wird alles von Unkraut überwuchert, und dazwischen behaupten sich noch einige angepflanzte Gewächse. Unkraut ist an sich nichts Schlimmes. Es sind schlicht und einfach Pflanzen, die in der Natur eine Funktion haben. Sie bereiten den Boden für die nächste Generation der Vegetation vor, so wird der Gemüsegarten schließlich zu einem Wald.

Bloß ist Unkraut nicht erstrebenswert, wenn das Ziel Gemüseanbau lautet. Wer also einen ertragreichen Gemüsegarten haben möchte, der muss ein bisschen Arbeit investieren. Der kann nicht einfach faul sein – den Weg des geringsten Widerstands wählen. Der muss den Widerstand überwinden und den Gemüsegarten mit Zuwendung versorgen und pflegen.

GIB DEINEM GEMÜSE-GARTEN ZU-WENDUNG

Was das anbelangt, scheinen die uralten Ratschläge im Widerspruch zur menschlichen Art zu stehen. Das ist aber nur die halbe Wahrheit. Es gibt nämlich sehr wohl Situationen, in denen wir es akzeptabel finden, unseren Widerstand zu überwinden. Beispielsweise wenn wir morgens aufstehen und zur Arbeit gehen. Oder wenn man sich bemüht, weniger Schokolade zu essen und dafür mehr Gemüse. Man überwindet den Widerstand, weil man ein Ziel erreichen möchte: ein stabiles Einkommen oder einen gesünderen Körper. Und so ist das Einzige, was sich verändern muss, deine innere Einstellung. Du musst für dich den Entschluss fassen, dass es wichtig ist, positiv gestimmt zu sein. Mindestens so wichtig wie deine Gesundheit und erst recht so wichtig, wie pünktlich zur Arbeit zu erscheinen. Dass es sich lohnt, Widerstände zu überwinden, um jeden Tag froh sein zu können.

Das klingt komplizierter, als es ist. Schließlich hast du nur bedingt Kontrolle über all die Ereignisse in deinem Leben. Und außerdem hast du auch nicht das Geld, um all das Zeug aus der Reklame anzuschaffen. Mit ein bisschen Übung jedoch hast du relativ viel Kontrolle über das eigene Innere. Schauen wir uns also mal an, wie man das hinbekommt.

GLÜCK IST EIN TUWORT

Genauso wie man täglich ein Stück Obst essen sollte, um gesund zu bleiben, gibt es etwas, was man jeden Tag machen kann, um glücklich zu sein. Es ist eine tägliche Entscheidung. Genau genommen kann man sie sogar von Minute zu Minute treffen. Dabei ist es von großer Bedeutung, dass man sich zunächst entschließt, dem Leben mit einem Lächeln zu begegnen. Dass man sich nicht von einem hässlichen Troll mit Knüppel in Richtung des stinkenden Sumpfs namens Opferrolle und Selbstmitleid zerren lässt. Das ist der alles entscheidende erste Schritt, deine klare Entscheidung dafür, das Leben ab jetzt positiv zu sehen. Um das Leben mit Heiterkeit ernst zu nehmen und ihm Bedeutung zu geben.

Denn du bist für dein Inneres verantwortlich. Du allein. Wenn du dich nicht bewusst dafür entscheidest, froh zu sein, überlässt du deinen

Gemütszustand den Launen der äußeren Umstände oder dem erwähnten fiesen Troll. Das funktioniert natürlich nicht. Schließlich kann man jederzeit genügend Gründe finden, um unglücklich, unzufrieden oder genervt zu sein. Es ereignet sich nämlich immerzu etwas in deinem Leben, in diesem Universum.

Und selbst wenn alles prima läuft, kannst du das Gefühl haben, dass das Leben nicht gut genug ist. Dass du selbst nicht gut genug bist. Und obwohl du gerade ein nahezu perfektes Leben hast, fühlst du dich unglücklich. Weil du glaubst, dass alles noch viel besser sein müsste.

Funktioniert also auch nicht.

Was dagegen klappt, ist: sich bewusst fürs Frohsein zu entscheiden.

Man muss den Schalter umlegen und sich selbst sagen: Ab jetzt sorge ich gut für mich. Um wieder unser Beispiel mit dem gesünderen Körper zu bemühen – man braucht diese innere Weichenstellung, damit man stark genug ist, die Kekse liegen zu lassen und stattdessen Äpfel zu futtern. Ohne inneren Drive wird man das Couchpotato-Dasein nicht so schnell gegen einen Spaziergang tauschen und genauso wenig das Auto gegen das Fahrrad. Was sich ändern muss, ist unsere Einstellung zur Situation. Wir müssen uns bewusst werden, dass wir glücklich sein können, wenn wir es wollen. Dass es unsere Entscheidung ist. Du musst den Schalter in deinem Kopf umlegen, dann bist du dafür gewappnet, das zu tun und zu lassen, was nötig ist, um glücklicher zu werden.

Das ist Schritt eins.

Der zweite Schritt ist, neue Gewohnheiten in den Tag zu integrieren. Gewohnheiten, die dir helfen, dein Glücksniveau schrittweise zu erhöhen, so, wie man das auch tun würde, wenn man fitter werden möchte. Und an dieser Stelle habe ich eine gute Nachricht für dich: Wenn du deine Schritte Richtung mehr Freiheit bereits bebrütet hast, bist du schon ein gutes Stück unterwegs. Denn das, was wir in dieser Phase aus unserem Leben gestrichen oder entfernt haben, ist für die meisten Menschen eine der größten Brutstätten von Frust und Unglück. Verkehrte Welt also. Hürden auf dem Weg zum Glück.

Durch die Eliminierung dieser Hindernisse wird man ohne weiteren Aufwand glücklicher. Indem man den Ballast abwirft, kann man – ohne erneute Anstrengung – höher steigen. Vielleicht hast du schon gemerkt, dass du dich leichter fühlst? Dass dein Leben auf dich weiter und offener wirkt? Dass sich auf einmal mehr Möglichkeiten auftun? Dass du den Tag mehr genießen kannst, dass deine Zukunft rosiger aussieht?

Der überflüssige Krempel steht all diesen angenehmen Gefühlen nur im Weg. Also weg damit.

Wir werden jetzt die Entwicklung einiger strategischer Gewohnheiten, die dich mit wenig Aufwand anhaltend froher machen werden, in Angriff nehmen. Es gibt tausend Sachen, die man machen kann, um glücklicher zu werden. Im Buchladen hast du die Ratgeber sicher liegen sehen. Voll mit netten Tipps, wie man sich in eine strahlende Sonne verwandeln kann. Lächle Fremde auf der Straße an, lächle dich im Spiegel an, spucke ein Lama an. Stell dir eine Pflanze in die Wohnung, sag Zaubersprüche auf, trink Tee, rühr ein paar magische Kristalle hinein und zünde Räucherstäbchen an.

Alles schön und gut. Das Problem ist nur, dass all dies viel Arbeit macht und dich dabei nur ein kleines bisschen glücklicher macht. Je origineller die Tipps, desto geringer die Wahrscheinlichkeit, dass sie dich wirklich voranbringen werden. Warum? Weil das, was dich wirklich voranbringen könnte, als Binsenweisheit – du weißt schon, meine geliebte »offene Tür« – abgetan wird. Und wie wir bereits festgestellt haben, Binsenweisheiten haben zwar ein schlechtes Image, können aber die effektivsten »Türen« öffnen. Sie ermöglichen es uns, durch Wände zu gehen!

Es ist an der Zeit, »offene Türen« lieb zu gewinnen. Tatsächlich durch sie hindurchzugehen, sich nicht nur ein bisschen in der Lobby umzusehen, nein, wirklich zu erforschen, was es auf der anderen Seite alles zu erleben gibt. Du wirst schnell merken, dass du dort viel Spaß und Freude finden wirst. Und dass es interessanter ist, als du zunächst dachtest. Und zwar einfach deswegen, weil du einer der wenigen bist, der sich den Ratschlag zu Herzen nimmt und wirklich in die Tat umsetzt.

Schluss mit auf die Türen glotzen: durchgehen!

EINIGE BEMERKUNGEN ZUM POSITIVEN DENKEN

Positive Gedanken sind angenehmer als negative. Der Gedanke: »Heute wird ein toller Tag!«, vermittelt uns ein viel besseres Gefühl als ein Gedanke à la »Heute wird ein langweiliger Tag und ich habe jetzt schon keine Lust mehr«. Das Witzige ist: Beide Gedanken sind auf die gleiche Art und Weise haltlos. Sie entbehren jeder Grundlage, beides sind Zukunftsprojektionen, die auf der Vergangenheit beruhen.

Wenn man einen vergleichbaren Tag in der Vergangenheit langweilig fand, dann zieht unser Gehirn den Schluss, dass man auch den heutigen Tag langweilig finden wird. Das klingt zunächst logisch. Und da wir aus Erfahrung wissen, dass diese Schlussfolgerung häufig zutrifft, scheint uns der negative Gedanke wahr. Der positive Gedanke hingegen wirkt gekünstelt. So, als ob man sich selbst etwas vormacht. Nur – sind wir uns sicher? Wie oft war ein Tag im Nachhinein viel schöner als zunächst erwartet? Oder war ein Tag alles in allem okay, also viel weniger langweilig oder unangenehm als befürchtet? Genau, das ist es, was ich meine, das passiert dauernd. Ich kenne das nur zu gut. Insbesondere wenn ich auf Reisen bin, falle ich darauf rein. Beispielsweise wenn ich mit einem Nachtzug reisen muss, befürchte ich immer das Schlimmste. Ich male mir dann aus, wie ich dringend »muss« und mein Geschäft auf so einer schmuddeligen Hocktoilette erledigen muss, es kein Toilettenpapier gibt, ich auch keins bei mir habe, der Wasserdruck weg ist und es auch keinen Eimer zum Nachspülen gibt. Oder ich stelle mir vor, wie ich dauernd von irgendwelchen fliegenden Händlern, die Tee anbieten, geweckt werde. Oder ich denke daran, wie ich mich ganz und gar unbehaglich und elendig fühlen werde.

Und dann ist es so weit, und was stellt sich heraus? Es ist alles halb so wild. Hinterher finde ich es sogar gut, dass ich diese Erfahrung machen durfte, und bin dankbar dafür.

Negative Gedanken wirken so, als ob sie die Wahrheit wären. Dabei sind sie genauso erfunden wie positive Gedanken, die man bewusst produziert. Warum? Ganz einfach: Alles ist relativ, und die Zukunft ist noch nicht geschrieben. Unser Gehirn meint genau zu wissen, wie die Zukunft aussehen wird, in Wahrheit sind es Annahmen, die auf Erfahrungen beruhen, nicht auf Wissen über die Zukunft.

DIE ZUKUNFT IST NOCH NICHT GESCHRIEBEN

Positives Denken wird oft als Unsinn abgetan. Es wird als Unsinn betrachtet, mit dem man sich selbst etwas vormacht. Wer als Optimist durchs Leben geht, wird oftmals als naiv und etwas dümmlich hingestellt. Denn – so lautet der Schluss der Skeptiker – es ist ja wohl für jeden mehr als deutlich, dass das Leben nicht besonders positiv ist! Pessimisten bezeichnen sich selbst gern als »Realisten«. Sie sind davon überzeugt, völlig im Einklang mit der Realität zu sein. Das Problem ist nur, dass der Pessimist nicht erkennt, dass der Wahrheitsgehalt seiner negativen Gedanken nicht höher ist als der »bekloppter« positiver Gedanken, die er verurteilt. Welchen Gedanken man auch im Kopf hat oder produziert, es gibt immer Argumente, die ihn untermauern können.

Es liegt mir fern, jemanden dazu anregen zu wollen, Beobachtungen, Tatsachen oder die Wissenschaft außer Acht zu lassen. Das wäre das Letzte, was wir hiermit beabsichtigen. Wir wollen eher beobachten, »was ist«. Die Realität zum Ausgangspunkt machen. Nur wollen wir dem anschließend auch nichts Negatives hinzufügen oder es zum Negativen verdrehen.

Es geht nicht darum, als naiver Spinner den Kopf in den Sand zu stecken und die Realität auszuklammern. Es geht vielmehr darum, unsere Gedanken und unsere Erwartungen an uns selbst sowie an das Leben im Allgemeinen nach Möglichkeit auf ein höheres Niveau zu bringen. Die meisten negativen Gedanken sind nämlich völlig aus der

Luft gegriffen. Zu dieser Art von Gedanken kann man ganz einfach positive Varianten entwerfen, die unser Leben ein gutes Stück schöner machen.

Wie das funktioniert? Begleite mich einfach bei folgendem Gedankenspiel.

Wir stellen uns ein kleines Küken vor – so ein niedliches, flauschiges gelbes Bällchen. Auf dem Bauernhof hat es seine Mutter aus den Augen verloren. Es piept und piept, kann sie aber nirgends hören. Es gerät in Panik, rennt hilflos hin und her, bis es völlig erschöpft ist. Es wird dunkel. Dem kleinen Küken wird kalt. Ihm ist bewusst, dass es auf der Hut sein muss, denn ohne den Schutz seiner Mutter ist es für die Katze ein leichtes Opfer. Es fühlt sich einsam und ist unglücklich.

Was fühlst du, wenn du an das kleine Küken denkst?

Mitleid? Die Situation ist ziemlich traurig. Vielleicht kannst du dich in das Küken hineinversetzen, wie einsam es sich fühlen muss. So verletzlich und allein in der großen unbekannten Welt. Am nächsten Morgen hört das Küken in der Ferne seinen Vater. Der Hahn kräht und kräht. Es hört, woher das Krähen kommt, aber es klingt sehr weit weg. Dann sieht es den Bauern mit einem Eimer näher kommen. Er verteilt Sand auf dem Boden. Aus dem Augenwinkel sieht das Küken seine Geschwister auftauchen. Und schließlich auch seine Mutter! Es hüpft überglücklich um die Ecke, aber dann sieht es sich plötzlich der Katze gegenüber. Die Katze lässt sich auf den Boden sinken und konzentriert sich mit äußerster Anspannung auf das Küken. Es weiß weder ein noch aus. Es hat Todesangst! Es macht das Einzige, was ihm in diesem Moment einfällt, es schließt die Augen und piepst, so laut es kann. Es ist davon überzeugt, dass sein letztes Stündlein geschlagen hat. Als es jedoch nach einer Weile die Augen öffnet, sieht es die Katze weglaufen. Es dreht sich um, da steht seine Mutter. Das Küken ist in Sicherheit.

GEDANKEN LASSEN SICH VERÄNDERN

Was fühlst du jetzt? Freude oder Erleichterung?

Diese kleine Geschichte veranschaulicht, wie Gedanken unsere Gefühle beeinflussen.

Wenn wir an ein verletzliches kleines Küken denken, das die Nacht mutterseelenallein verbringen muss, sind wir betrübt. Wenn wir uns ein Küken vorstellen, das endlich seine Mutter wiederfindet, sind wir froh und erleichtert. So funktioniert es. Man denkt etwas, anschließend fühlt man etwas. Nicht umgekehrt.

Oft, wenn wir uns unglücklich fühlen, scheint es, als ob dieses Gefühl aus dem Nichts aufgetaucht wäre. Wir fühlen uns nicht gut, nicht glücklich, wissen aber nicht, warum. Das Gefühl scheint uns einfach zu überfallen.

Das stimmt jedoch nicht. Das Gefühl ist so gut wie immer die Folge von Gedanken. Und wenn man sich nicht erklären kann, wo ein Gefühl herkommt, wird es in der Regel von unbewussten Gedanken verursacht. Man denkt alles Mögliche, ohne es zu wissen, bis man es ans Tageslicht zerrt.

Als ich fünfundzwanzig war, machte ich eine ziemlich stressige Zeit durch. Ich hatte zwar in den Bereichen, in denen ich tätig war, Erfolg, fühlte mich jedoch nicht richtig gut. SoChicken wuchs mit jedem Monat, und ich wurde fitter und freier als je zuvor. Trotzdem lag mir etwas wie ein Stein im Magen. Ich konnte mir nicht erklären, wo das Gefühl herkam. Bis ich mir schließlich eingestand, dass es nicht normal ist, so durchs Leben zu gehen. Ich machte mich auf die Suche nach der Ursache. Das kostete mich einige Monate. Ich ließ mich coachen, ich las diverse Bücher und ich meditierte regelmäßig. So wurde mir langsam, aber sicher bewusst, woher dieser Klumpen im Bauch rührte: Ich war davon überzeugt, nicht gut genug zu sein.

Und diese Überzeugung produzierte allerlei Gedanken, die mir noch nicht einmal bewusst waren. Ich lief mit einer Art kleinem Mann im Ohr herum. Dieser kleine fiese Troll hatte nur ein Ziel: mein Selbstwertgefühl zu unterwandern. Und weil es so ein leises Stimmchen war, merkte ich eine ganze Weile nicht, was vor sich ging. Ich verwechselte seine giftigen Annahmen mit der Wahrheit, weswegen ich ihm letztendlich unterbewusst alles glaubte.

Was mir der Troll ins Ohr flüsterte? Jedenfalls nichts Nettes:

- » Damit brauchst du gar nicht erst anzufangen, das kannst du sowieso nicht.

- » Wahrscheinlich könnest du das tatsächlich hinbekommen, aber du wirst doch wieder an Aufschieberitis leiden und es nie zu Ende bringen. Dann brauchst du auch gar nicht erst anzufangen.

- » Du bist nicht stark genug, um dir dieses neue Verhalten anzugewöhnen.

- » Du bist nicht gut genug, die Menschen mögen dich deswegen auch nicht wirklich.

- » Und wenn sie dich mögen, dann nur, weil sie nicht wissen, wie du wirklich bist. Wenn sie dich wirklich kennen würden, würden sie sich vor dir ekeln.

- » Du bist nicht attraktiv genug. Du solltest schlanker und muskulöser sein.

- » Deine Arbeit ist nicht gut genug. Alles muss fehlerfrei, es muss perfekt sein. Wenn es nicht perfekt ist, werden die anderen dich kritisieren. Sie werden sich von dir abwenden. Wenn andere deine Arbeit kritisieren, meinen sie damit eigentlich, dass du nicht gut genug bist. Und das ist die Wahrheit, denn du bist nicht gut genug.

Du kannst dir vielleicht vorstellen, welche Art Gefühl diese Palette von (unbewussten) Gedanken auslöste: chronischen Stress. Und zwar, weil ich mir selbst einredete, dass ich es nicht wert sei, geliebt zu werden.

Wirklich grausam.

Gedanken beeinflussen unsere Gefühle. Wer so oder ähnlich über sich selbst denkt, wird sich alles andere als gut fühlen. Wer hingegen positiv über sich selbst denkt, wird sich viel besser fühlen. Darum sollte man positive Gedanken auch nicht einfach als »Unsinn« abtun.

Negative Gedanken wirken nur deswegen überzeugender, weil wir sie häufiger gedacht haben. Wir haben uns daran gewöhnt. Nicht nur unser ganzes Selbstbild, sondern auch unser Weltbild basieren darauf. Das bedeutet aber noch lange nicht, dass sie tatsächlich wahr sind. Ein Fisch im großen Ozean denkt, dass die Wirklichkeit ausschließlich aus Wasser besteht. Wir wissen, dass das nicht der Fall ist. Uns will unser Gehirn weismachen, dass die Welt ein bedrohlicher Ort ist und dass wir nicht gut genug sind. Wenn du dich ernsthaft bemühst, diese Vorstellung loszulassen, wirst du merken, dass auch sie nicht stimmt. Dann wirst du entdecken, dass das Leben eigentlich richtig schön, interessant und unterhaltsam ist. Und dass die Welt ein viel schönerer Ort ist, als du dir jemals hast träumen lassen.

Aber eins nach dem anderen. Wir schauen uns zunächst an, welche neuen strategischen Verhaltensweisen du in dein Leben integrieren kannst, um häufiger positiv zu denken, sodass du im Alltag auch häufiger positive Gefühle erfährst. Und natürlich könnte man tausend Sachen machen, aber wir werden uns auf das Wesentliche konzentrieren. Denn dieses Buch ist die kurze Route. Wir werden die besten Eier für unser Nest auswählen. Deiner neuen Freiheit werden wir etwas zusätzliche Freude hinzufügen.

WIR SIND AN NEGATIVE GEDANKEN GEWÖHNT

9

WORAUS
FREUDE BESTEHT

Es gibt zwei Methoden, mit denen du feststellen kannst, ob du ein glückliches Leben führst. Bei der ersten Methode betrachtest du den gegenwärtigen Moment. Das Hier und Jetzt. Das ist die authentischste Art, weil der Augenblick das Einzige ist, was tatsächlich existiert. Man kann ihn mit den Sinnesorganen wahrnehmen. Es ist die Dimension, in der unser Bewusstsein aktiv ist. Die Vergangenheit und die Zukunft sind Konstrukte unseres Gehirns. Es sind Projektionen, die aus unseren Erinnerungen und Erwartungen gespeist werden. Das Vergangene ist vorbei – man kann nichts mehr daran ändern. Die Zukunft gibt es noch nicht. Das Hier und Jetzt ist das Einzige, was wir greifen können, was echt ist.

Wenn ich dich jetzt frage: Bist du in diesem Moment glücklich?
Wie lautet deine Antwort?

Denk nicht an das, was du heute oder in dieser Woche erlebt hast. Denk auch nicht an das, was als Nächstes passieren wird. Betrachte nur diesen Augenblick. Den, in dem du diese Zeile liest. Vielleicht bei einer Tasse Tee oder mit den Füßen in eine Decke gewickelt. Fühlt sich dieser Moment gut an? Ist dies einer, der dich froh macht?

Die Wahrscheinlichkeit, dass du mit »Ja« antwortest, ist relativ hoch. In diesem Moment ist alles gut. Du hast Ruhe, ein unterhaltsames Buch, eine Tasse leckeren Tee, und deine Füße sind warm. Was will man mehr?

Das ist die erste Methode. Sich selbst befragen, ob man sich im Hier und Jetzt gut fühlt. Wenn die Antwort negativ ausfällt, fragt man sich als Nächstes: Welche Gedanken sind dafür verantwortlich, dass ich mich nicht wohlfühle? Wahrscheinlich geht es um etwas aus der Vergangenheit oder es sind Sorgen, die du dir über die Zukunft machst. Du bist JETZT nicht glücklich, weil du MORGEN einen langen Arbeitstag hast.

Zunächst klingt dieser Gedankengang logisch, in Wahrheit ist er völlig absurd. Morgen gibt es noch gar nicht. Warum sind deine Gedanken also dort? Warum sind sie nicht bei deinen warmen Füßen? Jetzt mal ernsthaft – deine Zehen sind warm, und du hast einen Tee. Was fehlt dir in diesem Moment?

Okay – das ist also die erste der beiden Methoden. Die Gegenwart betrachten und überprüfen, wie gut man sich fühlt. Die zweite Methode ist etwas weniger authentisch. Die zweite basiert auf deinen Erinnerungen. Du rufst dir die vergangene Woche und den letzten Monat in Erinnerung. Du kannst sogar das Jahr, das hinter dir liegt, in deine Betrachtung einbeziehen.

Und nun beantworte dir folgende Fragen: Wie viel Freude begleitete meine Tage? Wie zufrieden war ich mit meinem Leben? Kurz: Wie glücklich war ich?

Die Antworten, die in dir aufkommen, resultieren aus einer Zusammenfassung aller Gefühle, die du empfunden hast, und all dem, was du erlebt hast. Je mehr positive Gefühle dein tägliches Leben bestimmt haben, desto positiver wird auch dein Urteil ausfallen. Du wirst auf den vergangenen Zeitraum zurückblicken mit dem Eindruck: Das war ein wunderbares Jahr! Wenn du aber öfter unzufrieden warst, dich als Opfer fühltest, wird deine Schlussfolgerung anders ausfallen.

DER EINZIGE WEG ZU EINEM GLÜCKLICHEN LEBEN

Ein glücklicheres Leben erreicht, wer sowohl in Bezug auf die Vergangenheit als auch in der Gegenwart mehr positive Gefühle hat. Nur, wie bekommt man das hin? Welcher Weg führt zuverlässig zu Fröhlichkeit und Zufriedenheit in allen Lebensbereichen?

Die Lösung ist einfach, lass folgende Erkenntnis ganz zu dir durchdringen:

Ein glückliches Leben setzt sich aus glücklichen Jahren zusammen. Ein glückliches Jahr setzt sich zusammen aus Monaten voller Freude, angenehmen Wochen und wundervollen Tagen. So ein Tag umfasst Stunden voller Freude und herrliche Minuten. Und diese Minuten bestehen aus wunderbaren Momenten.

Einer wie der andere, so wie der jetzige Moment. Mit einem Buch, einem Tee und einer Decke um die Füße. Gute Momente, die dir lieb sind, die du in vollen Zügen genießen kannst.

Das ist alles.

Unser Leben ist eine Aneinanderreihung von »gleich«. Nur, es gibt kein »gleich«. Es gibt nur das Hier und Jetzt. Einen breiten Strom »jetzt«. Unser Bewusstsein ist immer im Jetzt. Immer. Es ist nie nicht dort.

Schöne Augenblicke schenken uns jetzt ein frohes und glückliches Gefühl. Sobald dieser Augenblick vorüber ist, wird er als Erinnerung in unserem Gedächtnis gespeichert. Das Besondere daran ist: Oft erinnert man sich nicht einmal genau an das, was man in jedem einzelnen

Augenblick tat. In einem Jahr weißt du vielleicht nicht mehr, dass du warme Füße und eine schöne Tasse Tee hattest. Aber in deinem Gedächtnis ist das Gefühl »Wohlfühlen« gespeichert. Und das ist das Entscheidende. Es ist wichtig, dass du dich daran erinnerst, froh und glücklich gewesen zu sein. Und wenn du dann auf das vergangene Jahr zurückblickst, erinnerst du dich an eine ganze Reihe guter Gefühle. Gefühle von Freiheit, Freude, Spaß, Liebe und innerer Ruhe.

Der Witz an der Sache ist: Man braucht beinahe nichts dafür zu tun. Das Einzige, was du machen musst, ist, dafür zu sorgen, dass du im HIER UND JETZT bleibst. Dass du dich jetzt glücklich fühlst. Dass Heiterkeit, Spaß und Wohlfühlen jetzt Teil deines Lebens sind. Dass du jetzt ein paarmal tief ein- und ausatmest, deine Schultern entspannst, ein Lächeln auf dein Gesicht zauberst, den Moment wirken lässt und feststellst: Das Leben ist schön.

Du bist gerade dabei, ein kleines, fröhliches Ei auszubrüten. Krack!

Je öfter du das tust, desto öfter wird es dir gelingen und desto schöner wird dein Leben. Du schaust dich um und bist einfach froh. Und du befragst dein Gedächtnis, und die Rückmeldung ist: Yep, überall Freude. Und du zählst diese beiden Ergebnisse zusammen, und dir wird klar: Mein Leben ist ein Riesenspaß.

Das war schon alles. Das ist alles, was du wissen solltest. Schaff dir frohe Momente, mehr braucht es nicht. Sie sind das Baumaterial für ein glückliches Leben.

Stopp, bevor du dich jetzt mit Schokolade, Chips, einer Flasche Wein und süchtig machenden Staffeln auf dem Sofa installierst – schauen wir uns an, was ich mit frohen Momenten genau meine. Es gibt nämlich nur einen Weg, um sie zu erzeugen. Unabhängig davon, was du tust, es ist entscheidend, dass ein bestimmtes Gefühl vorhanden ist, um das Frohsein zu bewerkstelligen.

DAS EINZIGE GEFÜHL, DAS DICH SOFORT FROH MACHT

Eine neue Wohnung kann einen froh machen. Dasselbe gilt für eine gute Serie, ein leckeres Stück Torte oder ein Paar neue Schuhe. Mir geht es aber nicht um diese Art von Frohsein. Dir ist selbstverständlich schon länger bewusst, dass so etwas Freude bereiten kann. Du weißt aber auch, dass diese Freude oberflächlich ist. Sie ist da, aber schon nach kurzer Zeit wieder weg. Es passiert zwar etwas, aber eben nicht wirklich im Inneren. Es nährt uns nicht, da ist keine Liebe im Spiel, kein warmes Gefühl. Es ist so, als ob man nur Weißbrot zu Abend isst. Es verfügt über die notwendigen Kalorien – man wird nicht verhungern –, es enthält aber so gut wie keine Vitalstoffe.

So macht es zwar satt, aber es versorgt uns nicht mit dem, was wir wirklich brauchen.

Genau das passiert, wenn man bloß von einem Ereignis zum nächsten lebt. Es ist auch nichts Schlechtes, all dies zu erleben, es ist jedoch erst der Anfang der Geschichte. Denn es gibt ein Gefühl, das man jederzeit aktivieren kann und das dafür sorgt, dass man unmittelbar froh ist. Eines, mit dem man eine Aneinanderreihung von frohen Momenten generieren kann. So, dass ein frohes und glückliches Leben entsteht.

Welches Gefühl das ist? Dankbarkeit. Die ultimative »offene Tür«, durch die du unbedingt gehen möchtest. Versprochen.

Eine Binsenweisheit, ich weiß, nichts Neues unter der Sonne. Trotzdem ist Dankbarkeit die Antwort. Du hast vermutlich schon früher etwas darüber gelesen, vielleicht hast du sogar schon damit experimentiert. Auf jeden Fall hast du schon so oft etwas darüber gehört, dass du es als Selbstverständlichkeit abtust und kein Interesse mehr daran hast.

Aber versuche mir zu folgen. Egal, wie simpel es sich anhört – es ist effektiver, als du denkst. Dankbarkeit ist ein Ei, das du unbedingt bebrüten solltest.

Was passiert, wenn du dankbar bist? Dann gibst du dir selbst zu verstehen, dass alles, so, wie es jetzt ist, gut ist. Dass sich nichts zu ändern braucht. Du bist froh und zufrieden mit dem, was gerade ist. Dankbarkeit ist die einfachste Methode, glücklich zu sein, einen frohen Augenblick zu generieren. Du kannst sie jederzeit aktivieren, sie kostet nichts und wirkt nahezu sofort. Wie schnell wirkt sie? So schnell, wie du schreiben kannst. Probiere es einfach mal aus. Nimm das Smartphone, öffne deine App für Notizen und notiere fünf Dinge, für die du dankbar bist.

Ganz einfach.

Manchmal erscheint einem das schwierig. Aber mach es nicht schwieriger, als es ist. Es gibt immer etwas, für das man dankbar sein kann. Das Frühstück, einen leckeren Kaffee, eine warme Dusche, eine gute Freundin, ein Schwätzchen mit Nachbarn, die Tatsache, dass du lebst, dass du dieses Buch lesen kannst, dass du dir eine Tasse Tee machen kannst, wann immer du möchtest.

Und – für deine gesunden Lungen, die dich atmen lassen. Du darfst ruhig dafür dankbar sein. Es ist völlig egal, ob du an etwas Großes oder Kleines denkst. Dankbarsein ist nicht auf irgendetwas festgelegt. Man kann und darf für alles dankbar sein, lass dir etwas einfallen. Du kannst für Fehler, die du gemacht hast, dankbar sein, weil sie dir helfen, dich weiterzuentwickeln. Für Rückschläge, mit denen du zu kämpfen hattest, weil sie dich wachsen lassen. Für eine würdevolle Beerdigung, der du beiwohnst, weil sie dir bewusst macht, dass unser Leben endlich ist und wie wichtig es dir ist, dein Leben jetzt sinnvoll zu nutzen. Aber du kannst auch für deine Zehennägel dankbar sein, dafür, dass sie so gut geschnitten sind, zum Beispiel. Es ist völlig egal, für was du dankbar bist – du entscheidest.

In erster Linie geht es nicht darum, für was man dankbar ist, sondern darum, dass man die Emotion aufruft. Das ist alles. Der Rest ist im Moment nebensächlich.

Warum funktioniert diese Methode so gut? In dem Moment, in dem wir anfangen, uns damit auseinanderzusetzen, wofür wir dankbar sein möchten, aktiviert unser Gedächtnis eine Art Suchfilter. Unser Gehirn ist damit beschäftigt, das aufzuspüren, wofür wir dankbar sein könnten. Dabei handelt es sich in aller Regel um erfreuliche Ereignisse oder Dinge.

Wenn wir uns nur so umschauen, sehen wir alles Mögliche. Schönes, Angenehmes, aber auch vieles, was wir weniger schön finden. Oder wir nehmen gar nichts wahr, weil wir in Gedanken ganz woanders sind. Dann wird die Tasse Kaffee vor uns zur Selbstverständlichkeit. Sobald man sich aber mit dem Suchfilter umsieht, sieht die Welt viel besser aus. Man beauftragt sein Gedächtnis, Gründe für Dankbarkeit zu liefern, und auf einmal kommt alles Mögliche zu Vorschein. Konstanten in unserem Leben wie unsere Wohnung, ein Haustier, die Menschen, die uns etwas bedeuten. Aber auch relativ frische Erinnerungen, wie die netten Worte einer Freundin, die uns ermunterte, unseren Traum weiterzuverfolgen, oder den schönen Nachmittag mit unserer Schwester vor einer Woche. Wir nehmen auf einmal auch mehr positive Eigenschaften an uns selbst wahr, für die wir dankbar sind. Talente, Gesundheit, Humor, Kreativität.

LASS DEIN GEDÄCHNIS MIT EINEM SUCHFILTER ARBEITEN

Kurzum: Man sieht lauter Dinge, die positiv sind. Die man erstrebenswert findet. Auf einmal wirkt es so, als ob das Leben überläuft vor lauter Schönem. Auf einmal wird uns bewusst, wie wunderbar es ist, dass wir leben. Wie gut wir es haben, wie viel es in unserem Leben gibt, für das wir dankbar sein können. Und währenddessen fühlt man sich immer besser. Denn das ist es, was Dankbarkeit bewirkt: Momente voller Freude.

Eine Tasse Tee, ein gutes Buch und warme Füße sind prima. Aber in dem Moment, in dem dir bewusst wird, wie prima das eigentlich ist, wird der Augenblick noch hundertmal besser. Und das ist es, was wir erreichen wollen. Denn ein hundertmal besserer Moment ist ein Baustein für dein hundertmal besseres Leben.

Versuche, dies zu verinnerlichen: Ein schönes Leben besteht aus schönen Momenten.

Diese Momente müssen nichts Besonderes sein. Sie können ganz klein und persönlich sein. Zum Glücklichsein braucht man keine überwältigenden Erfahrungen. Es ist nicht nötig, dass es in unserem Leben zugeht wie in einem Musical, in dem Menschen plötzlich auf der Straße singen, einem um den Hals fallen in der Hoffnung, dass man sie gekonnt in die Luft schleudert und anschließend wieder auffängt.

Natürlich darf es so zugehen, nötig ist es jedoch nicht. Es darf klein oder groß sein, ganz wie du möchtest. Klein ist jedoch vorteilhaft, da es einfacher und leichter zu erreichen ist. Weil es immer eine Kleinigkeit gibt, für die man dankbar sein kann. Das Einzige, was man tun muss, ist, sich jetzt froh zu fühlen. Diesen Moment zu einem glücklichen Moment zu machen. Mit Dankbarkeit gelingt das im Nu. Dankbarkeit funktioniert so simpel und effektiv, dass es fast schon zu schön ist, um wahr zu sein. Es ist aber wahr. Dankbarsein hat neben allen Vorteilen nur einen einzigen Nachteil: Man muss es tatsächlich auch sein. Du musst einen gewissen kleinen Widerstand überwinden. Schließlich ist es auf kurze Sicht viel einfacher, nicht dankbar zu sein und alles als selbstverständlich hinzunehmen. Wie schafft man es also, dass man häufiger dankbar ist?

WOFÜR BIST DU HEUTE DANKBAR?

Meine Lösung hierfür ist: eine Gewohnheit daraus machen, die man an eine andere Gewohnheit koppelt. Jeden Tag, wenn ich Tagebuch schreibe (eine Gewohnheit, die ich mir angeeignet habe), schließe ich meinen Eintrag mit einer Aufzählung dessen ab, für das ich dankbar bin. Dasselbe tue ich am Ende jeder Meditation (eine andere tägliche Gewohnheit, die ich mir beigebracht habe). Außerdem zählen Billy und ich regelmäßig beim Zubettgehen alles auf, wofür wir dankbar sind. Über unserem Bett hängt ein großes Post-it mit der Aufschrift: »Wofür bin ich heute dankbar?« Wir lassen dann noch einmal zusammen unseren Tag Revue passieren und benennen alles, was gut lief, alles, was uns froh gemacht hat. Das ist eine schöne und entspannende Übung, die uns mit positiven und liebevollen Gedanken und Gefühlen einschlafen lässt. Ich bin mir bewusst, dass das ein bisschen albern klingt. Es wusste ja auch niemand von diesem kleinen Ritual, bis ich es hier aufschrieb. Und niemand wird wissen, dass du es machst, bis er es von dir selbst hört und dann vielleicht ebenfalls übernimmt. Schließlich lieben wir alle Post-its.

Du kannst deinen Tag auch in Gedanken vor dem Schlafengehen, beim Zähneputzen, beim Warten auf den Bus, beim Kochen oder auf dem Weg von der Arbeit Revue passieren lassen. Es ist völlig egal, wo, wann, mit wem oder wie lang du es tust. Solange du es täglich machst.

Je öfter es dir gelingt, dankbar zu sein für das Schöne, das dir im Leben begegnet, desto besser wirst du im Dankbarsein. Wie gesagt, alles, was man erreichen möchte, erfordert Einsatz.

Diese beiden Prozesse werden in Gang gesetzt:

1. Indem du dich täglich dazu anspornst, das Schöne in deinem Leben zu benennen, ist der Dankbarkeits-Suchfilter konstant aktiviert. Hierdurch wird der Fokus deiner Aufmerksamkeit unmerklich immer mehr in Richtung dessen, was dich glücklich macht, verschoben. Es kostet dich immer weniger Mühe, immer mehr zu entdecken, wofür du dankbar bist. So fühlst du dich gleichzeitig immer glücklicher.

2. Indem du immer häufiger dankbar bist, bist du auch tagtäglich glücklicher und zufriedener. Freude verursacht mehr Freude, sodass du noch mehr Anlässe hast, um dankbar zu sein.

Es klingt ziemlich trivial, dennoch wird die Angewohnheit, alles aufzuzählen, wofür du dankbar bist, dein Leben auf den Kopf stellen. Es funktioniert schlicht wie geschmiert. Es ist der einfachste Weg, glücklicher zu werden, weil es dir hilft, das wertzuschätzen, was du hast, anstatt über das zu jammern, was dir fehlt.

» Dankbarsein macht uns zufriedener. Und Zufriedenheit macht alles gut.

» Es schenkt dir Ruhe und Gelassenheit, weil du nichts ändern musst.

» Es schenkt dir Freude, weil du mit deinem Leben im Einklang bist, so, wie es ist.

177

Zufriedenheit bedeutet, »das zu wollen, was man schon hat«. Statt sich immerzu nach neuen Sachen zu sehnen, wird einem bewusst, wie froh und glücklich man sein kann mit dem Leben, das man hat.

Vor einer Weile bekam ich von jemandem, der ein älteres iPhone hat, einen super Tipp. Bis dato hatte ich jedes Mal den Drang, sofort das neueste iPhone zu bestellen, wenn es auf den Markt kam. Ein Drang, der scheinbar aus der Unzufriedenheit mit meinem aktuellen Gerät resultierte, obwohl es noch tadellos funktionierte. Die Lösung meines Bekannten ist ebenso simpel wie genial. Jedes Mal, wenn ihn selbst diese Lust auf ein neues Gerät überkommt, sieht er sich auf YouTube die alten Reklameclips für sein derzeitiges iPhone an. Diese Videos erinnern ihn daran, wie schön und funktionell es immer noch ist. Der Wunsch, das neue Modell zu besitzen, lässt schlagartig nach.

WIE DU JEDEN AUGENBLICK DES TAGES SCHÖNER MACHEN KANNST

Alles schön und gut, aber unser Alltag besteht nicht nur aus Momenten mit einem Buch, einer Tasse Tee und warmen Füßen. Unser Leben ist in der Regel viel hektischer und voller. Wie bekommt man dieses Gefühl zum Beispiel im Job integriert? Wie sorgt man für glückliche Momente, wenn man rasend viel zu tun hat? Den Haushalt machen, Hausaufgaben kontrollieren, Kinder in die Badewanne stecken oder ein Weihnachtsessen vorbereiten? Nicht alles macht Spaß. Und man kann nicht ununterbrochen mit Achtsamkeit den Augenblick betrachten.

Was tut man also in solchen Zeiten? Wie schafft man auch dann schöne Momente?
Ganz einfach: Man erledigt immer nur eine Sache und die mit voller Aufmerksamkeit.

Ups, schon wieder eine Binsenweisheit. Oder sollte ich besser sagen: offene Tür? Aber täusch dich nicht, immer nur eine Sache tun, ist genau das, was die meisten Menschen NICHT machen. Im Gegenteil, die meisten erledigen vieles gleichzeitig. Multitasking nennen wir das. Nur echtes Multitasking existiert nicht. Mit Ausnahme vielleicht von »zwei Dinge gleichzeitig tun«. Zumindest solange es nicht zu viel mentale Energie kostet. Man kann Auto fahren und ein Lied im Radio mitsingen. Man kann essen und gleichzeitig den Leuten am Tisch zuhören. Und man kann staubsaugen und währenddessen in Gedanken die Einkaufsliste zusammenstellen. Man kann aber keine komplizierte E-Mail schreiben, während der Partner wissen will, welches der drei Hotelzimmer es denn nun werden soll. Oder ein Gericht nach einem aufwendigen Rezept kochen und gleichzeitig telefonieren. Man kann keine mental anspruchsvolle Tätigkeit mit einer anderen Aufgabe kombinieren, die ebenfalls volle Aufmerksamkeit erfordert. Und zwar einfach und allein deswegen nicht, weil unsere Aufmerksamkeit begrenzt ist.

Unsere Aufmerksamkeit könnte man mit der Energie eines kleinen Sonnenkollektors an einem sonnigen Tag vergleichen. Die erzeugte Energie reicht, um ein Laptop aufzuladen. Oder um einen Kühlschrank mit Strom zu versorgen. Sobald man aber Laptop und Kühlschrank anschließt, geht gar nichts mehr. Beide Geräte bekommen zu wenig Strom, also funktionieren plötzlich beide nicht mehr.

Mit Multitasking malträtieren wir unser Gehirn. Wir versuchen, etwas zu tun, wofür es nicht gemacht ist, und so generieren wir Stress. Man wird unruhig, fühlt sich gehetzt und ist angespannt. Und die Tatsache, dass man kaum vorankommt, macht es nur noch schlimmer. Mehrere Dinge gleichzeitig tun zu wollen – oder vieles durcheinander – funktioniert nicht, wenn unsere Zielmarken Freude und Gelassenheit heißen.

Man wird damit nicht erfolgreicher, im Gegenteil, es behindert uns an allen Fronten. Darüber hinaus schadet es auch noch unserer Gesundheit.

Also? Lass uns damit aufhören. Es kommt jeder Aufgabe zugute, wenn man ihr genügend Aufmerksamkeit widmet. Man kommt schneller mit dem voran, was man erreichen möchte. Man fühlt sich weniger

NUR EINE SACHE ERLEDIGEN, MIT VOLLER AUFMERK- SAMKEIT

gestresst und zieht größere Befriedigung aus dem, was man tut. Man kommt vorwärts, während man für sich schöne, frohe Momente schafft. Das ist es, was wir erreichen wollen. Positive Ergebnisse erzielen, ganz ohne das negative Beiwerk, das normalerweise damit einhergeht.

In Teil 2 haben wir uns bereits mit Ablenkung befasst. Du hast inzwischen vielleicht schon gemerkt, dass das Ausschalten von Störfaktoren dich innerlich ruhiger gemacht hat. Diese Ruhe entsteht durch längere Phasen ununterbrochener Aufmerksamkeit.

Ich merke das auch. Hin und wieder gibt es Tage, an denen ich vieles durcheinander erledige. So Tage, an denen ich meine Mails beantworte, Artikel plane, Videos auf YouTube hochlade, Posts für Social Media schreibe und auf Berichte anderer reagiere. Früher waren solche Tage extrem stressig für mich.

Total crazy. Bis ich entdeckte, dass nicht die verschiedenen Aufgaben das Problem waren, sondern die Art und Weise, wie ich sie erledigte.

Wenn ich heutzutage einen solchen Tag meistern muss, wende ich eine andere Arbeitsmethode an, ich arbeite eine Aufgabe nach der anderen ab. Ganz in Ruhe. Ohne Ablenkung, ohne zwischendurch etwas anderes zu machen. Ich bin nicht nur viel produktiver, sondern am Ende des Tages immer noch entspannt und froh. Das ist deutlich angenehmer als vorher. Persönlich finde ich die Tage am schönsten, an denen ich mich einer Aufgabe widmen kann. Beispielsweise so wie jetzt, wenn ich dieses Buch schreibe. Dieser Aufgabe widme ich meine volle Aufmerksamkeit, dadurch komme ich prima voran und fühle mich gut. Ein großer Vorteil von Singletasking ist, dass man dem Kopf Frieden schenkt. Es gibt einem Ruhe und Gelassenheit. Indem man mit ungeteilter Aufmerksamkeit an genau einer Sache arbeitet, schafft man schöne, zufriedene Momente und macht sich gleichzeitig noch nützlich. Schöne Momente entstehen nicht nur während der Freizeit. Sie können auch entstehen, während man mit etwas beschäftigt ist, zu dem man eigentlich keine Lust hat. Solche Dinge müssen schließlich auch getan werden.

SINGLE-TASKING SCHAFFT RUHE UND AUSGEGLICHEN-HEIT

Wenn man saubere Kleidung anziehen möchte, muss man früher oder später die Waschmaschine bedienen. So ist es nun einmal. Natürlich kann man die Aufgabe mit großem Widerwillen in Angriff nehmen. Mit Grollen, Stöhnen und Jammern. Man kann sich aber auch dafür entscheiden, sich der Wäsche mit voller Aufmerksamkeit zu widmen. So entsteht ein zufriedener Moment.

Normalerweise würde man die ganze Zeit daran denken, dass man eigentlich lieber etwas anderes täte. Dass es viel schöner wäre, mit einem Lama zu tanzen. Wenn man solchen Gedanken nachhängt, macht einen das nur unzufrieden mit einer Situation, die man doch nicht ändern kann. Man belastet sich selbst mit unschöner Zeit, die einen nicht froh macht und sich deswegen auch wenig positiv auf das Leben auswirkt.

Man kann die Situation auch annehmen. Wäschewaschen als eine Übung in Akzeptieren betrachten. So, wie ich mich anstrengen könnte, Geschirr per Hand zu spülen als Notwendigkeit zu akzeptieren – das werde ich auch sicher irgendwann versuchen, aber nur wenn mein Geschirrspüler mal ausfallen sollte.

Erledige immer nur eine Aufgabe, widme ihr deine ganze Aufmerksamkeit. Lass dich nicht ablenken und tu nicht mehrere Sachen gleichzeitig. Du wirst merken, dass du – auch bei Tätigkeiten, die du nicht magst – schöne Momente erleben kannst, dass du dich froh und dankbar fühlen kannst. Je öfter du solche Momente erlebst, desto schöner wird dein Leben. Ganz einfach.

Vielleicht klebst du einfach ein Post-it mit der Frage »Wofür bin ich heute dankbar?« über dein Bett und zählst beim Aufwachen und beim Schlafengehen auf, was dir dazu einfällt.

Im nächsten Kapitel stelle ich dir drei einfache Gewohnheiten vor, die man in den Alltag integrieren kann und mit denen man sich ohne großen Aufwand mehr Freude ins Leben holt.

Schauen wir uns als Nächstes genauer an, welche Eier man ausbrüten sollte, um mit jedem Tag froher zu werden.

10

DREI EINFACHE GEWOHNHEITEN FÜHREN ZU MEHR LEBENSFREUDE

Du gestaltest dein Leben. Wenn du also häufig etwas machst, was dir nicht guttut, ist es nur logisch, dass dein Leben nicht rundläuft. Lass uns das fiktive Beispiel von Mieke betrachten, einer »chronisch« glücklichen Person.

Mieke hat ihr Leben äußerst unkompliziert gestaltet, es ist ein einfaches Leben, voller Freude, Ruhe und Liebe. Stell dir vor, du würdest all das tun, was sie tagtäglich tut. Sie wacht kurz vor Sonnenaufgang auf und macht – während sie die ersten Sonnenstrahlen wärmen – den Sonnengruß, eine tägliche Abfolge von zwölf Yogahaltungen, die den gesamten Körper lockert. Danach meditiert sie eine halbe Stunde und kommt so völlig zur Ruhe und in Einklang mit sich selbst. Sie ist froh und dankbar für diesen neuen Tag und spürt intensiv, dass sie lebt. Anschließend widmet sie ihre ungeteilte Aufmerksamkeit einem veganen Frühstück. Frisches Obst mit Getreideflocken, Leinsaat, Nüssen und Mandelmilch.

Sie bleibt mit ihrer Aufmerksamkeit in diesem Tag. Sie fühlt sich weder gehetzt noch gestresst. Sie empfindet Liebe für die Menschen und Tiere, die ihr im Laufe des Tages begegnen. Sie wendet für alle Tätigkeiten Liebe und Aufmerksamkeit auf. Ihr Mittagessen besteht aus braunem Reis mit Gemüse und Hülsenfrüchten. Auch diese einfache vegane Mahlzeit isst sie mit voller Aufmerksamkeit. Sie freut sich über die angenehmen Menschen, die sie umgeben, und sie bemüht sich, ihren kleinen Beitrag zum großen Ganzen zu leisten.

Es wird Abend. Sie beschließt, ein wenig Zeit mit einer guten Freundin zu verbringen, einige Yogaübungen zu machen und noch eine Viertelstunde zu meditieren. Sie schreibt Tagebuch, notiert das, was sie den Tag über beschäftigt hat. Es folgt eine letzte gesunde Mahlzeit. Sie beschließt den Tag mit einer Tasse Kräutertee, bevor sie glücklich und zufrieden einschläft.

Stell dir vor, du würdest jeden Tag so verbringen – was würde das bewirken? Genau – du würdest so wie Mieke werden. Du wärst ausgeglichen und froh, voller Dankbarkeit und Mitgefühl. Deine Haut würde strahlen, du wärst fit, schlank und biegsam. Du hättest einen sanften und liebevollen Charakter.

Völlig logisch.

Warum ist das logisch? Ganz einfach, weil man so wird, wie man sich häufig verhält. Wer häufig laufen geht, dessen Körper wird nach einer Weile dem eines Marathonläufers ähneln. Wer häufig meditiert, dessen Gehirn wird immer mehr die Ruhe eines weisen Meisters entwickeln. Und wer seinen Körper ständig mit raffiniertem Zucker abfüllt, spürt schon bald die Auswirkungen davon auf Gewicht, Gemütszustand und Lebensenergie.

Dasjenige, was wir täglich tun, hat entscheidenden Einfluss auf unsere Lebensqualität. Wenn man täglich von seinen Aktivitäten vor allem gestresst ist oder ständig Gedanken hat, die den Stresslevel erhöhen, dreht sich das Leben nur noch um Stress. Wenn man jeden Tag eine Tüte Chips isst, belastet man die Blutgefäße. Wenn man täglich grünes Blattgemüse isst, tut man den Blutgefäßen Gutes.

Wenn wir die Gewohnheiten unserer imaginären Mieke betrachten, verstehen wir, warum sie sich wohler fühlt als jemand, der seine Tage vor einem Bildschirm verbringt, umgeben von negativen Nachrichten, Nörgelei und Lästerei, voller Unzufriedenheit und mit nichts weiter im Bauch als Fett, Zucker und verarbeiteten Nahrungsmitteln.

Wenn wir jeden Tag die Nachrichten sehen, wird unser Gehirn ständig mit den schlimmsten Geschehnissen der Welt gefüttert. Indem wir uns so viel Negativität aussetzen, werden auch unsere Gedanken negativ. Wer täglich Prospekte durchblättert auf der Suche nach Sachen, die er kaufen möchte, führt sich ständig vor Augen, was er alles nicht hat. Dadurch sinkt wiederum die Wertschätzung für das, was er bereits besitzt. Je öfter man über das, was einen am eigenen Leben stört, jammert, desto stärker nimmt man wahr, wie schlimm das eigene Leben ist. Was alles schiefläuft. Wie arm man dran ist und wie wenig man selbst daran ändern kann. Die Qualität unseres Lebens hängt von unseren Gewohnheiten und Denkmustern ab. Und die Gewohnheiten von so gut wie jedem von uns sind eine wilde Mischung aus Sachen, die uns dienen, und anderen, die uns schaden.

Du guckst alle fünf Minuten aufs Smartphone, bist dadurch abgelenkt und fühlst dich gehetzt. Eine typische Angewohnheit, die dir schadet. Du startest mit einem gesunden Frühstück in den Tag, eine Angewohnheit, die dir wiederum dient. Du schreibst täglich auf, wofür du dankbar bist (+), aber du lästerst auch jeden Tag mit deinen Kollegen über andere Leute (-).

Also ist unsere nächste Aktion ganz einfach: Wir werden Schritt für Schritt daran arbeiten, negative Gewohnheiten auszubremsen und stattdessen mehr positive Gewohnheiten zu entwickeln. Weniger schlappe Pommes, dafür mehr knackiges Gemüse. Weniger jammern, dafür dankbarer sein. Weniger betäubendes oder aufputschendes Zeug, dafür mehr Aufmerksamkeit für das Hier und Jetzt.

Es gibt unzählige Gewohnheiten, die man in seinen Tag integrieren könnte, je nachdem, was man erreichen möchte. Ich möchte dein Leben aber nicht unnötig kompliziert machen. Deswegen wählen wir lediglich drei Gewohnheiten aus, die dir den größten Vorteil verschaffen und dabei den kleinsten Aufwand bedeuten. Wenn du diese drei Eier ausbrütest, wirst du merken, wie alles andere in deinem Leben leichter wird.

Man könnte es mit dem ersten Dominostein vergleichen. Diese drei Gewohnheiten sind gezielt gewählt, um eine Aufwärtsspirale in Gang zu setzen. Baue sie in deinen Alltag ein, und alles wird viel leichter, als du dir jemals vorgestellt hast. Du wirst dich völlig mühelos Tag für Tag ein wenig froher fühlen.

Nochmals – das alles ist nichts Neues. Aber ich verspreche dir, dass ich es dir leichter machen werde, als es normalerweise ist. Im Allgemeinen verkomplizieren wir gern vieles, daher würden wir normalerweise auch an diese drei Gewohnheiten mit dem Wunsch nach Perfektion herantreten.

Perfektion schieben wir dieses Mal aber zur Seite, die kostet uns zu viel Zeit. Wir streben möglichst viel Effekt mit möglichst wenig Mühe an. Drei simple Gewohnheiten, die – täglich angewendet – das Leben erheblich verbessern. Schauen wir uns das mal genauer an.

Gewohnheit 1: Die Lichterkette entwirren
Beantworte ab jetzt jeden Tag schriftlich die folgenden beiden Fragen:

> »   Was beschäftigt mich heute?

> »   Wofür bin ich heute dankbar?

Es ist egal, wann du dies tust, du solltest es nur wirklich täglich machen. Ich selbst beantworte die Fragen, wenn es gerade passt, es kann jedoch hilfreich sein, dafür einen bestimmten Zeitpunkt festzulegen, zum Beispiel gleich nach dem Aufstehen oder vor dem Zubettgehen.

Warum ausgerechnet diese beiden Fragen? Weil sie uns viel bringen und gleichzeitig wenig Aufwand erfordern. Die erste Frage hilft uns, unsere Probleme und Gedanken sowie die alltäglichen Widrigkeiten zu reflektieren. Die Beantwortung der zweiten Frage lässt uns dem Tag frohgestimmt entgegentreten.

Durch die tägliche Auseinandersetzung mit diesen beiden Fragen wird man zunehmend froher. Warum? Weil wir Luft und Raum bekommen.

Gedanken können endlos in unserem Kopf herumgeistern, weil wir unterbewusst befürchten, etwas zu vergessen. Mit dem Aufschreiben unserer Gedanken stoppen wir das Gedankenkarussell, es wird ruhiger in unserem Kopf.

Die Wirkung ist so groß, weil sich unser Gehirn dadurch entspannen kann. Wenn man einen Gedanken aufschreibt, nimmt man unterbewusst wahr, dass der Gedanke dokumentiert ist und nicht verloren gehen kann, man kann ihn loslassen. Auf diese Weise kann man sich buchstäblich den Kopf leer schreiben – eine feine Sache.

Es bewirkt aber noch mehr. Die Beantwortung dieser Fragen führt auf lange Sicht zu einer Vertiefung der Selbsterkenntnis. Man könnte es mit einer Weihnachtslichterkette vergleichen, die man im Dezember vom Dachboden holt. Jedes Jahr nimmt man sich aufs Neue vor, sie ordentlich aufgerollt wegzulegen, und jedes Jahr wieder hat man im Januar keine Lust dazu. Also steht man mit einem unlösbaren Kabelsalat da. Die Gedanken, die unaufhörlich in unserem Kopf rattern, sind ein ebensolches Knäuel. Man kann nichts damit anfangen. Das Ganze funktioniert nicht, ist unübersichtlich, es macht einen mutlos und ist alles andere als schön anzusehen. Indem man seine Gedanken aufschreibt, zwingt man sich, sie zu strukturieren. So, als ob man sich die Zeit nähme, eine Lichterkette zu entwirren. Lämpchen für Lämpchen. Bis man wieder einen übersichtlichen Strang mit einzelnen Lämpchen in Händen hält, mit dem man etwas anfangen kann – beispielsweise den Weihnachtsbaum schmücken.

Eine tägliche Reflexionsübung über die Gedanken und Ereignisse des Tages hilft, das Leben zu entwirren. Zu Beginn wirkt es ein wenig unnütz. Aber schon nach einer Woche wirst du merken, dass dir das Aufschreiben wichtige Erkenntnisse bringt. Du entdeckst wiederkehrende Probleme, du merkst, worüber du immer wieder strauchelst, dir wird bewusst, welche Neurosen (wir alle haben Neurosen!) du hast und was du über dich selbst denkst.

LÖSE DIE KNOTEN IN DER LICHTER-KETTE

Und das Beste, diese Notizen gewinnen im Laufe der Zeit an Wert. Wenn man nach einem Monat die Reflexionen vom Beginn betrachtet, fällt einem vielleicht noch nicht viel auf. Wenn man sich aber das Aufgeschriebene von vor ein oder zwei Jahren vornimmt, wird man allerhand wertvolle Entdeckungen machen.

Ich selbst nutze so gut wie täglich eine Tagebuch-App. Sie erinnert mich daran, meinen täglichen Eintrag zu schreiben. Und wenn ich in früheren Jahren am heutigen Datum etwas notiert habe, kann ich das auch gleich noch einmal lesen. Das hat mir schon so manche interessante Einsicht beschert.

Erst einmal fällt mir beim Lesen der früheren Einträge jedes Mal auf, dass das, was ich damals als schwierig empfand, für mich heute kein Problem mehr darstellt. Ich sehe immer deutlicher, wie schnell ich mich innerlich entwickle, wie viele Fortschritte ich in einem Jahr gemacht habe. Das fühlt sich gut an, das schenkt Selbstvertrauen.

Darüber hinaus wird mir aber auch vor Augen geführt, woran ich noch arbeiten muss. So fiel mir beispielsweise immer wieder auf, dass gesunde Ernährung (insbesondere das Weglassen bestimmter Lebensmittel) für mich nach wie vor eine Herausforderung darstellt. Diese Erkenntnis brachte mich dazu, die Thematik noch einmal zu vertiefen, ein paar neue Bücher darüber zu lesen und eine neue Herangehensweise auszuprobieren. Genauso ging es mir mit dem Thema Beziehungen. Ich möchte unheimlich gern mehr Zeit mit den Menschen, die mir wichtig sind, verbringen. Offensichtlich gelingt mir das noch nicht im ausreichenden Maße, schließlich schrieb ich immer wieder etwas darüber in mein Tagebuch. So wurde mir bewusst, dass ich auch diesem Bereich meines Lebens mehr Aufmerksamkeit widmen sollte, damit ich mich wirklich weiterentwickeln kann.

Der entscheidende Punkt ist: Diese Gewohnheit kostet so wenig Zeit und bringt gleichzeitig so viel, dass sie eine der unkompliziertesten Methoden ist, das Leben schöner zu machen. Man kann diese Gewohnheit gut mit der Dankbarkeitsübung aus dem vorigen Kapitel kombinieren. Noch effektiver ist es allerdings, wenn man öfter als einmal am Tag das Gefühl von Dankbarkeit erfährt. Es ist ein guter Ansatz, das tägliche

Tagebuchschreiben als absolutes Minimum zu betrachten, das man jederzeit weiter ausbauen kann.

Fang damit an: Installiere eine Tagebuch-App, kauf dir ein schönes Tagebuch oder schreib deine Reflexionen einfach in deine Notiz-App. Beantworte jeden Tag diese beiden einfachen Fragen:

1. Was beschäftigt mich heute?

2. Wofür bin ich heute dankbar?

Schreib dabei auf, wie dein Tag war (ganz praktisch: Was hast du gemacht?) und wie es in deinem Inneren aussah beziehungsweise jetzt aussieht. Woran denkst du, was fühlst du, wie geht es dir, was beschäftigt dich gerade? Gönn dir ab jetzt jeden Tag einen kurzen Blick in deinen Kopf. Strukturiere deine Gedanken, entwirre den Knoten in der Lichterkette. Du wirst merken, dass du schon in kurzer Zeit ruhiger, gelassener und froher wirst.

Gewohnheit 2: Zurück zu deinem inneren Ruhepunkt
Wir alle haben einen inneren Ruhepunkt in uns, einen Bezugspunkt, der dir dabei hilft, die Ereignisse deines Lebens, die Gedanken in deinem Kopf, in die richtige Perspektive zu rücken. Deinen inneren Ruhepunkt findest du, indem du dich ganz auf deine Atmung konzentrierst. Die Atmung ist die Verbindung zwischen Bewusstsein und Unterbewusstsein. Es ist die einzige automatische Körperfunktion, die man – wenn man das möchte – bewusst beeinflussen kann. Sie ist jederzeit im Autopilot-Modus, bis man die Kontrolle vorübergehend übernimmt.

Unsere Atmung ist ein hervorragender Bezugspunkt, weil sie – solang man lebt – immer da ist. Man hat sie verlässlich bei sich, man benötigt kein spezielles Training, man kann sie in jeder Körperhaltung ansteuern. Atmen findet immer im Hier und Jetzt statt, deswegen ist es ein praktisches Hilfsmittel, um uns in den derzeitigen Augenblick zu holen.

Nimm dir jeden Tag die Zeit, dich ein paar Minuten auf deine Atmung zu konzentrieren. Atme ein, atme aus. Fühl, wie die Luft in deine Nase strömt und wie sie anschließend deinen Körper wieder verlässt. Immer wenn deine Gedanken abwandern (und das werden sie zwangsläufig tun), richtest du deine Aufmerksamkeit wieder auf deine Atmung. Ein, aus. Ein aus.

Ganz einfach.

Diese Übung solltest du täglich für einige Minuten ausführen, gern sogar mehrere Male am Tag.

Das geht sowohl im Sitzen oder Liegen, als auch im Stehen. Schließe die Augen, entspanne die Schultern und fang an.

Ich selbst nutze für die Atemübung den Timer auf meinem Smartphone. Ich setze mich dann beispielsweise für zehn Minuten hin und öffne meine Augen erst wieder, wenn der Timer abgelaufen ist. So kann man sich selbst dazu bringen, länger als zehn Atemzüge durchzuhalten. Das ist deshalb so wichtig, weil es für unser Gehirn keinen besonderen Reiz darstellt, wenn wir uns nur auf unsere Atmung konzentrieren. Zumindest am Anfang ist das so.

Wenn du deinen Kopf zur Ruhe bringst, wirst du merken, dass sich ein Widerstand aufbaut. Ein Gehirn, das an eine Flut von Reizen, Ablenkungen und Eindrücken gewöhnt ist, will nicht zur Ruhe kommen. Das will auf YouTube Filme schauen! Und je schwieriger dir dies vorkommt, desto sinnvoller ist diese Übung für dich, und desto größer werden auch die Fortschritte sein, die du im Laufe der Zeit mithilfe von kleinen Schritten verbuchen wirst.

Dich ein paar Minuten pro Tag auf die Atmung konzentrieren – das ist alles, was du tun musst, um deinen Tag ein ganzes Stück schöner und entspannter zu gestalten. Eine Mini-Meditation. Ein kleiner Moment der Ruhe in einer hektischen Welt. Du kehrst zur Einfachheit zurück, zu der simpelsten und gleichzeitig grundlegendsten Sache der Welt: deiner Atmung. Dein innerer Bezugspunkt. Keinerlei äußere Reize. Nichts, was dich beschäftigt. Nur Einatmen und Ausatmen.

Anfänglich ist das schwierig. Es fühlt sich sogar ziemlich nutzlos an. Keine Sorge, das ist normal. Das gehört dazu. Meditation ist ein bisschen wie gesunde Ernährung. Erst kostet es uns erhebliche Mühe, ohne sichtbares Ergebnis. Aber im Laufe der Zeit wird es immer einfacher, und wir können den Effekt unserer Anstrengungen wahrnehmen.

Den Widerstand spürt man also gleich, die Belohnung kommt später. Das ist auch der Grund dafür, dass die meisten Menschen sich eher für Facebook statt für Meditation entscheiden. Facebook belohnt das Gehirn unmittelbar mit den gewohnten Reizen, Meditation nicht.

Du weißt: Alles, was man erreichen möchte, erfordert Einsatz.

Ein ruhigeres, glücklicheres Leben lohnt sich. Das weißt du selbst natürlich auch. Und um es zu erreichen, muss man ein paar innere Widerstände überwinden. Dein Gehirn will nicht meditieren. Es will Reize! Man kann dieses Verlangen nach Reizen mit der Sucht nach Zucker vergleichen. Je mehr Zucker man isst, desto mehr will man haben. Man kann sich gar nicht vorstellen, dass es jemals einen Tag geben könnte, an dem man nichts Süßes essen wird, man hält es ja nicht einmal einen halben Tag ohne die übliche Dosis aus. Wenn man aber die erste zuckerfreie Woche hinter sich hat, merkt man, dass alles einfacher wird. Das Verlangen nach Süßem lässt nach. Der Appetit auf Torte hat innerem Frieden Platz gemacht. Ruhe und Einfachheit. Wenn man nach zwei Wochen mal wieder von einem Stück Torte eine Gabel voll nimmt, will man sie fast wieder ausspucken. »Ich kann es nicht fassen, danach habe ich mich gesehnt?! Bäh, das ist ja abartig süß!«

So funktioniert es also auch mit Meditation und unserem Gehirn. Um vom Zucker loszukommen, muss man um Süßes einen Bogen machen. Um das Gehirn zur Ruhe zu bringen, muss man hin und wieder auf Ablenkung verzichten. Zurück zur inneren Quelle. So ruhig und gelassen, wie man sich nach einer Meditation fühlt, möchte man sich am liebsten den ganzen Tag fühlen. Und je länger man pro einzelne Übung durchhält, desto näher kommt man diesem Ziel.

Tägliche Meditation (auch wenn es nur ein paar Minuten sind) verändert das Gehirn nachhaltig. Es wird mit der Zeit immer mehr dem Gehirn eines weisen, in sich ruhenden Meisters ähneln. Die Neuronen des

Gehirns werden neu organisiert, es kommt zu Veränderungen in den Hirnstrukturen. Es werden neue Wege angelegt, neuronale Autobahnen, die zukünftig dafür sorgen, dass sich der innere Frieden schneller einstellt. All diese kleinen Veränderungen bewirken inneres Wachstum. Eine Entwicklung, die zu mehr Ruhe, Gelassenheit, Liebe, Freude und Zufriedenheit führt.

Das passiert nicht von selbst. Wenn man sein Gehirn nicht aktiv dazu bringt, ruhiger zu werden, wird auch keine Veränderung eintreten. Man bekommt ja auch keine stärkeren Muskeln, wenn man sie nie einsetzt. Muskelgewebe wird nur dann aufgebaut, wenn man sie Widerstand aussetzt. Wenn man diesen Widerstand überwindet (beispielsweise indem man Gewichte rauf und runter bewegt), wird man stärker. Um ein friedvolles, achtsames Gehirn zu bekommen, muss man ebenfalls Widerstände überwinden. Und je häufiger einem dies gelingt und man zu seinem inneren Ruhepunkt gelangt, desto effektiver werden die Nervenbahnen organisiert, sodass man dieses Ziel immer leichter erreicht.

AN WIDERSTÄNDEN KÖNNEN WIR WACHSEN

Übung macht den Meister. Wenn du dich hin und wieder auf deine Atmung konzentrierst, wird sich dein Leben verbessern.

Fällt dir die Atem-Achtsamkeitsübung schwer? Wenn ja, mach dir bewusst: Das Einzige, was du tun musst, ist, noch einmal ein- und auszuatmen. Nichts weiter. Wenn du merkst, dass du aufhören willst, sporne dich dazu an, noch einmal tief ein- und auszuatmen. Wenn du das gemacht hast, versuchst du, dich noch einmal dazu zu bringen. Noch einmal und noch einmal. Bis der Timer abgelaufen ist.

Es ist nicht leicht. Und es mag sich nutzlos und verrückt anfühlen. Manchmal wirst du auch nichts lieber tun, als aufzuhören. Aber jedes Mal, wenn du dich dazu bringst, durchzuhalten, hast du dafür gesorgt, dass du stärker wirst. Und wenn es dir einmal nicht gelingt – auch nicht schlimm. Beim nächsten Mal klappt es bestimmt besser. Du kannst die Übung so oft machen, wie du möchtest.

Erscheint dir eine zehnminütige Meditation zu lang? Wenn ja, fang einfach erst mal mit drei Minuten an. Eine kurze Meditation ist besser als gar keine. Auch wenn du denkst, dass du länger als zehn Minuten meditieren kannst, solltest du die Dauer langsam aufbauen. In der Regel meditiere ich einmal, manchmal zweimal am Tag jeweils zwischen zehn und dreißig Minuten.

Mein Lieblingszeitpunkt dafür ist morgens, noch vor dem Frühstück. Oder abends, bevor ich zu Bett gehe. Häufig nehme ich mir auch mittags etwas Zeit dafür.

Mach dir keine Gedanken über deine Haltung. Sorg dafür, dass du bequem sitzt, liegst oder stehst. Konzentriere dich mit Achtsamkeit auf deine Atmung. Weiter nichts. Mach es nicht kompliziert, im Gegenteil, mach es dir leicht. So leicht, dass du die Übung täglich ausführen kannst – denn das ist es, worauf es ankommt.

Gewohnheit 3: Arbeite an einem gesunden Körper

All dies ermöglicht uns unser Körper. Unser Herz schlägt, das Blut strömt, der Stoffwechsel arbeitet ohne Unterlass. Nur durch unseren Körper haben wir auch ein Bewusstsein.

Ohne Körper kein Leben. So einfach ist es. Man kann noch einen Schritt weitergehen: Je besser der Körper funktioniert, desto schöner ist das Leben. Einfacher, weniger anstrengend, zufriedenstellender, energievoller und dynamischer. Ein Körper, der sich wohlfühlt, hilft uns, ein zufriedenes Leben zu führen.

Wenn wir gut für unseren Körper sorgen, tun wir auch unserer Seele etwas Gutes. Je fitter man sich fühlt, desto einfacher wird es, fröhlich zu sein. Ein gut funktionierender Körper hat beträchtlichen Einfluss auf unsere Gemütsverfassung, so, wie ein einwandfrei funktionierender Computer sich positiv auf unsere Produktivität auswirkt.

Was ich damit meine? Ganz einfach: Wenn unser Körper in seiner normalen Funktion nicht dauernd unterbrochen wird, läuft alles viel geschmeidiger. Er ist von sich aus in der Lage, das zu tun, was für eine optimale Gesundheit erforderlich ist. Nur wir pfuschen ihm ständig dazwischen.

Mit Rauchen zum Beispiel. Jedes Mal, wenn ein Raucher seine Zigarette ausdrückt, startet der Körper einen Regenerationsprozess. Die Lungen werden gereinigt, die giftigen Stoffe werden abgebaut, das Nikotin wird aus dem Körper geleitet. Nach ein paar Stunden ist das gesamte Nikotin wieder beseitigt. Und schon nach ein paar Wochen wären die Lungen viel weniger belastet. Nach ein paar Jahren wäre die gesamte toxische Belastung vom Rauchen aus dem Körper verschwunden und wäre es auch nicht mehr nachweisbar, dass die Person früher geraucht hat.

Nur was machen die meisten Raucher? Sie unterbrechen diesen Regenerationsprozess schon nach spätestens einer Viertelstunde, indem sie sich die nächste Zigarette anzünden. Der Körper war gerade dabei, sich zu erholen, da blockiert der Raucher den Weg zu mehr Gesundheit und reitet die nächste Attacke.

Das Gleiche gilt für alle Stoffe, die unserem Körper auf lange Sicht nicht guttun: Alkohol, raffinierter Zucker, tierische Fette und anderes mehr. Der Körper reagiert auf diese Stoffe mit dem Ankurbeln von Stoffwechselprozessen, um sie wieder loszuwerden und um sich zu regenerieren. Nur wir fahren ihm immer wieder in die Parade. Jedes Mal aufs Neue.

Das ist auch einer der Gründe dafür, dass Fasten bei vielen Menschen so einen positiven gesundheitlichen Effekt hat. Manchmal kann es effektiver sein, gar nichts zu essen und dem Körper Raum zur Selbstheilung zu geben, als sich von den falschen Dingen zu ernähren.

Glücklicherweise muss man nicht fasten, damit der Körper gut funktioniert, wenn man die folgenden beiden – zugegebenermaßen nicht immer einfachen – Ratschläge befolgt.

»   Weniger Mist essen.

»   Sich mit mehr Gesundmachern ernähren.

Ganz einfach.

Was Mist ist? Das weißt du ganz genau. Alles, was süß ist und bereits irgendwie fertig verarbeitet. Es sind diese herzhaften, fetten Sachen, die zwar lecker schmecken, uns aber keinerlei wertvolle Inhaltsstoffe zur Verfügung stellen. Alles, was aus der Fritteuse kommt. All das, was vor Fett trieft. Rotes Fleisch und verarbeitetes Fleisch. All die Nahrungsmittel, die nicht ohne Zucker und Zusatzstoffe auskommen, die einen müde machen und keine Energie geben. All die Lebensmittel, die wir zwar mögen, die uns jedoch nicht guttun. Das ist Mist. Lecker, aber wenig effektiv, wenn du gesund, fröhlich und fit durchs Leben gehen möchtest. Daher solltest du den Konsum davon eher einschränken. In vielen Fällen sogar drastisch, am besten isst du gar nichts mehr davon. Gut, das wäre geklärt. Was sind dagegen die Gesundmacher? Das sind Nahrungsmittel wie Gemüse, Obst, Hülsenfrüchte, Vollkorngetreide, Pilze, Nüsse, Ölsamen, Kräuter und Gewürze. Lebensmittel, die diesen Namen auch verdienen, da sie voller Vitamine und Vitalstoffe stecken und nichts enthalten, was den Körper belastet. Keine gesättigten Fettsäuren, kein Cholesterin, keine krebserregenden Zusatzstoffe, wie beispielsweise in Knackwurst. Das ist das, was ich Gesundmacher nenne. Je mehr du deine Ernährung darauf ausrichtest, desto besser wirst du dich fühlen.

Wenn du möchtest, dass es dir gut geht, verschiebe den Ernährungsregler von Mist nach natürlicher, frischer, möglichst regionaler Kost. Weniger Fleisch-Burger dafür mehr Veggie-Burger. Weniger Mettwurst, mehr Möhren. Weniger tierische Produkte, mehr Pflanzliches.

Das ist alles. Einfach den Regler verschieben. Je geringer der Anteil an Mist in deiner Ernährung, desto gesünder ist der Körper. Dafür braucht es keine komplizierten Diäten oder Ernährungspläne. Warum nicht? Weil es gar nicht so kompliziert ist, wie es manchmal scheint.

Indem man immer mehr Gesundmacher in die Ernährung einbaut, verdrängt man wie von selbst das ungesunde Zeug. Wir erinnern uns an früher: erst das Gemüse aufessen! Bist du von gesundem, nahrhaftem Essen satt, hast du automatisch weniger Appetit auf Süßes oder Chips.

Normalerweise essen wir sechsmal am Tag, drei Hauptmahlzeiten und drei Snacks. Das Einzige, was du tun musst, ist, diese sechs Mahlzeiten nach und nach aufzuwerten, sodass sie deinem Körper guttun, anstatt ihn zu belasten.

WENIGER METT- WURST, MEHR MÖHREN

Wie ich das meine? Nehmen wir zum Beispiel das Frühstück. Mal angenommen, du frühstückst mit gebratenen Eiern und Schinken – nicht gerade gesund. Du möchtest dich gesünder ernähren und nimmst dir vor, beim Frühstück anzufangen. Die sonstige Ernährungsweise bleibt unverändert, nur das Frühstück wird ab jetzt anders. Ab sofort gibt es eine gesunde Alternative zu Bacon & Eggs: Haferflocken, frisches Obst, ein bisschen Leinsaat mit einer pflanzlichen Milchalternative. Zunächst ist das eine ziemliche Umgewöhnung. Anfänglich nimmst du noch ein bisschen Zucker, weil es dir sonst überhaupt nicht schmecken würde. Aber dann willst du auch den Zucker reduzieren und schließlich ganz weglassen. Nach zwei Wochen hast du dich völlig an dein neues, gesünderes Frühstück gewöhnt und willst gar nicht mehr ohne. So bekommst du täglich eine ordentliche Portion Obst, Vollkorngetreide und Ballaststoffe. Schon bald spürst du einen körperlichen Unterschied. Du fühlst dich leichter und gesünder, du siehst es sogar an der Taille. Und das alles wegen einer kleinen Veränderung!

Wenn man jeweils nur eine Mahlzeit in Angriff nimmt, bekommt man Zeit, sich in Ruhe daran zu gewöhnen. Es ist reine Gewöhnungssache. Nach ein paar Wochen freut man sich sogar richtig auf das neue Frühstück, weil man sich damit so viel besser fühlt. Okay, geschmacklich sind gebratene Eier mit Schinken eine andere Nummer. Aber Geschmack ist auch nicht alles. So tust du deinem zukünftigen Ich jeden Tag einen großen Gefallen, während du dich bemühst, das Hier und Jetzt optimal zu genießen. Du suchst dir dein Lieblingsobst aus und leckere Toppings, zum Beispiel Mandeln oder Walnüsse, und du baust Abwechslung ein.

Jetzt, wo du dein Frühstück wunschgemäß angepasst hast, nimmst du eine Zwischenmahlzeit in Angriff: die Kaffeepause. Normalerweise nimmst du Zucker und Dosenmilch. Du fängst als Erstes damit an, die Milch zu reduzieren, indem du langsam auf pflanzliche Milch umstellst oder deinen Kaffee schwarz trinkst.

Nach einer Woche beginnst du damit, den Zucker im Kaffee zu reduzieren. Nach zwei Wochen ist es für dich überhaupt kein Problem mehr, deinen Kaffee schwarz und ungezuckert zu dir zu nehmen. Da du täglich drei Becher Kaffee trinkst, in die du bisher jedes Mal anderthalb Löffel Zucker gerührt hast, bedeutet diese Veränderung aufs Jahr gesehen immerhin 1600 Löffel Zucker weniger! Das sind umgerechnet rund 6,5 Kilo Zucker oder 33 000 Kilokalorien pro Jahr! Ding-Dong! Diese kleine Veränderung entspricht ungefähr vier Kilogramm Körperfett, die möglicherweise an deinen Hüften haften bleiben würden, wenn du die Veränderung nicht durchführen würdest. Und das alles nur, weil du deinen Kaffee gern ein bisschen süßer trinkst! Eine ungesunde Angewohnheit, die du innerhalb weniger Wochen loswerden kannst.

Verstehst du, wie einfach es funktionieren kann? Wenn du pro Tag ein Glas zuckerhaltiges Erfrischungsgetränk gegen ein kalorienfreies austauschst, beispielsweise gegen selbst gemachten grünen Eistee ohne Zucker – dann hast du schon wieder 6,5 Kilo Zucker eingespart, um die sich deine Leber nicht zu kümmern braucht. Auch hier gilt es, kleine, überholte Gewohnheiten loszuwerden. Eine geringe Kursänderung, die auf lange Sicht entscheidend zur Verbesserung deines Lebens beiträgt.

Es ist logisch. Denken wir nur an ein Schiff, das in Rotterdam Richtung New York ablegt. Eine kleine Kursänderung in der Nordsee kann einen Unterschied zwischen Bahamas und Kanada zur Folge haben. Wenn man die Kursänderung lang genug beibehält, werden die Auswirkungen immer deutlicher.

Jeden Tag hundert Kalorien weniger oder mehr, kann über einen Zeitraum von zwei Jahren im Ergebnis einen Unterschied von zehn Kilo Übergewicht oder der schlanken Linie, die dir vorschwebt, ausmachen.

Man isst sechsmal am Tag. Je mehr dieser Mahlzeiten man aufwertet, desto mehr trägt die eigene Ernährungsweise zur Gesundheit bei und desto höher ist die Wahrscheinlichkeit, dass man sich froh und glücklich fühlt.

Und wie steht es mit dem zweiten wichtigen Aspekt im Hinblick auf unsere Gesundheit – Bewegung? Auch hier sollte man es sich nicht schwerer machen als nötig. Um gesund zu sein, ist es nicht erforderlich, sich furchtbar viel zu bewegen. Man braucht nicht täglich strenge Workout-Sessions zu absolvieren oder sich im Fitnessstudio abzurackern. Natürlich kann man das machen, wenn man es möchte. Und es bringt vielleicht auch das Ergebnis, das man vor Augen hat. Wenn es aber rein um einen guten Allgemeinzustand geht, ist es ganz einfach: Bewege dich täglich eine halbe Stunde mäßig bis intensiv. Spazierengehen in einem strammen Tempo ist ein gutes Beispiel. Genauso ein Stück Radfahren und dabei ein bisschen kräftiger in die Pedale treten oder am Arbeitsplatz ein paarmal die Treppen rauf und runter laufen. Wenn du einen Schrittzähler hast, solltest du versuchen, 8000 Schritte pro Tag zurückzulegen.

Ein gesundes Leben zu führen wird oft unnötig kompliziert gemacht. Unter anderem deswegen, weil wir es so unbequem finden, Binsenweisheiten zu befolgen. An mehr Gemüse müsste man sich ja erst gewöhnen. Da nehmen viele lieber »magische grüne Pülverchen« oder Nahrungsergänzungsmittel zu Mondpreisen zu sich, die auf geheimnisvolle Weise Körperfett verbrennen sollen.

Glaub, was du glauben möchtest – deinem Körper kannst du nichts vormachen. Und so schwierig ist das alles auch gar nicht. Wenn wir weniger Mist in uns reinstopfen, sind wir schon ein ganzes Stück weiter. Gesund leben muss keine perfekte Angelegenheit sein, wichtig ist nur, dass man Fortschritte macht.

Halte einfach alles schön klein. Denn je kleiner die Schritte sind, desto weniger Mühe kosten sie. Und desto größer wird außerdem die Wahrscheinlichkeit, dass sich die neuen Gewohnheiten dauerhaft in dein Leben einflechten lassen. Eine echt gute Sache.

Lass uns nun einmal schauen, welche Denkgewohnheiten man sich sinnvollerweise beibringen sollte, um – ohne große Mühe, versteht sich – im Leben kontinuierlich froher zu werden.

11

LASS DEINE (VOR-) URTEILE LOS UND BEFREIE DICH SELBST

Hier kommt eine radikale Idee – halt deinen Tee also fest: Den Unterschied zwischen gut und schlecht gibt es nicht. Besser gesagt, diese beiden Pole erfordern neue Bezeichnungen, wie erstrebenswert und nicht erstrebenswert. Oder noch besser: Es gibt das, was funktioniert, und das, was nicht funktioniert – im Hinblick auf die Ziele, die man erreichen möchte.

Klingt kompliziert. Ist es aber nicht. Es ist ganz einfach.

Schauen wir uns das Beispiel Gewalt an. Gewalt ist schlecht, oder? Wir verurteilen es, wenn Menschen getötet oder Länder besetzt werden. Wir finden es schlecht, wenn Gebäude mit Raketen beschossen werden oder wenn jemand geschlagen wird. Die meisten Menschen sind gegen Gewalt, und das aus gutem Grund. Gewalt ist die Ursache vieler menschlicher Dramen, die schlimmer sind als in unseren schlimmsten Albträumen.

Trotzdem hat Gewalt dazu beigetragen, dass Dinge geschehen sind, die ohne Gewalt vermutlich nicht möglich gewesen wären. Wie das Ende der Besatzung während des Zweiten Weltkriegs. Am 5. Mai gedenken wir in den Niederlanden dieses Ereignisses und hissen die Fahne für die Freiheit. Gewalt ist das, was es ist. Ein Mittel zum Zweck. Es ist ein extremes Mittel, daher betrachten wir den Einsatz von Gewalt im Zusammenhang mit den Zielen, die wir vor Augen haben (Sicherheit, Frieden, Freiheit, Freude usw.), in der Regel als absolut nicht erstrebenswert. Nur manchmal geht es nicht anders. Oder es würde schon anders gehen, aber es fällt die Entscheidung zugunsten dieses Weges statt eines anderen, weil man davon ausgeht, dass die Lösung so schneller oder effektiver zu erreichen ist, oder weil dabei eine komplizierte Interessenlage eine Rolle spielt.

Der entscheidende Punkt ist: Etwas ist zunächst einmal neutral, bis wir ihm ein bestimmtes Label geben.

Noch ein Beispiel: Ein Käfer im Garten ist einfach das, was er ist, ein Käfer. Man findet ihn vielleicht nicht unbedingt toll, aber auch nicht schlecht. Es ist einfach das Konzept Garten, im Garten gibt es Käfer. Aber mal angenommen, du bist davon überzeugt, dass Käfer im Garten Unglück bringen. Dann ist der Käfer auf einmal schlecht, und du meinst, dass du ihn verscheuchen oder – noch schlimmer – dass du ihn zertreten darfst. Wenn du aber vom Gegenteil überzeugt wärst, würdest du den Käfer willkommen heißen und dir Mühe geben, ihn so lang wie möglich in deinem Garten zu halten. Vielleicht würdest du sogar spezielle Maßnahmen ergreifen, um noch mehr Käfer in den Garten zu locken.

Der Käfer hingegen ist sich des Ganzen nicht bewusst. Er ist das, was er ist – ein Käfer im Garten. Weder gut noch schlecht. Einfach eine Tatsache in dieser Welt.

Ein anderes Beispiel: die genetische Manipulation von diversen Tierarten. Viele Menschen sind strikt dagegen, weil sie es für unnatürlich halten. Und was unnatürlich ist, ist für sie »schlecht«. Nur ist WLAN auch unnatürlich, das gilt genauso für Sprache, Kleidung und WC-Duftsteine mit Ocean-Duft, wo doch das Meer in Wirklichkeit eher nach Fisch riecht als nach Blumen.

Wenn wir genmanipulierte Mücken in der Natur aussetzen könnten, die dahingehend verändert wurden, dass damit Malaria, das Zika-Virus, Denguefieber und andere schreckliche Tropenkrankheiten für immer ausgerottet werden könnten. Wäre das schlecht? Wie würde man selbst darüber denken, wenn die eigene Mutter letztes Jahr an den Folgen von Malaria gestorben wäre? Oder der kleine Sohn im Alter von drei Jahren?

Es ist kompliziert, bis man sich entschließt, es nicht mehr kompliziert zu machen. Man kann endlos darüber nachdenken, philosophieren und reden, was gut und was schlecht ist. Letztendlich scheint es aber immer Ausnahmen zu geben. Außerdem haben die Menschen im Laufe der Jahrhunderte über ein und dasselbe immer wieder andere Ansichten entwickelt.

Alles ist zunächst nur das, was es ist – ohne bestimmtes Werturteil. Du – und alle Menschen, mit denen du diesen Planeten teilst – sind diejenigen, die bestimmen, ob etwas gut oder schlecht ist, ob etwas im Hinblick auf die gesetzten Ziele das Label erstrebenswert erhält.

Das Einzige, womit wir konfrontiert werden, ist das, was ist. Die Ereignisse, die geschehen, Ursache – Wirkung. Die Kokosnuss fällt aus der Palme – das ist gut, denn dann kann man sie öffnen und den Inhalt verzehren. Wenn sie einem aber auf den Kopf fällt, ist man tot. Und das ist schlecht, denn niemand stirbt gern.

Ist das Herunterfallen von Kokosnüssen nun gut oder schlecht? Nun, es scheint sehr stark davon abzuhängen, wo sich unser Kopf zum Zeitpunkt des Ereignisses befindet.

BEDEUTET DAS, ALLES IST ERLAUBT UND MÖGLICH?

Ja und nein. Zunächst scheint es so, schließlich wurden Atombomben abgeworfen. Und es werden jährlich Milliarden Tiere für den Konsum getötet. Ganze Ökosysteme werden zugunsten des modernen

Konsum-verhaltens zerstört und sind unwiederbringlich verloren. Menschen gehen nicht immer auf wünschenswerte Art und Weise miteinander um. All das geschieht – offensichtlich ist alles erlaubt.

Ob all dies auch »gut« ist, darüber lässt sich streiten. Manchmal muss etwas einfach sein, auch wenn allen Beteiligten bewusst ist, dass es an sich nicht gut ist – zum Beispiel eine Terrororganisation unter schweren Beschuss zu nehmen, weil das immer auch viele Zivilopfer fordert. Darüber hinaus geschieht oft auch etwas »Schlechtes«, weil die Person, die dafür verantwortlich ist, ein anderes Verständnis von gut und schlecht hat. Dafür gibt es verschiedene Gründe.

Menschen tun nichts Schlechtes. Basierend auf ihrem Weltbild tun sie Gutes. Sie tun das, wovon sie in dem Augenblick überzeugt sind, dass es das Beste sei. Jeder Diktator ist davon überzeugt, dass er das Richtige tut. Nur ist leider das, was in dem Augenblick das Beste zu sein scheint, nicht immer dasselbe wie »das Beste auf lange Sicht«. Und es ist sowieso nicht unbedingt das Beste für andere. Aber darum geht es hier nicht.

Menschen verhalten ich derart unterschiedlich, weil jeder andere Ziele vor Augen hat. Und wenn man andere Ziele vor Augen hat (wie Macht, Reichtum und Status), dann benötigt man auch jeweils andere Mittel, um sie zu erreichen. Die meisten Menschen streben nach Sicherheit, Glück, Ruhe, Freiheit und Frieden. Je genauer man jedoch hinsieht, desto deutlicher wird, dass das, wonach wir streben, und das, was wir tun, nicht unbedingt etwas miteinander zu tun haben.

Wir sind davon überzeugt, dass wir Frieden wollen, verhalten uns aber jeden Tag aufs Neue passiv-aggressiv gegenüber unserem Partner. Wir glauben, dass wir Mitgefühl haben wollen, geben aber Grillpartys, für die etliche Tiere ihr – häufig erbärmliches – Leben lassen mussten, bei denen wir außerdem auch noch triumphierend etliche Mücken erschlagen.

Und wir sind davon überzeugt, es sei besser, wenn wir aufhören würden, andere zu verurteilen, woraufhin wir dann selbst die Ersten sind, die über andere herziehen.

Ist das schlecht? Das macht doch jeder – also nein? Oder könnte das der Grund dafür sein, dass vieles auf der Welt nicht funktioniert – und ist es deswegen also nicht erstrebenswert?

Unser Verständnis von »gut« und »schlecht«, von dem, was moralisch richtig oder falsch ist, wurde durch Jahrtausende von Philosophie, Kontemplation und Meditation der weisesten Menschen der Weltgeschichte geformt. Dabei wurde immer wieder vor allem eins deutlich: In der Regel wird das als gut betrachtet, was den Zielen, die die meisten Menschen vor Augen haben, dient.

Es ist hilfreich,

»   sich friedlich zu verhalten, wenn man Frieden möchte.

»   selbst Mitgefühl zu zeigen, wenn man Mitgefühl erwartet.

»   selbst Liebe zu geben, wenn man sich Liebe wünscht.

»   mehr mit anderen zu teilen, wenn man Fülle möchte.

»   anderen Freiheit zu gewähren, wenn einen selbst nach Freiheit verlangt.

Der Prinz, der letztendlich als Buddha (der Erleuchtete) in die Schriften einging, formulierte beispielsweise einige Unterweisungen. Er suchte zunächst einige Jahre lang durch Askese und dann durch eine Phase langer Meditation nach der Antwort, was dem Ziel »das Ende allen Leids« dienen würde.

Der Versuch, diese in seinen Lehrreden aufgestellten Grundsätze zu befolgen, wird als moralisches Training betrachtet. Es geht beispielsweise darum, nicht zu stehlen, nicht zu töten (oder indirekt am Tod von Lebewesen beteiligt zu sein), nicht zu lügen (oder zu lästern), kein sexuelles Missverhalten an den Tag zu legen (fremdzugehen oder sich mit jemandem einzulassen, der dadurch fremdgeht) sowie Rauschmittel einzusetzen.

Diese Richtlinien wurden nicht deswegen aufgestellt, weil das jeweilige Verhalten an sich gut oder schlecht ist, sondern weil die Regeln einem eindeutigen Ziel dienen. Wer sein Leben so führt, trägt zum Ende allen

Leids bei und bringt sich selbst auf die Überholspur Richtung absolute Wahrheit (oder spirituelle Erleuchtung).

Diese Grundsätze wurden später als »Regeln« oder »Vorschriften« interpretiert, als solche waren sie ursprünglich aber nicht gedacht. Sie sollten Handlungsanweisungen sein. »Wenn deine Ziele das Ende allen Leids und persönliche Erleuchtung lauten, verhalte dich dann so und so. Wir haben herausgefunden, dass ein solches Verhalten dem Ziel, das du vor Augen hast, am meisten dient.«

Ein Rezept. Das Prinzip Ursache-Wirkung. Erleuchtung zu erlangen wird schlichtweg schwieriger, wenn man lügt und betrügt. Und da es sowieso sehr lang dauert, versucht man jede Verzögerung zu vermeiden.

Einfachheit und Effizienz führen zu Schönheit. Auch auf dem Weg zur Erleuchtung.

Denk hierüber am besten eine Weile nach. Es wirkt logisch und ist doch so revolutionär. Ganz unabhängig von deiner weltanschaulichen Überzeugung.

Es ist egal, was du tust. Wenn du jedoch ein schönes Leben anstrebst, das dich und andere freier und froher macht – dann gibt es Schritte und Verhaltensweisen, die funktionieren, und solche, die nicht funktionieren. Sie bilden die Grundlage jeder spirituellen Tradition.

Dankbarkeit, Liebe, Mitgefühl und innere Einkehr finden sich immer wieder, weil sie uns dabei dienlich sind. Es ist unerheblich, ob man meditiert, betet, chantet oder Entspannungsübungen mithilfe einer App macht – es funktioniert. Ob man Tagebuch schreibt, seine Dankbarkeit bekundet, leise vor sich hin murmelt oder es lauthals kundtut – das Leben wird dadurch schöner.

Den lieben langen Tag auf dem Sofa abhängen und Serien gucken bringt einem nichts. Gleichgültigkeit oder gemein sein funktioniert auch nicht. Sich selbst verwahrlosen lassen ist nicht förderlich. Perfektionismus genauso wenig.

All dies funktioniert nicht. Und weißt du, was einem auch nicht hilft? Über Situationen oder Menschen zu urteilen.

URTEILE FÄLLEN FÜHRT ZU VERKRAMPFUNG. BEI DIR SELBST UND BEI ANDEREN

Ich behandle hier ein derart kontroverses Thema wie »gut und schlecht«, weil es für ein glücklicheres Leben von essenzieller Bedeutung ist. Ein zu beschränktes Verständnis von »gut und schlecht« erschwert einem alles nur. Es sorgt dafür, dass wir uns verkrampfen, und dient nicht unseren Bemühungen, mehr Freiheit, Freude, Liebe und Mitgefühl in unserem Leben zu begegnen.

Wie das kommt? Weil ein striktes Verständnis von »gut und schlecht« jede Menge Urteile mit sich bringt. Urteile über uns selbst, über Situationen und über Mitmenschen.

Wenn man ununterbrochen damit beschäftigt ist, Urteile zu fällen, lebt man aus einer Grundhaltung heraus, die von Angst bestimmt ist. Dann betrachtet man alles, was einem begegnet und widerfährt, alles, was sich in der Welt ereignet, alles, was andere sagen oder tun, durch den »gut und schlecht«-Filter im eigenen Kopf. Es ist der Versuch, andere zu kontrollieren, weil man sich nicht traut, sie freizulassen.

Es ist unsere Art und Weise, uns selbst weiszumachen, wir seien gut, weil wir so viel mehr richtig machen als andere. Es ist unsere Methode, uns anderen überlegen zu fühlen. Weil wir wissen, wie es sein sollte. Weil wir wissen, wie die Regeln lauten. Und weil wir in der Lage sind, uns daran zu halten.

Letztendlich führt es aber nur dazu, dass sich alle in unserer Nähe verkrampfen. Weil es um Angst geht und nicht um Liebe. Es funktioniert nicht, weil wir uns so von der Realität abwenden, von dem, was ist. Wir empfangen das Leben nicht mit offenen Armen, sondern stoßen es weg. Unsere (Vor-)Urteile machen es nicht besser, liebevoller oder sinnvoller. Sie sorgen dafür, dass es mickrig und voller Angst ist.

Urteilen ist etwas anderes als beobachten. Wenn man Urteile fällt oder kritisiert, beansprucht man für sich, dass man

URTEILEN.
FÜHRT
ZU VER-
KRAMPFUNG

207

die Wahrheit gepachtet hat. Dass man weiß, was richtig oder falsch ist. Und dass der andere – indem er sich nicht an diese Wahrheit hält – ein weniger guter Mensch ist.

Das ist natürlich Unsinn.

Beobachten ist etwas anderes. Wenn man etwas beobachtet, urteilt und kritisiert man nicht. Man konstatiert, dass ein bestimmtes Verhalten nicht den Zielen dient, die man vor Augen hat. Das stellt weiter kein Problem dar, schließlich machen wir alle hin und wieder etwas, was nicht funktioniert. Deswegen ist man nicht gleich ein weniger guter Mensch. Es macht einen höchstens weniger effektiv beim Erreichen der angestrebten Ergebnisse.

Und das ist nicht weiter schlimm. Es gibt viele Arten, sein Leben zu leben. Deine Art ist nicht die beste, sondern lediglich eine von vielen.

Wenn du aufhörst, Urteile zu fällen, lässt du andere frei. Dir wird bewusst, dass man etwas nicht prinzipiell »falsch« machen kann, sondern dass man etwas lediglich machen kann. Manches davon bringt einen voran auf dem Weg in eine bessere Welt. Anderes bewirkt das Gegenteil. Das ist alles.

Früher hielt man es für selbstverständlich, dass Frauen mit besonderen Kenntnissen über Heilpflanzen auf dem Scheiterhaufen landeten. Dass mit Sklaverei Reichtum vermehrt wurde. Dass Minderheiten unterdrückt und Verbrechen mit dem Tod bestraft wurden. Damals war das normal, heute denken wir anders darüber. Weil sich das, was wir für wünschenswert oder nicht wünschenswert halten, verändert. Weil wir uns verändern.

Das Ganze bedeutet also nicht, dass wir in einer Art Wildem Westen leben, in dem es keine Regeln gibt. Es bedeutet genauso wenig, dass man auf einmal alles gut finden muss und nichts mehr als schlecht betrachten darf. Es bedeutet nur, dass dir bewusst wird, dass deine Ansichten, deine Urteile und deine Überzeugungen Meinungen sind, keine Wahrheiten. Dass deine Art und Weise zu leben nicht die beste, sondern nur eine von vielen ist. Nur eine Sicht der Dinge, auf das einzigartige Erlebnis Menschsein auf diesem Planeten, an diesem bestimmten Ort in Zeit und Raum.

Und wenn eines sicher ist, dann dies: Wir Menschen bewegen uns lieber in Richtung Liebe als in Richtung Angst. Man könnte behaupten, dass das nicht stimmt, wenn man sich all den Ärger und Kummer auf der Welt vor Augen führt. In Anbetracht des ganzen Fortschritts, den wir erreicht haben, kann man aber genauso gut feststellen, dass wir uns gar nicht so schlecht machen. Wir können unsere Zivilisation mit keiner anderen vergleichen, weil wir keine andere kennen. Wir können uns aber sehr wohl bewusst machen, dass die meisten Menschen nichts Schlechtes im Sinn haben, sondern einen Beitrag zu einer besseren Welt leisten wollen. Und dass wir keine Menschen mehr auf den Scheiterhaufen werfen.

DIE MEISTEN MENSCHEN HABEN NICHTS SCHLECHTES IM SINN

Du bist hier, an dieser Stelle im Buch, weil du herausfinden möchtest, was im Hinblick auf deine Ziele funktioniert. Du kannst inzwischen offener und freier auf die Ereignisse in deinem Leben schauen. Du bist nicht mehr davon eingenommen, dass alles nur auf eine ganz bestimmte Art und Weise sein darf. Du gibst dir und anderen den Raum, sich einen eigenen Weg in dieser Welt zu bahnen. Mit weniger (Vor-) Urteilen und mit mehr Respekt für die Diversität und Unterschiedlichkeit des Lebens. Du kannst die Unterschiede feiern und wertschätzen, anstatt allem und allen deinen Willen aufzuzwingen.

Das ist die Grundlage von Freiheit. Wer die eigenen Urteile loslassen kann, kann sich auch aus seinem selbst gebauten Käfig im Kopf befreien. Und wer sich erst einmal außerhalb dieses Käfigs befindet, hat es viel leichter, glücklich zu sein.

URTEILE BRINGEN SOWIESO NICHTS

Man denkt, man bekäme, durch das ständige Beurteilen von allem und jedem, die Welt in den Griff. Es helfe einem dabei, sich selbst im Griff zu haben, oder es würde anderen helfen, bessere Menschen zu werden.

In Wahrheit geschieht das Gegenteil davon.

Jeder von uns kennt so jemanden. Den moralischen Überflieger. Eine Person, die immer genau weiß, was gut oder schlecht ist und die einen ununterbrochen auf die vermeintlichen Schwächen und Fehler hinweist. Das kann eine strenggläubige Tante sein, eine ökomilitante Freundin, die noch das kleinste Stückchen Plastik, das man verwendet, aufs Schärfste verurteilt, oder eine Oma, die es lächerlich findet, wenn man sagt, man sei müde, weil sie »früher wirklich hart arbeiten musste«.

Was macht man, wenn man solche Sachen zu hören bekommt? Man zieht sich zurück. Man bekommt das Gefühl, dass man nicht man selbst sein darf – man fühlt sich unfrei. Bestimmte Sachen wird man diesen Menschen nicht mehr erzählen.

Verurteilt werden ist nicht schön. Jemand anderes gibt einem über einen Umweg zu verstehen, man sei für ihn oder sie nicht gut genug. Gibt einem das Gefühl, man müsse sich ändern, um von ihr oder ihm anerkannt zu werden. Man sei bis dahin nicht liebenswert. Das tut weh, insbesondere, wenn es sich um Menschen handelt, die einem wichtig sind.

Man fühlt sich abgewiesen. Jedes Mal wieder. Im Kleinen wie im Großen. Mit allem, was man nicht richtig macht, egal ob bedeutend oder unbedeutend. Sowohl was Lebensentscheidungen anbelangt als auch die täglichen Gewohnheiten. Die Tatsache, dass man anders ist als der andere, wird zum Problem. Es wird nicht als etwas betrachtet, über das man sich freuen könnte, sondern als etwas, das überwunden werden muss. Und die Person, die einen verurteilt, glaubt, man würde – indem sie einen auf die angeblichen Unvollkommenheiten hinweist – zu einem »besseren« Menschen.

In Wahrheit wird man versuchen, diese Person zu meiden. Logisch – das würde jeder tun.

Was für ein Gefühl möchtest du den Menschen, die dir nahestehen, vermitteln? Was möchtest du ausstrahlen? Liebe, Freiheit, Freude? Oder Angst, Verkrampfung und Distanzierung?

Egal, wie sehr man andere verurteilt oder kritisiert, ändern kann man sie nicht. Das Einzige, was man machen kann, ist andere inspirieren. Das tut man nicht mit Reden, sondern mit dem, wie man lebt. Indem man sich nach den Grundsätzen verhält, die einem wichtig sind, und das tut, was einen den Zielen, die man vor Augen hat, näher bringt. Und indem man bereit ist, anderen zu helfen, wenn sie einen um Unterstützung bitten.

Es ist nicht unsere Sache zu bestimmen, wann andere Hilfe oder Unterstützung brauchen. Was man aber jederzeit anbieten kann, ist ein offenes Ohr – ein unvoreingenommenes versteht sich. Das ist die einzige Art und Weise, mit der man anderen jederzeit weiterhelfen kann.

Und überdies ist es empfehlenswert, den eigenen Weg zur Verbesserung für sich zu behalten, ihn anderen nicht aufzudrängen. Das funktioniert nämlich nicht.

DAMIT AUFHÖREN, ANDERE ZU VERURTEILEN

Hier kommt gleich noch eine schockierende Erkenntnis: Frei ist nur, wer anderen Freiheit lassen kann.

Das ist die Wahrheit.

Dann, wenn du dich dazu entschließt, die Menschen in deinem Leben einfach so zu lassen, wie sie sind – wenn du damit aufhörst, das Bild dessen, wie du sie gerne hättest, auf sie zu projizieren –, wirst du frei sein.

Dann wird dir eine enorme Last von den Schultern genommen.

Bisher hat sich sowieso niemand ernsthaft etwas von deinen Urteilen angezogen. Es kann sein, dass andere versuchen, dir zu gefallen, um nicht abgewiesen zu werden. Sie müssen sich deswegen verbiegen, sich verstellen oder, noch schlimmer: dich anlügen, nur weil sie keine Lust auf unangenehme Situationen mit dir haben. Was für ein kindisches Getue. Braucht kein Mensch. Alles, was du tun musst, ist aufhören, Urteile zu fällen.

Wie man das macht? Indem man andere Menschen bedingungslos akzeptiert.

Man akzeptiert jemanden, so, wie er oder sie ist, das Gesamtpaket sozusagen. Ohne es schöner oder schlechter zu

FREI IST NUR, WER ANDEREN FREIHEIT GEWÄHRT

machen, als es ist. Ohne Erwartungen, Enttäuschungen oder (Vor-)Urteile. Man nimmt den anderen einfach so an, wie er oder sie in dem Augenblick ist.

Man hört auf damit, sich zu wünschen, der oder die andere möge sich verändern, man akzeptiert, was da ist.

Andere ganz und gar zu akzeptieren ist etwas Besonderes. Es kommt in unserer Gesellschaft eher selten vor. So gut wie immer will man, dass sich die Menschen verändern, die einem nahestehen. Dass sie bestimmte Eigenschaften oder Charakterzüge unterdrücken und andere wiederum entwickeln.

Damit man selbst glücklicher sein kann.

*»Wenn alle anderen nur ein bisschen mehr so wären wie ich –
dann wäre unsere Welt ein ganzes Stück besser!«*

So funktioniert es nicht. Die Art und Weise, wie du dein Leben führst, ist eben nur eine von vielen. Eine, die für dich funktioniert (und selbst das stimmt nicht immer). Es ist nicht der einzig wahre Weg. Sobald du das denkst, sollten die Alarmglocken läuten, es ist dann an der Zeit, ein wenig demütiger zu werden.

Die anderen so sein zu lassen, wie sie sind, ist im Grunde nichts weiter, als den gesunden Menschenverstand walten zu lassen. Schließlich gibt es nichts Schöneres, als in Gesellschaft man selbst sein zu können. Es ist so ungewohnt, dass es schon fast unglaublich wirkt. Die meisten Menschen sind völlig überrascht, wenn sie mit jemandem zusammen sind, der sie nicht verurteilt. Der oder die ihnen das Gefühl gibt, ganz man selbst sein zu dürfen.

Weißt du, was passiert, wenn man anderen dieses Gefühl vermittelt? Dann sieht man auf einmal wahre Schönheit. Man ist frei von all den Vorstellungen und Wünschen, die man in sich trägt, man kann andere endlich wirklich erfahren, ohne Vorbehalte. Das führt zu richtig guten Gesprächen, zu mehr Verbundenheit und zu viel mehr Liebe. Zu mehr Liebe, weil man die an das Urteilen gekoppelte Angst aus der Beziehung entfernt hat.

Es scheint ein Geschenk an den anderen zu sein, in Wirklichkeit beschenkt man sich selbst. Aufhören mit Urteilen macht das Leben um vieles leichter, liebevoller und einfacher.

DAMIT AUFHÖREN, SITUATIONEN ZU VERURTEILEN

Dieser Abschnitt bezieht sich auf die Sache mit der Opferrolle, über die ich am Anfang des Buchs geschrieben habe. Ereignisse sind zunächst einmal neutral. Prinzip Ursache und Wirkung. Jedes Ereignis wird durch etwas anderes verursacht. Manchmal ist der Zusammenhang deutlich (man arbeitet hart und verdient mehr Geld), in anderen Fällen nicht (ein Freund kommt bei einem Autounfall ums Leben).

Trotzdem hat alles, was sich in unserem Universum ereignet, eine Ursache. Und diese Ursache sorgt dafür, dass wir mit den Folgen konfrontiert werden. Das macht eine unerwünschte Situation nicht schlecht und eine erwünschte Situation nicht gut. Es bleiben neutrale Ereignisse.

Es ist wichtig, sich diesen Unterschied bewusst zu machen, darum wiederhole ich dies so häufig. Etwas ist nicht gut oder schlecht. Es ist lediglich wünschenswert oder nicht wünschenswert im Hinblick auf unsere Ziele.

Rückschläge sind Ereignisse, die wir als unerwünscht betrachten. Das Einzige, was man machen kann, ist, eine solche Situation zu akzeptieren (die Vergangenheit kann man nicht verändern) und sich zu bemühen, selbst der Ausgangspunkt für mehr wünschenswerte Ereignisse in der Zukunft zu sein.

Wenn man merkt, dass eine bestimmte Herangehensweise nichts bringt oder nicht funktioniert, kann man eine andere probieren. Und wenn man feststellt, dass das eigene Leben voller unerwünschter Ereignisse ist, dann sollte man Schritte unternehmen, um das Blatt zu wenden (siehe meine Tipps zum Thema »Freiheit« in Teil 2).

Man sollte sich klarmachen, dass man weder verflucht noch ein Pechvogel ist. Es ist nur schlicht und ergreifend so, dass etwas, was man tut, nicht den gewünschten Effekt hat. Und dass man jetzt etwas tun kann, was sehr wohl funktioniert. Dass man selbst die Ursache sein kann für großen Spaß anstelle dieses großen Schlamassels.

Kann man beispielsweise von Pech sprechen, wenn man mit Herzproblemen ins Krankenhaus muss, und man sein ganzes Leben lang geraucht und zum Frühstück jeden Tag Ei, Speck und Butter verputzt hat? Und der Arzt einem schon vor dreißig Jahren dringend geraten hat, den Lebensstil zu verändern?

Nein, das ist ein klassischer Fall von Ursache-Wirkung, das ist im Grunde auch für den Betroffenen nichts Neues. Er hat täglich dazu beigetragen, seine Gesundheit zu schwächen. Jeder Tag wurde dazu genutzt, die Wahrscheinlichkeit, ernsthaft krank zu werden, zum eigenen Nachteil zu erhöhen. Und jetzt, da der Schaden eingetreten ist, fragt sich der Herzpatient, warum es ihn treffen musste. Genau – weil niemand vor Kausalität gefeit ist. Wirklich niemand. Auch du nicht.

Es ist ein herrlich befreiender Schritt, die Vergangenheit und das Heute zu akzeptieren. Akzeptieren und loslassen. Alles ist so gelaufen, wie es gelaufen ist. Und alles ist so, wie es jetzt ist. Und das ist gut so.

Es gab Unerwünschtes. Es gab Schönes. Aber das Wichtigste ist: Die Situation ist so, wie sie ist. Egal, wie lang man sich darüber Gedanken macht. Egal, wie man es findet. Es bleibt, wie es ist. Die Vergangenheit lässt sich nun mal nicht ändern. Sie ist vorbei und abgeschlossen, wie ein Buch, das von der Druckerei kommt. Definitiv, fix und fertig, nichts mehr dran zu ändern. Auch dann, wenn man noch Tippfehler findet. Gedruckt ist gedruckt.

Das Einzige, mit dem man sich beschäftigen muss, ist das Hier und Jetzt. Damit, wie man in diesem Moment der Ausgangspunkt dafür sein kann, dass im Leben das Erwünschte geschieht. Die Vergangenheit ist vorbei, das Heute ist, was es ist – nur die Zukunft muss noch geschrieben werden.

DAMIT AUFHÖREN, SICH SELBST ZU VERURTEILEN

So. Wenn du den bisherigen Gedanken folgen konntest, jetzt wird es erst so richtig schwierig. Traust du dich tatsächlich, dich selbst ganz und gar zu akzeptieren?

Es ist schwieriger, als andere zu akzeptieren. Denn sobald man sich klargemacht hat, dass man andere nicht verändern kann, weiß man auch, dass das Verurteilen anderer ein sinnloser Kreuzzug ist. Das Gleiche gilt in Hinblick auf die Gedanken, die man sich über die Vergangenheit und über die Gegenwart macht. Wenn man auch nur ein klein wenig überlegt, kommt man zu dem Schluss: Akzeptanz ist die einzige logische Reaktion.

Aber sich selbst akzeptieren? Nun – das ist eine andere Geschichte. Man kann sich schließlich ändern, besser werden. Genau genommen befassen wir uns gerade damit. Mit Selbstentwicklung. Um uns dem Ich zu nähern, das uns vorschwebt, damit unser Leben schöner und glücklicher wird. Wir sind gemeinsam gerade dabei, das zu versuchen.

Wie soll das also gehen, sich selbst zu akzeptieren, wenn man doch weiß, dass es so viele verschiedene Möglichkeiten gibt, sich selbst zu perfektionieren?

Indem man übt, wie so oft im Leben.

Zunächst ist es wichtig, sich klarzumachen, dass man jederzeit gut genug ist. Gut genug, um geliebt zu werden. Gut genug, um selbst Liebe geben zu können. Gut genug, um im Leben das zu tun, was man möchte. Wir müssen uns nicht ändern, wenn wir nicht möchten. Wir dürfen einfach so sein, wie wir sind. Mit allen guten und allen weniger guten Eigenschaften. Mit unserem Körper, so, wie er jetzt ist.

Niemand zwingt einen, sich zu ändern. Nur genau das ist der Punkt. Du willst dich ja ändern. Du möchtest ein besserer Mensch werden. Du möchtest dich entwickeln, damit sich dein Leben verbessert. Du wünschst dir, häufiger gelassen und liebevoll zu sein, seltener etwas zu tun, was du nicht möchtest. Du sehnst dich nach Tagen voller Freude und Zufriedenheit. Und du möchtest ganz du selbst sein dürfen, spüren, dass du lebst.

215

Und das ist völlig in Ordnung. Es ist nichts falsch daran, das zu wollen. Alles darf sein.

Selbstakzeptanz zu erreichen ist so schwierig, weil wir mit uns selbst am strengsten sind. Die Schwachpunkte anderer können wir gerade noch akzeptieren, aber unsere eigenen? Das ist eine andere Geschichte. Dennoch ist es möglich. Vielleicht nicht in einem Schritt, und vielleicht auch nicht ganz und gar für immer. Aber jeder Schritt in die richtige Richtung ist ein erster Schritt auf dem Weg zu Besserung.

MIT SICH SELBST IST MAN AM STRENGSTEN

Versuche, dir der Urteile, die du über dich selbst gefällt hast, bewusster zu werden. Der negativen Gedanken über dein Äußeres, dein Verhalten, deine Rolle in Beziehungen. Ich habe mich in den letzten Jahren von einer ganzen Skala negativer Gedanken über mich selbst befreit.

Ich fand mich immerzu zu dick, zu faul, zu egoistisch. Wenn ich beispielsweise mal keine Lust hatte zu arbeiten, konnte ich das nie akzeptieren. Ich schlug mich mental selbst zusammen. Ich bezeichnete mich als Versager. Trotzdem fing ich nicht an zu arbeiten. Ich beschäftigte mich mit anderen Dingen, zum Beispiel mit Computerspielen. Gleichzeitig fühlte ich mich schrecklich. Weil ich der Meinung war, ich müsse arbeiten und dürfe nicht gamen.

Im Laufe der Zeit wurde mir bewusst, dass ich viel zu streng mit mir war. Zum einen bin ich gar nicht dick, faul und egoistisch. Und zum anderen, selbst wenn ich es wäre, wäre ich es immer noch wert, geliebt zu werden. Wäre ich es mir selbst schuldig, mich selbst zu mögen.

SELBSTLIEBE UND DURSTIGE WELPEN

Mit einem kleinen bisschen Selbstakzeptanz entsteht eine Menge Selbstliebe. Das ist eine feine Sache. Denn wie könnte man etwas geben, was man selbst nicht hat? Ich kann im Büro keine Kekse ausgeben, wenn ich keine Kekse habe, oder? Man kann auch Liebe nur geben, wenn man Liebe in sich trägt.

Wie das funktioniert? Wir stellen uns einen Eimer mit Wasser vor, umzingelt von lauter durstigen Hundewelpen. Du bist im Urlaub, es ist warm, und überall laufen süße, junge Hunde herum, die Durst haben. Du bist ein netter Mensch, also möchtest du all diesen Welpen etwas zu trinken geben. Du schöpfst Wasser aus dem Eimer in kleine Schalen. Die Hündchen schlabbern das Wasser gierig auf, die Näpfe sind im Nullkommanix leer.

Von dem Geräusch der gierig schlabbernden Welpen werden noch mehr Straßenhunde angelockt. Sie sind ebenfalls durstig und warten ungeduldig darauf, dass du auch für sie Wasser in die Schälchen füllst. Du schöpfst sie noch einmal voll. Die Hunde schlabbern, als ob ihr Leben davon abhinge. Wieder alles weg.

Die jungen Hunde sehen dich vor Wärme hechelnd und mit tropfenden, aus der Schnauze hängenden Zungen an. Sie wollen noch mehr Wasser. Inzwischen ist der Eimer fast leer. Du verteilst die letzten Tropfen über die Schälchen, dann ist Schluss.

Du würdest den durstigen Hunden gern mehr geben. Damit sie ohne Durst durch den Tag kommen. Du kannst ihnen aber nichts mehr geben. Es tröpfelt noch ein bisschen Wasser in den Eimer, aber es reicht nicht. Es ist so gut wie alle. Du kannst im Augenblick einfach nicht mehr für sie tun.

Viele Menschen gehen mit einem derart kümmerlich gefüllten Eimer durchs Leben. Sie würden in ihrer Umgebung gern Liebe verbreiten, nähren sich selbst aber so wenig, dass sie innerlich leer sind und nichts zu verteilen haben. Sie teilen nicht, sie opfern. Sie opfern sich selbst auf – sie geben viel Wasser weg –, während kaum etwas nachfließt. Es bleibt nichts für sie selbst übrig, bis sie schließlich gar nichts mehr geben können.

Man kann nichts geben, was man nicht hat. Wer kein Geld hat, kann kein Geld ausgeben. Wer kein Brot hat, kann sein Brot auch nicht teilen. Wer seinen Apfelbaum fällt, hat keine Äpfel zum Verschenken. Wer keine Weisheit hat, kann anderen keine Weisheit geben. Wer keine Selbstliebe hat, kann andere nicht wirklich lieben. Es funktioniert einfach nicht.

Anderen helfen zu wollen ist eine wunderbare Sache. Man kann anderen aber nur helfen, wenn man etwas anzubieten hat. Das ist auch der Grund dafür, warum die Sicherheitsvorschriften im Flugzeug besagen, dass man erst seine eigene Sauerstoffmaske aufsetzen soll, bevor man anderen hilft. Wer bewusstlos auf seinem Stuhl hängt, kann anderen nicht helfen. Punkt.

Wer anderen helfen möchte – wer wirklich Liebe, Dankbarkeit, Freude, Vergnügen und weiteres Schönes mit anderen teilen möchte –, muss erst für sich selbst sorgen. Der muss lernen, den Eimer zu füllen. Der Eimer soll randvoll sein. Derjenige, dem das gelingt, hat eine gehörige Portion Selbstliebe entwickelt. Der will wissen, wie der Eimer zum Überlaufen gebracht werden kann. Wer diesen Punkt erreicht hat, kann aus dem Vollen schöpfen. Der ist kein Eimer mehr, der leer werden kann. Der verändert sich zu einem nicht versiegenden Strom, der Tag für Tag jedem, der etwas möchte, mehr als genug zu bieten hat. Der wird zu einem übersprudelnden Eimer. Der hat Trinknäpfe um sich rum, die immer mit frischem Wasser gefüllt sind. Die jungen Hunde werden nie wieder Durst leiden müssen, solang derjenige in der Nähe ist.

Dies sind das Geheimnis und die Kraft der Selbstakzeptanz – sowie der Selbstliebe, die daraus entspringt.

Du willst dich nicht mehr weiter aufopfern, dich selbst schwächen. Du willst ab jetzt dafür sorgen, dass genug für alle da ist. Damit du Liebe und anderes Schönes verbreiten kannst, wo immer du dich aufhältst, weil du aus dem Vollen schöpfen kannst. Und aus Empathie.

Du musst nicht mehr auswählen, wem du Liebe geben willst und wem nicht. Du gibst einfach. So wie es auch einem Fluss gleichgültig ist, wer sein Wasser trinkt – er fließt einfach. So, wie es einer Blume gleichgültig ist, wer ihren wunderbaren Duft riecht – sie blüht einfach. Weil beide nicht anders können. Die Fülle muss einfach irgendwohin.

Noch einmal: Dies sind das Geheimnis und die Kraft der Selbstakzeptanz. Du musst dich selbst lieben, um eine unerschöpfliche Quelle der Liebe zu werden.

Überall, wo du hinkommst, wird es besser, leichter. Du bringst Licht an dunkle Orte, und du machst Orte, die hell sind, noch strahlender.

Es ist ein großer Spaß. Denn was kann man mit einem Übermaß an Wasser machen, außer den Durst von Straßenhunden löschen? Richtig – Wasserschlachten! Und so sollte das Leben sein: übersprudelnd vor Freude, Spaß und Liebe.

Liebe für dich selbst, Liebe für andere und Liebe für das Leben. Ohne Urteile, ohne Verkrampfung. Voller Freiheit, Freude und Erfüllung.

WIE ENTWICKLE ICH MEHR SELBSTLIEBE?

Der Ausgangspunkt von Selbstliebe ist Selbstakzeptanz. Sich selbst nicht mehr verurteilen. Akzeptieren, dass man nicht dem perfekten Bild entspricht, das man im Kopf hat. Und dass man trotzdem gut genug ist. Dass man es trotzdem wert ist, geliebt zu werden. Ein erster wichtiger Schritt ist, die Überzeugung zu erlangen, wertvoll zu sein. Ein kleines, einmaliges Gesamtpaket, das sich ändern darf, aber nicht muss.

Bist du bereit für den nächsten Schritt? Wir schauen uns jetzt an, wie wir unserem Leben mehr Bedeutung geben und häufiger das Gefühl von Erfüllung erfahren können. Und auch hier gilt – es ist einfacher, als man denkt.

TEIL 4

ERFÜLLUNG – LEBEN MIT ÜBER-LAUFENDEM EIMER

12

SPÜREN,
DASS DU LEBST

Gegensätze helfen uns, das Leben schön zu finden und in seiner Gesamtheit wertzuschätzen. Mein Lieblingsbeispiel hierfür ist ein Erlebnis aus einer kalten Dezembernacht vor ein paar Jahren. Während die ganze Welt friedlich ratzte, sah ich mich mit der Toilettenschüssel konfrontiert. Kurz zuvor war ich mit der alarmierenden Einsicht, dass ich keine Sekunde länger im Bett bleiben sollte, wach geworden. Ich hatte nicht einmal Zeit, mir etwas überzuziehen – ich musste SOFORT zum Badezimmer. Ich fühlte mich elend, mein Körper machte auf Betonmischer in Aktion. Bäh, Magen-Darm-Infekt. Ächzen und stöhnen und zwischendurch übergeben. Ich fühlte mich richtig krank und fand, dass ich ganz schlimm dran war.

Echt grausam.

Auf dem Rückweg zum Schlafzimmer begann ich schrecklich zu zittern. Ich verfluchte das übertrieben strenge Regiment bezüglich unserer Thermostateinstellung. Vierzehn Grad Celsius ist definitiv nicht die richtige Temperatur für jemanden mit Schüttelfrost. Wobei ein paar Grad mehr vermutlich auch keinen Unterschied gemacht hätten.

Ich erinnere mich noch gut, wie schrecklich kalt mir war. Zähneklappernd schleppte ich mich zum Bett. Ich hievte mein heftig zitterndes Ich unter die warme Decke.

Nie werde ich vergessen, wie herrlich dieser Augenblick war. Ein warmes Bett hatte sich noch nie so fantastisch angefühlt.

In der Woche darauf ging es mir von Tag zu Tag besser. Das Bett fühlte sich dadurch immer weniger fantastisch an. Klar, ein warmes Bett ist und bleibt eine feine Sache. Aber so wundervoll, wie es sich in diesem einen Augenblick angefühlt hatte, habe ich es nie wieder erlebt. Zum Glück, muss ich sagen, denn schließlich war ich furchtbar krank gewesen. Ein interessantes Phänomen: Weil mir so kalt war, fühlte sich das Bett besser an als jemals zuvor. Ich hatte mein Bett noch nie so genossen.

Gegensätze machen das Leben lebenswert. Durch Stress können wir Ruhe genießen. Nur, nach ein paar Wochen der Ruhe darf es auch wieder etwas turbulenter zugehen. Nach einem Saunagang hüpft man gern unter die eiskalte Dusche. Und nach einem großen Streit hat man den besten Sex.

Gegensätze vermitteln dir das Gefühl zu leben. Und genau deswegen möchte ich etwas mit dir besprechen. Es geht um die unumgängliche Tatsache, über die wir in der Regel lieber nicht allzu lang nachdenken: Irgendwann wirst du sterben.

Es kann noch eine ganze Weile dauern, es kann aber auch schon morgen so weit sein. Möglicherweise wird eine Reihe von medizinischen Durchbrüchen das Älterwerden aufhalten, sodass man meint, ewig zu leben. Aber auch dann wird das Universum irgendwann nicht mehr existieren, und das Unausweichliche wird geschehen: Du wirst sterben. Tut mir leid.

Womöglich findest du das kein schönes Thema, wir werden uns trotzdem damit auseinandersetzen. Wir müssen darüber reden. Schließlich ist es ein essenzieller Teil des schönen Lebens, das wir hier gemeinsam ausbrüten wollen. Der Tod bedeutet, dass dein Leben, in der Form, in der es in dem Moment aussieht, zu Ende ist. Du hörst auf, in deiner derzeitigen Form zu existieren.

Seit es die Erde gibt, gab es noch nie ein Lebewesen, das nicht irgendwann gestorben ist. Bei manchen dauert es nur ein paar Stunden oder Tage, bei anderen wiederum Jahre und manche Pflanzen halten sogar ein paar Jahrhunderte durch. Letztendlich vergeht jedoch alles. Statistisch gesehen wird die Erde alle 120 Jahre von einer komplett neuen Gruppe Menschen bevölkert. So ist es nun einmal.

Und nicht nur dein Leben ist begrenzt – ALLES ist endlich. Nichts auf dieser Erde ist von Dauer. Absolut nichts. Einst gab es unseren schönen Blauen Planeten nicht, und irgendwann wird er nicht mehr sein. Das dauert noch einige Milliarden Jahre, aber dann wird er schon nicht mehr blau sein. Die Sonne wird immer größer werden, die Erde wird sich in eine mexikanische Wüste voller Kakteen (und hoffentlich Tacos) verwandeln und schließlich von einem Feuerball verschlungen werden. Sicher – bis es so weit ist, hat sich die Menschheit (sollte sie noch existieren) möglicherweise über das Weltall verteilt. Eine beruhigende Vorstellung. Dann gibt es zumindest noch Menschen, die einander etwas über den Eiffelturm oder den Abschlussdeich oder Sammelbildchen erzählen können. Aber auch das ist nur ein Aufschub. Das Weltall, wie wir es kennen, ist nicht von ewiger Dauer. Alles hat irgendwann ein Ende. Alles.

Nichts, was man anfassen kann, währt ewig. Aber selbst Veränderung – die einzige Konstante in unserem Leben – wird es, wenn das Weltall nicht mehr existiert, möglicherweise nicht mehr geben. Wirklich verrückt – aber es ist, wie es ist.

Alles ist endlich. Nichts ist von Dauer.

Okay, das hätten wir. Aber welche Konsequenzen hat diese Einsicht für dein Leben? Eine ganze Menge. Sie beschert uns den größtmöglichen

Kontrast: Es gibt Leben und Nicht-Leben. Und im Vergleich zu Nicht-Leben, ist Leben so wundervoll, wie das warme Bett in jener schrecklichen Dezembernacht. Nicht weil der Tod schlecht ist, sondern weil er einen Kontrast darstellt.

Das ist die Lehre, die ich aus jeder Beerdigung ziehe. Ich werde jedes Mal wieder von dem scharfen Gegensatz getroffen: Leben und Tod. Die Schönheit der Vergänglichkeit. Die intensiven Gefühle, die damit einhergehen, und die deutliche Botschaft an alle Trauergäste: Das Leben ist zu kostbar und zu kurz, um es für etwas zu vergeuden, was uns nicht froh oder zufrieden macht.

DER TOD IST NICHT SCHLECHT. ER VERLEIHT KONTRAST

Wer in dem Bewusstsein lebt, dass die eigene Existenz endlich ist, wird eher nach einem erfüllten Leben streben. Solange wie aber negieren, dass unser Leben endlich ist, verbringen wir unsere Zeit häufig wenig sinnvoll. Wir lassen uns von oberflächlich wichtig Wirkendem mitreißen, was uns in Wahrheit aber nur wenig Substanz zu bieten hat. Auf was ich hinauswill? Du ahnst es sicher schon: Geld, Sicherheit, Klamotten, Gadgets, Status, Beliebtheit, Komfort, Anerkennung, einen Bauch, der ein bisschen flacher ist, als er jetzt ist, und so weiter. All das, was unser ganzes Leben bestimmen kann und uns dabei so gut wie keinerlei Erfüllung bringt. All das, was so superwichtig scheint und letztendlich, wenn es drauf ankommt, total unwichtig ist. Wem die Endlichkeit des Lebens nicht bewusst ist, wird Mittel und Zweck verwechseln. Der betrachtet Geld und Status als Ziel. Dabei ist Geld lediglich ein Mittel zum Zweck, ein Mittel, um uns dabei zu helfen, unser Ziel – ein Leben voller Freiheit, Freude und Erfüllung – zu erreichen.

Der verliert aus dem Auge, dass das Leben nicht supertoll wird, bloß weil einen alle nett finden. Der vergisst, dass alle Liebe der Welt an Bedeutung verliert, wenn man sich nicht selbst lieben kann. Und der macht vielleicht sogar den größten Fehler überhaupt: Der betrachtet das Leben (und alles, was in ihm geschieht) als etwas Selbstverständliches.

UNSER LEBEN IST NICHT SELBSTVERSTÄNDLICH

Natürlich ist mir klar, dass es sich manchmal so anfühlt. Man wacht auf und weiß, dass einem dieser Tag nichts zu bieten hat. Man wird zum hundertsten Mal das machen, was man dauernd macht. Aber wie man es auch kehrt und wendet: Leben ist etwas Besonderes.

Es ist eine besonders beeindruckende Erfahrung zu existieren. Bewusstsein zu haben. Und ja, es ist nicht immer schön und auch nicht nur ein großer Spaß. Aber jeder Tag birgt die Chance in sich, dem Leben einen Dreh in Richtung mehr Spaß zu geben. Und je öfter einem dieser Dreh gelingt, desto schöner wird das Leben. Nicht so sehr deswegen, weil man nur noch Schönes erlebt, sondern vielmehr deswegen, weil man einen weiteren Horizont bekommt. Man lernt auch manches von dem zu genießen, was man zuvor noch als unangenehm oder weniger schön bewertete. Man entdeckt Schönheit im Hässlichen, den Wert von zu meisternden Problemen und die Eleganz des großen Ganzen, auf das man doch keinen Einfluss hat.

Es ist wichtig, sich Tag für Tag klarzumachen: Leben ist keine Selbstverständlichkeit. Die Zeit vergeht schneller, als man denkt. Im einen Moment steckt man im Körper eines Zwanzigjährigen, und bevor man sich's versieht, hat man fünfzig Kerzen auf dem Kuchen. Den einen Tag ist dein Sohn klein, verletzlich und von deiner Fürsorge abhängig, einmal umgedreht und er zieht schon wieder aus.

Wenn wir all die kleinen Glücksmomente zwischendurch nicht bewusst genießen, fliegt das Leben an uns vorbei. Es ist nie zu spät, damit anzufangen, jeden kleinen Moment zu genießen. Nur, je eher man damit anfängt, desto erfüllter fühlt sich das ganze Leben an.

Es gibt einen Unterschied zwischen sich die Achterbahn angucken und in sie einsteigen. Wer am Rand steht und zusieht, hat auch seinen Spaß. Aber das wahre Erlebnis bekommt man dann, wenn man mitfährt. Ja, du wirst ordentlich durchgeschüttelt und vielleicht wird dir sogar ein bisschen übel. Aber so ist das Leben. Wenn du dich ganz und gar hineinstürzt, wird es dich manchmal überwältigen.

Wenn du spüren möchtest, dass du lebst, musst du den Mut aufbringen, richtig darin einzutauchen. Nicht am Rand der Achterbahn stehen bleiben und die kreischenden Leute beobachten. Nein, einsteigen, den Bügel runterklappen, das Adrenalin spüren und aus vollem Hals kreischen.

SPÜREN, DASS MAN LEBT

Du möchtest so richtig spüren, dass du lebst. Nicht so, als ob du am Rand stehst, nein, so, als ob du mittendrin bist! Manchmal kann das ein bisschen beängstigend sein. Nur, wenn du Erfüllung erleben möchtest, ist es absolut notwendig. Wenn du den Eindruck haben möchtest, dass dein Leben zählt, dass es Sinn hat.

Fragt sich nur: Wie macht man das? Wie bekommt man das Gefühl, dass man lebt? Wenn du die bisherigen Tipps beherzigt und dich an die Arbeit gemacht hast, bist du schon ein ganzes Stück vorangekommen. Ein Leben mit weniger Krempel, weniger Ablenkung und weniger Ballast setzt eine Menge Energie, Geld und Aufmerksamkeit frei, die du nun für das einsetzen kannst, was dir wichtig ist. Meditation hilft dir dabei, bewusster und gelassener zu sein und den Moment zu genießen. Du kannst aber noch mehr machen. Du kannst dich weiterentwickeln. Der nächste Schritt handelt davon, etwas zu tun, vor dem man ein bisschen zurückschreckt.

Keine Sorge. Ich werde nicht versuchen, dich dazu zu bringen, dir eine Vogelspinne über die Zunge laufen zu lassen. Es ist sowieso fraglich, ob das eine erstrebenswerte Erfahrung ist, wenn man all die Haare bedenkt. Nun gut. Worum es geht, ist: etwas machen, was man lieber nicht machen würde.

Ein Beispiel: Da ich jahrelang vom Schreibtisch aus an soChicken gearbeitet hatte, war es mir ziemlich unangenehm, persönlich mehr in die Öffentlichkeit zu treten. Zum einen, weil ich es nicht mehr gewohnt war, ein Podium zu betreten (etwas, das mir früher immer viel Spaß gemacht hatte), und zum anderen, weil ich meinte, ich sei nicht gut genug, um diesen Platz einzunehmen. In all den Jahren war es mir von meinem Laptop aus gelungen, eine ziemlich große Leserschaft zu erreichen. Und das fand ich toll. Es hinderte mich aber auch daran, weiterzugehen, weil ich befürchtete, andere zu enttäuschen.

Wenn ich schreibe, kann ich in Ruhe darüber nachdenken, welche Worte ich in die Welt schicke. Vor einer Kamera hingegen bringe ich plötzlich keinen normalen Satz mehr zustande, ohne mindestens viermal »äh« zu stammeln. Außerdem habe ich dann keine Zeit, lange zu überlegen, daher befürchtete ich, mich weniger klug zu äußern. Das Schlimmste war jedoch – ich hatte schreckliche Angst, dass meine treuen Leser etwas denken könnten wie: »Oh Mann, was für ein Dilettant ist Jelle im wirklichen Leben – das hätte ich nicht erwartet.«

Uns allen ist klar, dass meine Art zu denken nicht gerade gesund war. Mir wurde bewusst, dass ich sie loswerden wollte. Aber zur gleichen Zeit hatte ich noch immer furchtbar Angst. Also, was tat ich? Ich unternahm kleine Schritte! Ich begann Videos aufzunehmen. Wenn ich heute zurückschaue, waren es ziemlich schlechte Videos, aber sie sind das Beste, wozu ich damals imstande war. Und ich übte mich darin, in der Öffentlichkeit zu scheitern – etwas, von dem ich absolut kein Fan bin. Aber es war notwendig. Es war notwendig, um besser zu werden, notwendig, um mich selbst aus der Reserve zu locken. Ich musste mich verletzlich machen, um meine Angst zu überwinden. Und es hat funktioniert.

ENTWICKLE DICH WEITER: TU ETWAS, VOR DEM DU BISLANG ZURÜCK-SCHRECKST

In meinen ersten Videos stellte ich klar, dass ich es beängstigend finde, dass ich es aber trotzdem machen will. Ich erhielt liebe, ermutigende Reaktionen. Das motivierte mich weiterzumachen. Und schon bald merkte ich, dass ich vor der Kamera und vor Publikum ruhiger wurde. Mir fiel auf, dass es anfing, mir Spaß zu machen, und dass die Reaktionen der Zuschauer positiv blieben. Niemand schien enttäuscht zu sein, niemand schien zu glauben, ich sei ein Loser! Im Gegenteil, die Leute reagierten aufrichtig positiv. Ich erhielt von meinen Zuschauern E-Mails und Nachrichten mit der Botschaft, dass die Videos sie glücklich machten, dass ich sie damit inspirierte. Wer hätte das gedacht!

Für diese ersten Videos musste ich meine Komfortzone verlassen. Nicht extrem, aber immerhin. Es war ein kleiner, vorsichtiger erster Schritt. Und dieser kleine Schritt machte mich mutiger, sodass ich den nächsten kleinen Schritt machen konnte. Und noch einen. So lang, bis ich mich vor der Kamera wohlfühlte und Videos produzieren konnte, mit denen ich Menschen wirklich helfen kann.

Im Zusammenhang mit persönlichem Wachstum hört man oft den Rat, man solle die eigene Komfortzone verlassen. Das ist ein guter Rat, aber scheinbar wird in diesen Kreisen oft der Bequemlichkeit halber die Tatsache, dass es beängstigend ist, weggelassen. Es ist, als müsstest du ganz alleine durch einen dunklen, nebligen Märchenwald gehen - bibber!

Es bedarf großen Mutes, um in die Tiefe zu springen. Und manchmal sind wir so mutig. In der Regel jedoch nicht. Für die meisten Menschen wäre es too much, wenn sie täglich so viel Tapferkeit aufbringen müssten.

Für die meisten Menschen dürfte es kein Problem sein, vom Waldrand aus ein paar Schritte zwischen die Bäume zu machen, zumindest solange sie den Weg zurück noch sehen können. Es ist jedoch eine ganz andere Sache, eine Expedition Richtung tiefste Waldmitte zu starten, während die Sonne langsam untergeht. Um dort die Nacht alleine zu verbringen, umgeben vom unheimlichen Geraschel der Trolle und der sich im Wind bewegenden Bäume.

Auf einmal sehnt man sich nach diesem hässlichen blonden Prinzen mit seinem viel zu großen Pferd.

Es ist eine äußerst wertvolle Erfahrung, die eigene Komfortzone zu verlassen, weil es uns dabei hilft, schneller zu wachsen. Sobald man sich seinen Ängsten stellt, verschwinden sie, so, wie man mit einer Taschenlampe die Dunkelheit aufhebt. Nur mir nichts, dir nichts zu springen ist für die meisten Menschen einfach eine Nummer zu groß. Manchmal kann man nicht anders – manchmal wird man über den Rand geschoben. So fühlte es sich während meiner ersten Reise nach Indien an. Ich wollte gar nicht nach Indien, aber Billy wollte schon ewig dorthin. Und ich beschloss, keinen Widerstand zu leisten. Nach einem langen Flug und einer interessanten Taxifahrt wurden wir auf einer chaotischen Straße mit Menschen, Tieren und Müllbergen mitten in Mumbai abgesetzt.

Der erste Monat unserer Reise fühlte sich an, als hätte ich mein Lager am Rande eines Geisterwaldes aufgeschlagen. Es war nicht extrem gruselig, aber es fühlte sich auch nicht komfortabel an. Tag für Tag lernte ich mehr über mich selbst, und nach und nach stellte ich mich darauf ein. Ich spürte, wie ich langsam ruhiger wurde. Und dass ich meine neue Freiheit genoss. Denn wenn ich mich in Indien wohlfühlen kann – dann wird es mir an vielen anderen Orten erst recht gelingen!

Also ja – ich stimme dem zu: Es ist notwendig, sich aus der Komfortzone hinauszuwagen. Ich glaube jedoch nicht, dass es notwendig ist, dauernd in die Tiefe zu springen, wenn man das nicht möchte. Es ist völlig in Ordnung, es zu tun – es ist definitiv die schnellste Route –, aber es ist nicht der einzige Weg. Und es ist nicht immer der kürzeste Weg, denn Sich-in-die-Tiefe-Stürzen bringt viel Zaudern, Aufschieberitis und schlaflose Nächte mit sich. Und das macht einen nicht gerade glücklich.

Daher werden wir es anders angehen.

Welche Methode funktioniert immer? Richtig, die Ausbrüt-Methode. Also, kleine Schritte machen, die man nur ein bisschen unheimlich findet. Sich Tag für Tag dazu bringen, einen kleinen Schritt weiterzugehen. Dazu, etwas zu tun, was sich unbehaglich anfühlt. Kleine Schritte sind machbar und vermutlich sogar ziemlich okay. Sie zu machen fühlt sich meistens aufregend statt beängstigend an.

Als ich mein erstes Video auf YouTube hochlud, hatte ich nicht wirklich Angst. Ich fand es eher gut und aufregend, so wie Achterbahnfahren ein bisschen unheimlich, vor allem aber ziemlich gut. Es fühlte sich an wie ein kleiner Sieg über mich selbst, einer, der mir half, immer öfter meine eigenen Hindernisse zu überwinden.

Etwas tun, was man ein bisschen unheimlich findet, bewirkt das Folgende:

» Es hilft dir, den Bereich deiner Komfortzone zu erweitern. Du wirst keine riesigen Sprünge machen, aber du wirst Tag für Tag Fortschritte verbuchen.

» So wirst du dich nach einem Monat bereits ein ganzes Stück weiterentwickelt haben. Und wenn du nach einem Jahr zurückschaust, wirst du feststellen, dass du praktisch mühelos und noch dazu mit einer Menge Spaß einen großen Schritt vorwärtsgemacht hast.

» Indem deine Komfortzone wächst, gewinnst du selbst an Freiheit. Deine Welt wird größer. Du fühlst dich in immer mehr Situationen und unter verschiedensten Bedingungen wohl, wodurch du ohne Angst mehr aus deinem Leben holen kannst. Ich kann jetzt ganz entspannt durch Mumbai gehen, etwas, das ich mir vor einigen Jahren nicht hätte vorstellen können.

» Du spürst, dass du lebst. Das Leben außerhalb der Komfortzone ist wild und aufregend. Es ist, als ob der Wind durch dein Haar weht. Es hilft dir, schnell zu wachsen und Ängste loszulassen. Es fühlt sich befreiend und unglaublich lohnenswert an.

Tu jeden Tag etwas, was du ein bisschen beängstigend findest, aber was du gerne tun würdest. Nichts Großes, sondern irgendetwas Kleines. Zum Beispiel den ersten Schritt in Richtung eines großen Traums machen, einen Passanten auf der Straße ansprechen, etwas Neues ausprobieren, obwohl du weißt, dass es dir möglicherweise nicht gelingt, auf der Straße tanzen oder dich für eine neue Ausbildung anmelden.

Unbequeme Schritte sind spannend. Fordere dich jeden Tag ein wenig heraus und du wirst spüren, wie dein Leben immer mehr in Bewegung gerät.

TRAU DICH, DICH VERLETZLICH ZU MACHEN

Von all den Möglichkeiten, uns außerhalb unserer Komfortzone zu bewegen, meiden wir eine wie die Pest: sich verletzlich machen. Logisch. Weil man uns dann wehtun kann. Wer zum ersten Mal zu jemand anderem sagt »Ich liebe dich«, macht sich verwundbar. Der begibt sich im wahrsten Sinne des Wortes in eine Situation, in der man sehr leicht verletzt werden kann. Wenn die Reaktion lauwarm ausfällt, fühlt man sich mit ziemlicher Sicherheit schrecklich. Dennoch ist es notwendig, sich verletzlich zu machen, wenn man mehr Zufriedenheit erfahren möchte. Es ist der einzige Weg, wirklich zu leben. Das Gegenstück zur Verletzlichkeit ist Perfektionismus. Und Perfektionismus fühlt sich wie eine schwere Ritterrüstung an. Sie schützt uns einerseits gegen die böse Welt da draußen, andererseits sind wir Tag für Tag in einem Haufen Metall gefangen, den wir auch noch mit uns rumschleppen müssen.

Das funktioniert nicht.

Sich verwundbar machen bedeutet, dass man sich traut, ganz man selbst zu sein. Dass man nicht mehr krampfhaft versucht zu verbergen, dass man nicht perfekt ist. Dass man manchmal auch nicht weiterweiß. Dass man einfach nur versucht, alles so gut wie möglich zu machen, und dass das okay ist. Man versucht nicht toller zu wirken, als man ist, man traut sich, etwas von sich preiszugeben.

Das erfordert Übung. Das geht nicht von selbst. Es wird jedoch einfacher, wenn man lernt, sich selbst zu akzeptieren, und wenn man aufhört, sich selbst zu verurteilen. Sich verletzlich machen wird einfacher, wenn man sich bewusst ist, dass man im Grunde okay ist, so, wie man ist. Dass man sich nicht zu ändern braucht und einfach man selbst sein darf.

Sich verwundbar machen bedeutet, dass man nach und nach die Fassade einreißt. Man braucht nicht gleich jedem seine tiefsten Geheimnisse zu verraten (lieber nicht machen!). Aber man kann kleine Schritte unternehmen, sich nach und nach den Menschen, die einem nahestehen, öffnen, etwas von sich selbst zeigen.

Es bedeutet weiterhin, dass man sich traut, sich anderen mitzuteilen, wenn es mal nicht so prickelnd läuft, wenn man Unterstützung braucht. Dass man die anderen wissen lässt, wie man sich fühlt, auch oder gerade dann, wenn es einem nicht gut geht. Dass man über seine Ängste spricht. Es bedeutet auch, dass man sich traut, Liebe zu geben. Dass man sich traut, seine Meinung zu sagen. Und dass man sich traut zuzugeben, dass man manchmal selbst nicht weiß, was man machen soll.

ZEIGE DICH SO, WIE DU BIST

Es bedeutet, dass man sich traut, sich anderen so zu zeigen, wie man ist. Und dass einem das im Laufe der Zeit immer besser gelingt. Das fühlt sich bedrohlich an, insbesondere am Anfang. Es ist aber eine sehr wertvolle Übung, da sie dir den Raum verschafft, endlich ganz du selbst zu sein. Erst wenn deine Mitmenschen wissen, was deine Stärken und Schwächen sind, brauchst du dich nicht mehr zu fürchten. Wenn du das Licht auf die Dunkelheit richtest, löst sich die Dunkelheit auf. Wenn du dich selbst verletzlich zeigst, zeigst du dein Inneres. Im Laufe der Zeit brauchst du immer weniger zu verbergen, wodurch du immer entspannter du selbst sein kannst.

LEBENSLANGES LERNEN

Lernen gibt deinem Leben Bedeutung, so, wie Dünger der hässlichen Konifere im Vorgarten deiner Mutter Kraft gibt. Sobald du aufhörst zu lernen, steht dein Leben still, gibt es keine Entwicklung mehr. Je mehr man über die Welt, das Leben, die eigenen Interessen lernt, desto tief greifender entwickelt man sich in verschiedenen Richtungen.

Die Vorstellung, dass man sich – mit der entsprechenden Motivation – selbst alles Mögliche beibringen kann, ist faszinierend, oder? Von Programmieren über Permakultur und Kunstgeschichte bis hin zu Coaching. Indem man Bücher liest, sich Videos ansieht, Workshops besucht, an Kursen teilnimmt oder eine Ausbildung macht, kann man sein eigenes Leben erheblich bereichern und ihm mehr Tiefgang verleihen.

Immer wenn wir etwas über ein neues Fach- oder Interessengebiet lernen, wächst auch unsere Hochachtung vor dem großen Wissens- und Erfahrungshintergrund, auf dem alles basiert. Das Internet hat uns die Welt des Wissens zu Füßen gelegt. Das Einzige, was wir tun müssen, ist, uns zu überlegen, in welchem Bereich wir unser Wissen ausbauen wollen, ein paar Wörter in das Suchfeld einer Suchmaschine zu tippen, und die Reise kann beginnen.

Ob man nun einen Onlineshop eröffnen, einen Gemüsegarten anlegen oder eine eigene Sekte gründen möchte – alles ist möglich. Es gibt immer irgendwen, der es schon gemacht und dir so einen Weg gebahnt hat. Es gibt Bücher, Websites, Wikipedia-Einträge, Foren, Treffen, Workshops und so weiter.

Wenn du nicht weißt, was du mit deinem Leben anstellen sollst, beschäftige dich mit etwas Neuem, das dich interessiert. Beleg einen Yoga- oder Meditationskurs. Melde dich zum Boxen an, reparier deinen Kühlschrank, erstelle eine Website, bringe dir alles über dein Haustier bei, mach einen Kochkurs zur veganen Küche oder bau dir ein ökologisches Gartenhaus.

Je mehr man lernt, umso neugieriger und aufgeschlossener wird man. Dadurch stellt man wiederum immer interessantere und zielgerichtetere Fragen – ein Zeichen für die eigene Weiterentwicklung.

Probiere es mal aus, demonstriere es dir selbst. Öffne einen Wikipedia-Eintrag zu einem Thema, über das du nichts weißt, das dich aber interessiert. Aller Voraussicht nach beginnst du mit einem Überbegriff wie Roboter, Permakultur oder Psychologie.

Sobald du die erste Seite gelesen hast, weißt du schon mehr über das Thema. Du weißt jetzt beispielsweise, dass Roboter anhand von Codes programmiert werden.

Dein nächster Suchauftrag lautet: Wie programmiere ich einen Roboter? Danach erfährst du alles Mögliche über verschiedene Programmiersprachen, woraufhin du dich entschließt, dich in die Unterschiede zwischen den diversen Programmiersprachen zu vertiefen. Dir wird deutlich, warum sie existieren und wie sie prinzipiell funktionieren. Im Laufe eines Abends könntest du so weit sein, die ersten Zeilen eines Programmiercodes geschrieben zu haben. Oder den ersten Absatz für das Manifest deiner neuen Sekte.

Und selbst wenn du an dieser Stelle aufhörst, hast du dir etwas Gutes getan. Denn du verstehst nun, wie ein Teilgebiet dieser Welt funktioniert. Das kann der Ausgangspunkt für neue Interessen und andere Entwicklungen sein.

LERNEN FÜLLT DEN KOPF MIT NEUEN IDEEN

Lernen kann ein unerschöpflicher Quell von Freude und Zufriedenheit sein. Ich hüpfe förmlich durchs Zimmer vor Begeisterung, wenn ich ein gutes Buch lese und sich mein Kopf mit tollen Ideen füllt. Es fühlt sich an, als ob überall Türen auffliegen und ein frischer Wind mein Gehirn durchlüftet.

Es ist ganz simpel: Folge deiner Neugier, gibt dir Raum für Selbstentwicklung. Hör nie auf zu lernen, und du wirst merken, wie dein Leben dadurch immer mehr Tiefgang bekommt.

KONZENTRIERE DICH AUF ERFAHRUNGEN

Ein anderer Weg, seinen Geist zu erweitern, ist Reisen, am besten in Länder, deren Kulturen sich stark von der unsrigen unterscheiden. Tauche in andere Lebensformen ein, andere Gebräuche, Überzeugungen und Traditionen.

Staune darüber, dass die meisten Menschen auf dieser Erde Weihnachten so wichtig finden wie jeden anderen x-beliebigen Tag im Jahr. Erkenne, dass es viele Lebensmodelle gibt. Und dass die Art und Weise, die wir im Westen bevorzugen, nur eine von vielen ist. Eine mit ihren eigenen Vor- und Nachteilen, so, wie jede andere Art zu leben auch.

Wähle aus jeder Kultur deine Lieblingselemente aus und flechte sie in dein Leben ein.

Wie ich bereits schrieb: Während meiner Reise in Indien hielt ich mich permanent außerhalb meiner Komfortzone auf. Aus diesem Grund kehrte ich nach drei Monaten als ein anderer Mensch zurück. Nicht weil ich erleuchtet war oder besondere spirituelle Erfahrungen gemacht hatte, sondern nur weil ich daran gewachsen war. Ich hatte so lange außerhalb meiner Komfortzone verbracht, dass danach in den Niederlanden alles viel einfacher schien. Das Leben stellte sich plötzlich als ziemlich leicht und angenehm heraus. Mir wurde klar, dass ich wirklich nichts zu meckern habe.

Es besteht ein großer Unterschied zwischen intellektuellem Verständnis und dem Wissen, das auf Erfahrung beruht. Weil ich an einem anderen Ort war, wo alles derart anders ist, weiß ich nun aus Erfahrung, dass mein Leben zu Hause im Vergleich ziemlich schön und angenehm ist. Und dafür kann ich mich zusätzlich dankbar fühlen.

Man braucht aber nicht zu verreisen, um unvergessliche Erfahrungen zu machen. Und nicht jede Erfahrung muss so beeindruckend sein wie ein paar Monate Indien.

Einige meiner besten Erfahrungen sind gerade besonders einfach: Picknick mit lieben Freunden, gemeinsam mit guten Freunden ein gutes Essen kochen und zusammen mit lieben Menschen die Natur genießen.

Kürzlich habe ich mit einer Freundin kurz außerhalb von Delft ein #microadventure unternommen. Wir packten unsere Schlafsäcke und Isomatten sowie eine Flasche Wein und ein paar Leckereien zusammen. Im Wald machten wir uns auf die Suche nach einem schönen ungestörten Plätzchen. Dort schlugen wir unser Lager auf, machten ein illegales Feuerchen und rösteten Marshmallows.

Anschließend schliefen wir auf dem Waldboden ein, irgendwann wurden wir, mitten in der Nacht, durch unerwartete Regentropfen geweckt. Nun – das niederländische Wetter eben. Mit benebeltem Kopf machten wir uns zu unseren Fahrrädern auf, die wir irgendwo im Wald versteckt hatten. Und durch den Regen radelten wir nach Hause. Dadurch haben wir den Programmpunkt »mit Kaffee aus der Thermoskanne und labbrigem Croissant aufstehen« verpasst. Trotzdem war es definitiv ein Abenteuer.

Alles, was man zum ersten Mal tut, fühlt sich intensiv an. Sobald man sich daran gewöhnt hat, wird es normal. Gerade deshalb ist es so schön, neue Erfahrungen zu sammeln. Es hilft einem, mehr Erinnerungen zu schaffen und auf ein Leben zurückschauen zu können, das einem ein zufriedenes Gefühl vermittelt.

Unternimm etwas Interessantes, Besonderes und Schönes mit den Menschen, die dir nahestehen. In einem meiner beliebtesten YouTube-Videos verteile ich während des traditionellen Anbadens am Neujahrstag in Scheveningen mit Billy und ein paar anderen Freunden FREE HUGS.

Obwohl es ganz bestimmt auch ein cooles Erlebnis ist, sich in die kalten Fluten zu stürzen (nix für mich, ehrlich), wir haben uns köstlich beim Verteilen der kostenlosen Umarmungen amüsiert. Es ergaben sich wundervolle Momente und es war ein gelungener Nachmittag, den ich nie vergessen werde.

Wenn man etwas Schönes erlebt, fühlt man sich wirklich lebendig. Vor allem, wenn man etwas zum ersten Mal macht. Es ist gar nicht nötig, über teure, komplizierte Erlebnisse nachzudenken (obwohl diese sicherlich wertvoll sein können). Freunde von uns beispielsweise organisieren regelmäßig ein Wohnzimmerkonzert. Ein reisender Musiker macht dann bei ihnen zu Hause Musik, alle bringen leckere Häppchen und Getränke mit, und wir verbringen einen wundervollen Abend.

Es ist weder schwer noch aufwendig, man muss es nur bewusst planen und dann auch ganz bewusst genießen. Plus, es erfordert manchmal ein bisschen Mut. Aber man sollte es nicht größer machen, als es ist. Man verwendet einfach die Ausbrüt-Methode. Man brütet Schritt für Schritt auf den Erfahrungen, die man nie mehr missen möchte. Mach etwas Neues, etwas, das Spaß macht und bei dem dir gleichzeitig etwas mulmig ist. Und mach morgen so etwas gleich noch einmal. Auf diese Weise wächst du nämlich, mit viel weniger Aufwand und schneller als erwartet.

13

FOLGE DEINEM HERZEN – SO GEHT'S

»Remembering that you are going to die is the best way I know to avoid the trap of thinking you have something to lose. You are already naked. There is no reason not to follow your heart.«
Steve Jobs

Steve Jobs ist einer meiner Helden. Von dem Zitat oben – es stammt aus seiner weltberühmten Stanford-Rede – bekomme ich Gänsehaut. Du bist bereits nackt. Es gibt keinen Grund, nicht deinem Herzen zu folgen. Du stirbst und du kannst nichts mitnehmen. Es ist einfach und wahr, dennoch fühlt es sich nicht immer so für uns an.

Indem du deinem Herzen folgst, wirst zu dem, der oder die du wirklich bist. Im Grunde geht es darum, die Natur walten zu lassen. Denn für viele Menschen gilt: Sie tragen den Samen eines Birnbaums, sie verhalten sich jedoch wie ein Apfelbaum. Weil die Welt Äpfel essen will.

Nur, Birnbäume tragen Birnen, keine Äpfel. Indem du deinem Herzen folgst, lernst du, endlich du selbst zu sein. Du lernst, Schritt für Schritt auf die Person zuzugehen, die du im Inneren bist. Dein wahres, authentisches Selbst. Die Person, die ein Talent für Birnen hat. Und akzeptiere, dass du nicht auf dieser Erde bist, um Äpfel hervorzubringen. Wie gern alle anderen auch Äpfel essen möchten.

Dem Herzen zu folgen ist einfach und schwierig zugleich. Einfach, weil wir nichts tun müssen. Und schwierig, weil nichts zu tun schwieriger ist, als es zunächst scheint.

Wir wollen immerzu beschäftigt sein, denken, unserem Verstand folgen. Wir schätzen unser Wissen, Fakten und tief gehende Überlegungen. In unserer Gesellschaft lernen wir, in erster Linie dem Intellekt zu folgen und Intuition links liegen zu lassen. Weil wir mit unserem Verstand unseren Lebensunterhalt verdienen. Unser Denkvermögen hilft uns, Probleme zu lösen, Arbeit zu finden und die Wirtschaft am Laufen zu halten. So ist alles vorhersehbar und logisch. Und es ist daher äußerst wertvoll, seinen Intellekt weiterzuentwickeln.

Aber wir Menschen sind mehr als Denkmaschinen. Wir verfügen auch über ein großes Gefühlsspektrum. Und obwohl die meisten Gefühle durch Gedanken verursacht werden, gibt es auch solche Gefühle, die woanders entstehen. Das sind die tieferen Gefühle, die uns irgendwo hinziehen. Die einem so ein vages Gefühl geben, dass man sich selbstständig machen oder auswandern möchte, den Job wechseln oder etwas mit den Händen kreieren.

Das ist Intuition. Sie versucht, uns etwas mitzuteilen. Nur das, was sie zu sagen hat, wird von uns und den Menschen in unserem Umfeld oft als unerwünscht betrachtet.

Unsere Mitmenschen haben es lieber, wenn wir uns vorhersehbar verhalten. Wenn wir uns nicht allzu sehr verändern. Denn solange wir so sind, wie wir immer waren und das tun, was wir immer getan haben, vermittelt das ein sicheres Gefühl. Dann gibt es keine Änderungen, die ihnen ein unsicheres Gefühl geben könnten. Und das ist auch logisch.

Mal angenommen, du gehst jede Woche mit einer guten Freundin ins Kino und genießt das sehr. Was würdest du denken, wenn diese Freundin plötzlich beschließt, jeder Form von Medien abzuschwören, um ab jetzt in einer Hütte im Wald zu meditieren?

Du wärst wahrscheinlich nicht gerade glücklich über diese Neuigkeit. Wie schön für deine Freundin, dass sie ihre Berufung gefunden hat. Aber du hast jetzt niemanden mehr, mit dem du ins Kino gehen und über deine Wochenerlebnisse plaudern kannst. Es war ein Teil deines Lebens, den du sehr genossen hast. Also ist die Wahrscheinlichkeit groß, dass deine Freundin bei dir auf Widerstand stößt, wenn sie dir von ihrem Entschluss erzählt. Dass du Bemerkungen machen wirst wie: »Bist du dir sicher?«. »Das wird eine sehr einsame Angelegenheit, ist das wirklich gut?« Und »Du wirst dich doch nicht von allem trennen, bloß um in einer Hütte zu hocken? Was, wenn du es bereust?«.

ANDEREN DIE FREIHEIT LASSEN, IHREM HERZEN ZU FOLGEN

Wenn du deinem Herzen folgen willst, ist es wichtig, den Menschen in deiner Nähe die Freiheit zu gönnen, dasselbe zu tun. Wie wir bereits besprochen haben, sind »aufhören mit verurteilen« und »andere akzeptieren« zwei der wertvollsten Dinge, die man tun kann. Es ist der beste Weg, um Liebe zu verbreiten.

Weil wahre Liebe Freiheit bedeutet.

Der Rest – Besitzansprüche stellen, klammern, den anderen klein halten, Veränderung und Weiterentwicklung ausbremsen –, all das ist bloß als Liebe verkleidete Angst.

Andere vollständig zu akzeptieren und freizulassen ist insbesondere dann schwierig, wenn ihre Entscheidungen unser Leben beeinflussen. In dieser Hinsicht halten wir uns alle gegenseitig ein bisschen auf dem Boden. Wir alle sind wie diese bunten Heliumballons, die sie auf Volksfesten verkaufen. Wir alle wollen aufsteigen, werden jedoch von den Menschen festgehalten, die uns lieben.

Ich erinnere mich noch gut, wie Billy mir zu Beginn unserer Beziehung (als wir zwanzig waren) sagte, dass er vorhabe, für sechs Monate mit einer Freundin durch Australien zu reisen. Sie hatten das schon geplant, bevor wir uns kennenlernten.

Aber für mich kam das überhaupt nicht infrage. Ich fing an zu kämpfen. Ich weigerte mich buchstäblich, die Schnur loszulassen und ihn aufsteigen zu lassen, obwohl es das war, was er wollte.

Warum? Weil ich mir keine sechs Monate ohne ihn vorstellen konnte. Und weil ich derjenige sein wollte, mit dem er Australien entdecken würde. Das ist eine logische, aber auch egoistische Reaktion. Sie führt zu Verkrampfung, nicht zu Liebe.

Es ist nun einmal so, dass man nicht aufsteigen kann, solang man den anderen am Boden hält. Also kläre mit dir selbst, wie du dich anderen gegenüber verhältst. Hältst du sic klein, weil du dich selbst nicht traust weiterzukommen?

SICH SELBST KLEIN HALTEN

Aber selbst wenn andere dir keine Steine in den Weg legen, wenn sie dich loslassen und dich liebevoll dazu ermuntern, das zu tun, was dir dein Herz sagt, selbst dann ist es nicht immer einfach, das zu tun, was man tun muss.

Niemand hält die Ballonschnur fest, du kannst so hoch aufsteigen, wie du möchtest. Und dann bleibst du am nächsten Ast eines Baums mit all den anderen Ballons hängen. Weil wahre Freiheit überwältigend ist. Sie fühlt sich zu groß, zu unheimlich an.

Warum hältst du dich selbst auf? Weil unser Herz irrational ist. Unsere Intuition folgt nicht der Logik unseres Verstandes. Deswegen ist sie auch unvorhersehbar und unkonventionell. Und ruft bei anderen Irritationen hervor, weil du dann nicht mehr in die richtige Schublade passt. Weder in die Schublade, in die andere dich stecken, noch in die Schublade, in die du dich selbst gesteckt hast. Weil sich deine Prioritäten ändern und weil dein Leben anders aussehen wird als bisher.

Und wenn man es zulässt, wird jede Veränderung schwierig.

Für eine angespannte Person ist es nicht einfach, den Körper völlig zu entspannen. Genauso ist es für die meisten Menschen, die bisher vor allem vom Kopf aus gelebt haben, nicht einfach, auf einmal auf ihre Intuition zu hören und ihrem Herzen zu folgen.

Das ist logisch, aber nicht erstrebenswert. Denn wenn du deinem Herzen folgst, näherst du dich deinen Zielen, die wir Zufriedenheit und Erfüllung genannt haben. Du näherst dich ihnen mehr, als du je für möglich gehalten hast. Schauen wir uns also an, wie du auf diesem Weg weiterkommst.

WAHRE FREIHEIT FÜHLT SICH ZU GROSS, ZU UNHEIMLICH AN

WO FÄNGT MAN AM BESTEN AN?

Dem eigenen Herzen zu folgen hat wenig mit dem physischen Organ zu tun, es geht darum, die Natur walten zu lassen. In etwa so, wie sich ein schöner Wald entwickelt, wenn man nicht mehr stutzt, schneidet und hackt. Oder wie ein Welpe von selbst ein erwachsener Hund wird. Wie der Fluss, der über Hunderte von Millionen Jahren langsam den Grand Canyon gegraben hat.

Dem eigenen Herzen zu folgen bedeutet, dass sich alles, was du tust, in jedem Moment für dich richtig anfühlt. Es bedeutet, den Garten in Ruhe zu lassen, sodass dein »wahres Ich« aufblühen kann, weil du aufgehört hast, zu hacken, zu stutzen und zu schneiden.

Dem eigenen Herzen zu folgen bedeutet, du selbst zu sein und deiner Neugierde nachzugeben. Mit dem Strom zu schwimmen statt gegen ihn. Zu entdecken, wer du bist, was du willst, was dir Zufriedenheit bringt. Das, was du über dich herausgefunden hast, vollständig anzunehmen und anschließend daran zu arbeiten. Mit einem Lächeln auf deinem Gesicht.

Dem eigenen Herzen zu folgen bedeutet, dass du näher zu dir selbst kommst. Dass du aufhörst, dich selbst zu betrügen, und dich endlich traust, der oder die zu sein, der oder die du von Natur aus bist. Klingt ziemlich gut, oder? Schauen wir uns das einmal genauer an.

DEM EIGENEN HERZEN ZU FOLGEN BEDEUTET, DIE GEDANKEN AUSZUSCHALTEN

Schwierig, schwierig, schwierig! Bis es plötzlich nicht mehr schwierig ist. Die Gedanken »auszuschalten« ist in unserer Gesellschaft unüblich. Aber es ist notwendig. Denn all diese Gedanken in unserem Kopf sorgen dafür, dass wir uns ständig selbst in der Sonne stehen. Wir sorgen für Schatten, wo wir eigentlich Licht haben möchten.

Gedanken sind nichts Schlechtes. Nur manche Gedanken wirken so, wie wenn man verdünntes Bleichmittel auf eine Pflanze schütten würde. Die Pflanze geht dann vielleicht nicht gleich ein, aber es hilft ihr auch nicht gerade, sich auf natürliche Art und Weise zu entwickeln.

Also wollen wir weniger denken und mehr sein. Weniger analysieren und mehr leben.

Deshalb ist es wichtig, still zu sein. Wir haben bereits über die Kraft der Meditation gesprochen. Wenn wir unsere Gedanken zur Ruhe bringen, ist es einfacher, auf unsere Intuition zu hören. Weniger denken, weniger sich in Gedanken verlieren, weniger über die Zukunft oder die Vergangenheit philosophieren. Du kannst deinem Herzen nur folgen, wenn du auch hörst, was dein Herz sagt.

Die Intuition ist bescheiden. Sie wird leicht von all den Geschichten übertönt, mit denen sich unser Gehirn vergnügt. Etwa von den Gedanken darüber, was »vernünftig« ist, was du bestimmt nicht ändern willst und wie du dein Leben so sicher und bequem wie möglich halten kannst, indem du ein paar neue Sachen kaufst, dir ein Glas Wein oder noch etwas Schokolade gönnst.

Deine Intuition ist mehr ein Flüstern. Während dein Ego eher schreit.

Also, mach dir keine Sorgen, werde ruhig. Sei einen Augenblick nicht produktiv, effizient, fantastisch und perfekt. Sei öfter still − es ist gut so, so, wie du bist. Wir haben bereits besprochen, wie du dies erreichen kannst. Und dieses Thema ist einfach ein weiterer Grund, um damit anzufangen.

Stille, Achtsamkeit und Meditation setzen viel Schönes in Gang, ohne dass du viel tun musst. Es ist tatsächlich die kurze Route.

DEINEM HERZEN ZU FOLGEN BEDEUTET, SICH KEINEN KOPF UM DIE URTEILE ANDERER ZU MACHEN

Sobald du deinem Herzen folgst, wirst du es mit Widerstand zu tun bekommen. Teils kommt er aus dir selbst und teils von deiner Umgebung. Du willst eine bestimmte Sache machen, während andere wollen, dass du genau das Gegenteil tust.

> » Du möchtest eine Weltreise machen, deine Eltern wollen, dass du zu Hause bleibst.

> » Du möchtest deinen gut bezahlten Job aufgeben, deine Freunde erklären dich für verrückt.

> » Du willst aufhören, Fleisch zu essen, dein Partner sagt: »Kommt gar nicht in die Tüte.«

> » Du möchtest auf der Straße tanzen, die Gesellschaft hat es lieber, wenn du dich normal verhältst.

Genau. Und wenn du darüber nachdenkst, verstehst du die Reaktionen sogar. Und wenn du länger darüber nachdenkst, stimmst du ihnen zu. Und ehe du dich's versiehst, lebst du ein Leben, dem alle zustimmen, außer dir selbst.

Deinem Herzen folgen bedeutet, dir keinen Kopf um die Meinung oder das Urteil anderer zu machen. Es bedeutet, dir darüber klar zu sein, dass dies dein Leben ist.

Lass den Leuten ihre Meinung. Und erlaube dir, das zu tun, was du willst, und der oder die zu sein, der oder die du sein willst.

Und immer daran denken: Du lebst nur einmal. Du kommst allein auf die Welt, und du wirst sie auch allein wieder verlassen. Du kannst nichts mitnehmen.

Und alles, was du hinterlässt, ist nur vorübergehend. Selbst wenn man Denkmäler für dich errichtet hat oder dein Gesicht in eine Felswand gehauen wurde. Alles verschwindet. Du bist nackt, es gibt nichts zu verlieren – es gibt keinen Grund, nicht deinem Herzen zu folgen.

Was andere finden, ist überhaupt nicht so wichtig. Ein einfaches »Ich respektiere deine Meinung, aber ich werde es trotzdem anders machen« wirkt manchmal Wunder. Das ist von Zeit zu Zeit schwierig und beängstigend. Aber man muss es ja auch nicht in einem Schritt umsetzen. Wir können uns in kleinen Schritten in Richtung freieres Leben bewegen, ohne sofort alles über den Haufen zu werfen. Auch in diesem Fall funktioniert die Ausbrüt-Methode hervorragend. Mit kleinen Kursänderungen kann man letztendlich sein ganzes Leben umkrempeln, ohne mit enormen Widerständen des eigenen Gehirns und der Umwelt kämpfen zu müssen.

Je schneller man sein Leben über den Haufen wirft, desto mehr Widerstand wird man erfahren. Wenn man mal darüber nachdenkt, ist es auch logisch. Je schneller man sich auf der Erde fortbewegt, umso mehr Widerstand ist man ausgesetzt. Ein Auto, das 50 fährt, verbraucht im Verhältnis weniger Energie als ein Auto, das 150 fährt.

Je schneller man fährt, umso größer werden die Kräfte, die die Geschwindigkeit begrenzen. Sowohl der Luftwiderstand als auch der Widerstand der Reifen bremsen einen ab. Wenn das gleiche Auto langsamer fährt, kommt es auch an sein Ziel, ist bedeutend weniger Widerstand ausgesetzt und verbraucht somit weniger Energie.

Wenn man sich superschnell ändert, bekommt man es mit einer Menge Widerstand zu tun. Warum? Weil du andere verunsicherst und sie deshalb versuchen werden, dich aufzuhalten. Aber du erfährst auch Widerstand von dir selbst. Das passiert nicht, wenn man Schritt für Schritt vorgeht.

Wenn man sich gemächlich ändert, erfährt man weniger Widerstand. Dann wird alles einfacher, während man letztendlich dasselbe Ziel erreicht.

DEM EIGENEN HERZEN ZU FOLGEN BEDEUTET, TAPFER ZU SEIN

Deinem Herzen zu folgen lehrt dich nicht nur, auf die Meinung anderer zu pfeifen. Es lehrt dich auch Fallen und Aufstehen. Was dir dein Herz sagt, ist fast immer ein bisschen abenteuerlich. Dein Herz treibt dich vorwärts, damit du wachsen, dich entwickeln kannst. Damit du dich traust, diesen dunklen Geisterwald zu betreten, weil du einfach neugierig bist, was sich dort versteckt.

Das kann ziemlich beängstigend sein. Und je mehr man darüber nachdenkt, desto logischer erscheint es einem, dem Herzen nicht zu folgen. Lieber doch nicht diesen Coffeeshop zu eröffnen, diese Reise zu machen, diese Beziehung anzufangen oder diesen Job anzunehmen. Es braucht Mut, den eigenen Gefühlen zu vertrauen. Der eigenen Intuition. Und weißt du was? Oft geht es auch schief. Manchmal geht es schief, weil du gar nicht deiner Intuition gefolgt bist, sondern deinem Ego. Und manchmal geht zwar etwas schief, aber die Lektion, die du daraus lernst, ist so wertvoll, dass es später so wirkt, als ob es gut gelaufen wäre.

Wie auch immer – dem eigenen Herzen zu folgen ist beängstigend. Und aufregend, abenteuerlich und unglaublich schön. Also musst du mutig sein. Du musst bereit sein zu stolpern, dir ordentlich wehzutun, dich wieder aufzurappeln, deine Klamotten abzuklopfen und erhobenen Hauptes und mit einem Lächeln auf dem Gesicht weiterzumachen.

Fallen und aufstehen, fallen und aufstehen. Versagen und lernen. Drei Schritte vorwärts, zwei zurück. Das erfordert Mut, Durchhaltevermögen und auch ein bisschen Tapferkeit. Die Tapferkeit, sich verletzlich zu machen, dem Unbekannten zu begegnen und sich in die Tiefe zu stürzen.

DEM EIGNEN HERZEN ZU FOLGEN IST UNPRAKTISCH

Ja, furchtbar unpraktisch. Da hat man nach drei Jahren das Haus endlich genau so, wie man es haben will, und dann meint man plötzlich, es sei Zeit für einen neuen Lebensmittelpunkt.

Nervig.

Oder man hat einen guten Job, für den man hart gearbeitet hat, alles läuft reibungslos. Aber die Arbeit erfüllt einen nicht. Man spürt schon seit Jahren, dass man sich nach einer anderen Tätigkeit sehnt. Dieses Gefühl kommt immer wieder zurück, aber ein solcher Wechsel würde das Einkommen halbieren. Kündigt man seinen sicheren Job, um dem Herzen zu folgen?

Nun. Wenn man darüber nachdenkt, erscheint es einem »unklug«. Nur, wenn man nicht darüber nachdenkt, ist die Antwort klar: Los geht's, weg mit dem Job. Auf ins Abenteuer. Man lebt schließlich nur einmal.

LOS GEHT'S, WEG MIT DEM JOB. AUF INS ABENTEUER!

Wie auch immer – dem eigenen Herzen zu folgen ist unpraktisch, kompliziert und unglaublich nervig. Oft scheint uns ein Leben mit einem Gefühl von Leere und wenig Befriedigung einfacher. Und genau das wählen die meisten Menschen dann auch. Denn das bekommt man, wenn man sich nicht weiter kümmert. Dann bekommt man etwas das so lala ist. Nicht großartig, nicht schrecklich. Sondern irgendwo dazwischen. Ein Leben, das einen nicht erfüllt, das man aber auch nicht verabscheut. Es ist bloß schade, wenn man bedenkt, dass man mit so wenig Aufwand so viel mehr Erfüllung aus dem eigenen Leben ziehen könnte.

DEM EIGENEN HERZEN ZU FOLGEN BRINGT EINEN AUF DEN RICHTIGEN WEG

Ja – und das ist das Wichtigste. Schließlich weiß man schon länger, was man tun sollte. Es sind unsere Ängste, soziale Normen und unser Drang nach Sicherheit und Komfort, der uns aufhält.

Weißt du, was das Gute ist? Man kann auch hier klein anfangen. Mit einfachen Entscheidungen. Zum Beispiel:

> » Dein Gehirn sagt Apfelkuchen, dein Gefühl sagt »Ich habe keinen Hunger«. Normalerweise nimmst du Apfelkuchen, jetzt entscheidest du dich für Leichtigkeit.

»   Dein Gehirn sagt »Ja« zu einer Party, auf die du keine Lust hast. Normalerweise opferst du dich auf. Jetzt sagst du: »Ich brauche dieses Wochenende wirklich Ruhe und Zeit für mich, ich verabrede mich lieber ein anderes Mal mit dir.«

»   Jemand versucht, dich zu etwas zu bringen, was dir überhaupt nicht entspricht. Normalerweise verbiegst du dich. Jetzt erklärst du, dass es nicht zu dir passt und du es daher vorziehst, es nicht zu tun. Auch wenn sich das unangenehm anfühlt.

»   Normalerweise machst du deine Entscheidungen von anderen abhängig. Jetzt machst du, was dir guttut, und überlässt es den anderen, es dir gleichzutun. Wenn das dazu führt, dass die anderen andere Entscheidungen als du treffen, dann (ver-)urteilst du nicht. Du freust dich für die andere Person, dass sie sich für ihren eigenen Weg entscheidet.

»   Normalerweise versuchst du andere Menschen davon zu überzeugen, etwas so zu machen, wie du es tust. Jetzt fragst du sie, was sich gut für sie anfühlt, und animierst sie, diese Richtung einzuschlagen. Auch wenn sie sich dann von dir oder deiner Art zu leben entfernen.

»   Normalerweise denkst du stundenlang über Entscheidungen nach. Jetzt lässt du los und vertraust darauf, dass sich die richtige Entscheidung ergeben wird, du den richtigen Weg findest. Dein Unterbewusstsein und deine Intuition werden sich von selbst melden, aber viel weniger Stress auslösen.

Fang damit an, in alltäglichen Situationen auf deine Intuition zu hören. So trainierst du in kleinen Schritten. Du wirst feststellen, dass es dir immer besser gelingt, zu fühlen und zu wissen, was für dich die beste Entscheidung, was der richtige Weg ist. Je öfter du das tust, desto leichter wird es, deinem Herzen zu folgen.

DEM EIGENEN HERZEN ZU FOLGEN IST WEDER ERHABEN NOCH MITREISSEND

Im Gegenteil, es ist eher klein und bescheiden. Denn es geht keineswegs immer um große Entscheidungen. Es geht darum, was sich richtig anfühlt. Man kann es auch als »der eigenen Neugier folgen« bezeichnen. Man geht dahin, wo diese einen hinführt, und so entdeckt man ganz von selbst, was einem zusagt und was nicht.

Deshalb ist es wichtig, dass wir uns von unnötigem Ballast befreien. Damit wir Zeit und Raum zum Nichtstun, zum Faulenzen haben. Damit wir unserer Neugierde folgen und Dinge tun können, die nicht »nützlich« sind, uns aber viel Spaß und Zufriedenheit bescheren. Denn wenn wir diesem *Brotkrümel-Pfad* der Neugier und des Vergnügens folgen, landen wir an dem Ort, wo wir eigentlich sein sollten. Dem Ort, an dem wir wirklich glücklich sind.

Und die Krümel sind ganz klein. Tagtäglich treffen wir Hunderte von kleinen Entscheidungen. Und genau dort beginnen wir mit dem Praktizieren. Machen wir etwas aus Gewohnheit oder machen wir es, weil es sich gut anfühlt?

Ein Beispiel: Du überlegst, was du nach dem Abendessen machen möchtest. Dein Gefühl sagt dir, dass du gern ein Buch weiterlesen würdest, mit dem du dich schon eine Weile beschäftigst und das dich inspiriert. Aber dein Ego widersetzt sich. Es fordert Bequemlichkeit und mehr Reize. Es schlägt vor, die nächste Staffel dieser coolen Serie zu gucken, schön faul auf dem Sofa abzuhängen mit ungesundem Essen.

Es ist verlockend, die einfache Route zu nehmen. Gemütlich Serien anzuschauen und Chips zu futtern. Während dein Herz dir eine Option zuflüstert, die dich glücklicher machen und die dich mehr befriedigen würde, schreit dein Ego und ist daher viel deutlicher zu hören. In einem solchen Fall wäre das Lesen des besagten Buchs der Weg deines Herzens. Der Unterschied ist ziemlich leicht zu erkennen.

1.   Dein Ego entscheidet sich für etwas, das sich jetzt gut anfühlt, dir aber auf lange Sicht nichts bringt oder dir sogar schadet.

2.   Dein Herz entscheidet sich für etwas, das sich jetzt gut anfühlt (wenn auch etwas weniger) und dir auf lange Sicht dabei hilft, deine Träume zu verwirklichen.

Wenn du dich für dieses Buch entscheidest, wirst du heute Abend wahrscheinlich mit einem glücklichen und zufriedenen Gefühl zu Bett gehen. Wenn du lieber die Serie anschaust, wirst du dich nicht viel besser fühlen, als du dich bereits fühltest.

Je öfter es dir gelingt, deinem Herzen bei solchen kleinen Entscheidungen zu folgen, desto besser wirst du. Wir handeln oft aus Gewohnheit und ignorieren unsere Gefühle. Mir passiert das zum Beispiel, wenn ich Kaffee trinke, obwohl mir mein Körper sagt, dass ich schon genug hatte. Wenn ich diesen einen Kaffee trotzdem trinke, merke ich, dass ich ihn weniger genießen kann oder ich mich sogar unwohl fühle (ich werde nervös oder bekomme Kopfschmerzen).

Der Unterschied zwischen dem, was dein Herz sagt, und dem, was dein Ego schreit, ist manchmal recht subtil. Der Unterschied lässt sich trotzdem recht einfach entdecken: Deine Intuition macht dir Vorschläge, die langfristig sinnvoll sind, dein Ego macht dir hingegen Vorschläge, die jetzt im Moment angenehm, auf lange Sicht aber oft schädlich sind.

DEIN EGO SCHREIT, DAS HERZ FLÜSTERT

»   Deine Intuition möchte eine gesunde Mahlzeit, dein Ego will Pommes.

»   Deine Intuition sagt, meditiere eine halbe Stunde, dein Ego plädiert für YouTube.

»   Deine Intuition sagt, dass du die Wahrheit sagen solltest, dein Ego meint: »Ach komm, die kleine Notlüge!«.

» Deine Intuition würde sich für Zufriedenheit und Dankbarkeit entscheiden, dein Ego sucht ununterbrochen nach Reizen und immer mehr Befriedigung.

» Deine Intuition gönnt anderen Freiheit, dein Ego möchte andere verändern und kontrollieren.

Es ist gar nicht so schwierig, wie es scheint. Und sobald du öfter zur Ruhe kommst und dein Leben weiter vereinfachst, wirst du immer deutlicher hören können, was dir deine Intuition sagt. Dann hörst du auf herumzuhacken und lässt den Garten zu einem schönen Wald werden.

Und je mehr du deinem Herzen folgst, desto schneller bewegst du dich auf der Autobahn Richtung Zufriedenheit.

14

DIE AUTOBAHN
RICHTUNG
ZUFRIEDENHEIT

Alles, was wir tun, tun wir aus einem bestimmten Grund. Und der Grund, warum wir etwas tun, ist mindestens genauso wichtig wie das, was wir im Detail machen. Unsere Intention ist wichtig. Wir helfen jemandem, weil sie oder er uns am Herzen liegt und wir dieser Person nur das Beste wünschen. Es kann aber genauso gut sein, dass wir bereit sind, jemandem zu helfen, weil wir es vorteilhaft fänden, wenn der- oder diejenige uns etwas schuldet. Dieser Unterschied wird sich in unserer Haltung, unseren Handlungen, unserer Kommunikation und in unserer Körpersprache widerspiegeln.

Wenn du ein Leben voller Sinnhaftigkeit und Erfüllung anstrebst, kann die folgende Erkenntnis auch für dich von entscheidender Bedeutung sein. Ich selbst kam wegen Magenschmerzen zu dieser Einsicht.

Es ist eine etwas merkwürdige Geschichte, aber so hat es sich nun einmal zugetragen. Vor ein paar Jahren hatte ich arge Magenprobleme. Und wie immer, wenn ich Gesundheitsprobleme habe, befrage ich sämtliche Suchmaschinen, um schön selbst zu Hause rumzudoktern. Emsig klickend lande ich auf unzähligen Seiten mit den schlimmsten Krankheiten, die man sich vorstellen kann, um schließlich einzusehen, dass ich besser damit aufhören und einen Arzt konsultieren sollte.

Dennoch kam ich dieses Mal dabei tatsächlich zu einer interessanten Erkenntnis. Meine Suche brachte mich auf eine esoterisch angehauchte Website. So eine Website, deren Design einem sofort deutlich macht, dass der Inhalt nicht wirklich ernst genommen werden kann. Trotzdem hielt mich meine Neugierde lange genug auf der Seite, um ein Prachtstück von Einsicht zutage zu fördern, eine, die mein Leben seither bereichert.

Die Seite enthielt eine Chakra-Übung zur Linderung von Bauchschmerzen. Die Übung war so einfach, und die Bauchschmerzen waren so schlimm, dass ich ihr eine Chance gab und sie ausprobierte. Die Übung half nicht. Das überraschte mich wenig. Im Nachhinein ist das auch nicht weiter tragisch. Denn mein Blick blieb bei folgender Passage hängen:

»Konzentriere Dich weniger auf Streben und stattdessen mehr auf Beitragen. Dein Ego nutzt Streben, um sich wertvoll zu fühlen. Beitragen ist die Sprache der Seele. Beim Streben geht es ausschließlich um das Ergebnis, während sich Beitragen auf den Weg richtet und nicht auf das Ergebnis.«

Feine Sache das. Vor allem, weil mich das intensive Gefühl beschlich, dass dies der Wahrheit entsprach. Diese Unterscheidung war genau das, was ich brauchte. Und obwohl die Chakra-Übung mir nichts brachte, hat diese Einsicht meine Bauchschmerzen für immer gelöst. Die Bauchschmerzen, die mich damals plagten, waren stressbedingt. Und der Wechsel von Streben zu Beitragen, den ich damals vollzog, bedeutete das Ende des Stresses, den ich zuvor erlebt hatte.

Was ist damit gemeint? In unserer westlichen Kultur ist Streben für gewöhnlich der Ausgangspunkt.

So gut wie immer, wenn wir etwas tun, ist der Grund dafür, dass wir im Verlauf des Prozesses etwas erreichen wollen. Wir streben nach einem Ergebnis. Wir arbeiten hart, damit wir erfolgreicher werden. Damit wir mehr Geld verdienen, mehr Status und Prestige erhalten, unseren Lebenslauf aufwerten und unser Selbstwertgefühl aufpolieren.

Wenn wir diese Ergebnisse erzielen, sind wir glücklich. Nur hält diese Freude nicht lange an. Weil man sich an alles gewöhnt. Zunächst ist man mit der Gehaltserhöhung mehr als zufrieden. Aber schon nach ein oder zwei Monaten ist es die neue »Normalität«, und die besonderen, positiven Gefühle sind verflogen. Das Streben hat zum Erfolg geführt, nicht aber zu Glück und Zufriedenheit.

All die Energie, die man in die Fortschritte und Erfolge steckt, führt letztendlich vor allem zu viel Stress und zu lediglich kurzen Momenten der Freude. Danach folgt jedes Mal wieder ein Gefühl der Leere, der Unzufriedenheit, und man konzentriert sich auf eine neue Mission, die neuerliches Streben erfordert.

Wie kann man mehr Befriedigung aus seiner Arbeit ziehen? Wie kann man – mit weniger Aufwand – mehr Erfüllung im Leben erfahren? Indem man aufhört zu streben.

LERNE, WENIGER ZU STREBEN

Unser Streben nach Ergebnissen führt zu einem »Unzufriedenheits-Trip«. Jedes Mal, wenn wir nach Ergebnissen streben, sagen wir damit im Grunde, dass das Leben, so, wie es jetzt ist, nicht gut genug ist.

Und jedes Mal, wenn wir ein bestimmtes Ergebnis erreicht haben, werden wir früher oder später wieder unzufrieden sein und nach einem neuen, besseren Ergebnis streben. So drehen wir uns unendlich im Kreis zwischen Unzufriedenheit, Frustration, Widerstand und harter Arbeit. Ich weiß zwar nicht, wie du darüber denkst – ich jedenfalls bin fest davon überzeugt, dass dies nicht der Sinn des Lebens ist.

Streben, etwas erreichen wollen, ist an sich nichts Schlechtes. Und es hat seinen Zweck, so wie alle Aspekte des Lebens ihren Zweck haben. Es ist bloß nicht immer wünschenswert im Hinblick auf die Ziele, die uns vorschweben.

Wenn du mehr Erfüllung und Zufriedenheit erfahren, mehr Erfolg haben und außerdem viel mehr Spaß, Dankbarkeit, Freude sowie Verbundenheit mit anderen erleben möchtest, dann gibt es einen besseren Ansatz. Hör auf zu streben und versuche stattdessen, etwas beizutragen.

WARUM BEITRAGEN SO VIEL KRAFT BESITZT

Beitragen unterscheidet sich von Streben, wie sich Teilen von Aufopfern unterscheidet. Streben geht von Unzufriedenheit aus. Es entsteht aus der Angst, nicht genug zu haben und nicht gut genug zu sein. Es ist eine Lösung für ein Problem. Beitragen geht von Überfluss aus. Es entsteht aus Liebe, Spaß, Freiheit und Freude. Es ist ein Ausdruck dessen, was bereits da ist. Eine Handlung, die aus etwas Gutem und Positivem entspringt. Nicht aus einem dunklen Keller voller Angst und Frustration.

Wenn du mit Streben aufhörst und stattdessen beginnst, etwas beizutragen, ändert sich etwas in deinem Gehirn. Diese Veränderung hilft dir, deine Arbeit und deine Rolle in der Welt mit völlig anderen Augen zu sehen.

Das Witzige dabei ist, dass sich in der Regel, wenn man den Wandel von Streben zu Beitragen vornimmt, wenig an der Außenwelt verändert. Man macht dasselbe wie bisher, aber man tut es mit einer anderen Intention, ausgehend von einem anderen Gefühl. Man agiert mit einer positiven Absicht. Einer Absicht, die sich darin manifestiert, wie man sich verhält. Etwas hat sich geändert, den anderen wird jedoch nicht gleich bewusst, was.

Anfangs agierst du plötzlich mit einem Lächeln auf dem Gesicht, unter anderem, weil deine Arbeit plötzlich viel angenehmer geworden ist. Und du tust alles mit mehr Aufmerksamkeit.

Warum? Weil dir langsam bewusst wird, dass es im Leben um die Reise geht, nicht um das Ziel. Du wirst entdecken, dass Beitragen an sich das

Ziel ist. Dass im Beitragen selbst die Belohnung verborgen liegt. Und dass alle eventuellen positiven Ergebnisse, die aus deiner Arbeit oder deinen Anstrengungen resultieren, schlicht ein Bonus sind.

BEITRAGEN BEDEUTET, NICHTS ZURÜCKZUERWARTEN

Die Kraft des Beitragens lässt sich auch in der vorn erzählten Geschichte von den Welpen und dem Eimer mit Wasser entdecken. Es ist eine menschliche Qualität, die aus Überfluss entspringt, nicht aus Unzufriedenheit. Du trägst etwas auf eine Art und Weise bei, die zu dir passt, weil du es genießt, Mehrwert zu schaffen und anderen zu helfen. Weil dir das Beitragen an sich Spaß macht, ohne damit beschäftigt zu sein, welches Ergebnis erzielt werden könnte.

Und das ist eine wichtige Erkenntnis. Denn wenn du anderen von diesem Fundament ausgehend hilfst, tust du dies, weil du gerne helfen möchtest. Nicht, weil du etwas zurückerwartest.

Beitragen macht Spaß. Wenn du mit deinen Bemühungen das Leben von anderen in irgendeiner Weise verbessern kannst, gibt dir das ein einzigartiges Gefühl der Befriedigung und der Erfüllung. In dem Moment aber, da du davon überzeugt bist, dass dir andere etwas im Austausch für deine Arbeit schuldig sind, ist es kein Beitrag mehr. Dann wird das Ganze eine Transaktion.

Daran ist an sich nichts falsch. Es hat nur eine andere Bedeutung.

Zur Veranschaulichung ein kleines Beispiel: Stell dir eine dürre Wüstenlandschaft vor und eine dunkle, pralle Regenwolke. Die Wolke hat nichts mit der Landschaft zu tun. Das Wasser der Wolke fällt als Regen, wenn die Zeit reif ist. Sobald es regnet, verwandelt sich die Landschaft. Der Beitrag der Wolke tut viel für sie. Die Natur fängt an aufzublühen, Tiere sammeln sich zum Trinken bei den kleinen Wasserstellen, Insekten fliegen herum.

Die Wolke gibt ihr Wasser ab, weil es nicht anders geht. Die Landschaft nimmt das Wasser mit Liebe auf, schuldet der Wolke jedoch nichts.

Im Gegenteil, die Wolke ist der Landschaft dankbar, weil sie bereit ist, ihre enorme »Last« aufzunehmen.

Wenn du vor Liebe und Lebensbejahung überfließt, MUSST du das schlichtweg teilen. Du kannst nicht anders. Du brauchst keine Gegenleistung dafür. Du möchtest etwas beitragen, weil es das ist, was du tun musst. Dein Eimer läuft über, du musst deine Fülle irgendwo lassen. Ja, du bist sogar dankbar dafür, dass jemand bereit ist, deine Liebe zu empfangen.

EINE REGEN- WOLKE BRAUCHT KEIN DANKE- SCHÖN

In Indien kam ich zu einer sehr interessanten Einsicht, wiederum einer, die mich bis heute bereichert. In der schönen Stadt Jaipur begegneten wir Vishal, einem jungen Inder in unserem Alter. Vishal war zwar nett, aber im Umgang auch ein bisschen merkwürdig. Er führte uns zu interessanten Orten, ließ uns leckeres Essen probieren, und wir führten gute Gespräche. Wir empfanden sein Verhalten jedoch oft als unhöflich. »Go here, eat this, wait, give it to me.« Kein Bitte, kein Danke. Nach einer Weile wurde es mir derart unangenehm, dass ich ihn darauf ansprach. Er verstand sofort, was ich meinte.

Er erklärte mir, dass er sich die westlichen Höflichkeitsformen antrainieren müsse und dass dies schwierig für ihn sei. In seinem Kulturkreis hätten Menschen eine ganz andere Auffassung von Höflichkeit. Die westliche Höflichkeit wirke auf ihn sehr reserviert.

Warum? Seine Erklärung lautete: »Ich bin mit der Vorstellung aufgewachsen, dass wir alle miteinander verbunden sind. Dass alles eins ist. Alles ist verbunden im Netz des Lebens.«

Er erläuterte mir, dass es in seiner Kultur selbstverständlich sei, dass man nett zueinander ist. Dass man sich nicht für jeden Gefallen bedanken müsse, weil man diesen Gefallen eigentlich für sich selbst tue. Jede Person sei eine Reflexion seiner selbst, und indem er jemandem helfe, helfe er sich selbst. Denn wenn alles verbunden sei, dann sei das Schönermachen der Welt durch eigene Beiträge eine Möglichkeit, das eigene Leben zu verbessern. Indem man einer anderen Person hilft, hilft man sich selbst.

Wenn wir uns ständig bedankten, machten wir das Ganze – aus seiner Sicht – zu einer Transaktion. Mit allem, was wir täten, bestätigten wir bloß unsere Unterschiede, nicht unsere Gemeinsamkeiten. Wir bekräftigten, dass wir nicht eins sind, weil es nicht nötig wäre, sich selbst dafür zu danken, dass man sich die Tür aufhält.

Ich werde diese Umgangsformen in absehbarer Zeit sicher nicht annehmen, einfach deswegen, weil es kulturell nicht klickt, und außerdem wirken sie nach wie vor unfreundlich auf mich. Aber die zugrunde liegende Philosophie ist genau das, was ich meine. Die Regenwolke braucht kein Dankeschön. Einer Blume muss nicht gesagt werden, dass sie gut riecht. Einem Baum ist es egal, wer die Birnen pflückt.

Alles ist aus dem gleichen Stoff gemacht und alles auf der Erde ist miteinander verbunden. Es ist eine schöne Erfahrung, sich dessen bewusst zu werden. Sich bewusst zu werden, dass ein Teil der Entfremdung, die wir fühlen, nur eine Illusion ist, keine Tatsache. Wir können viel Freude und Befriedigung aus dem Schönen ziehen, das wir nur deshalb tun, weil wir es tun wollen.

Zum Leben an sich beitragen, weil man seine Liebe unterbringen muss. Ohne Manipulation, ohne jede Spur von Aggression, ohne bestimmte Absichten. Einfach nur, weil es uns glücklich macht, wenn wir andere glücklich machen.

WIE DU DAMIT ANFÄNGST, ETWAS BEIZUTRAGEN

Okay – das klingt großartig. Vielleicht ein bisschen esoterisch. Keine Sorge, ich werde dich sofort wieder mit beiden Füßen auf den Boden zurückholen. In der Praxis ist es nämlich so einfach und grundlegend, wie wir es hier gewohnt sind. Wie kannst du damit anfangen, deinen Beitrag zu leisten? Die Antwort lautet: klein. Du fängst überschaubar an, weil du auf diese Weise am leichtesten Fortschritte machst.

Hierbei ist es besonders wichtig, dass du dir zunächst darüber klar wirst, was deine Intention ist. Vor allem, wenn du jemandem helfen oder einen Gefallen tun möchtest – warum tust du das? Was sind deine Erwartungen?

Kürzlich haben Billy und ich guten Freunden beim Umzug geholfen. Es war eine große Plackerei, anschließend haben sie sich ausgiebig bei uns bedankt. Natürlich fühlt es sich gut an, wenn einem andere dankbar sind. Und sei es nur, weil so deutlich wird, dass man dem anderen tatsächlich mit seinen Bemühungen geholfen hat. Es führte zu einem Gespräch über Helfen und dass einige Freunde sofort zur Stelle sind, während andere Freunde nichts von sich hören lassen.

WAS IST DEINE INTENTION, WENN DU ETWAS TUST?

Dabei fiel mir auf, dass sich in den letzten Jahren meine Einstellung zum Beitragen verändert hatte. Ich erklärte ihnen, dass ich helfe, weil sie meine Freunde seien und weil es mich glücklich mache, ihnen helfen zu können. Und dass es mir ziemlich egal sei, ob sie uns auch helfen würden, wenn wir umziehen sollten. Wenn ich nicht hätte helfen wollen, hätte ich nicht geholfen. Wenn ich jemandem zu Hilfe komme, dann deswegen, weil ich gerne helfe. Nicht, damit andere in meiner Schuld stehen oder weil ich mich dazu verpflichtet fühle.

Ich hatte für mich überprüft, ob meine Intention richtig war. Und in diesem Fall hatte ich deutlich gespürt, dass es eine gute Entscheidung war. Ich hatte helfen wollen, ganz ohne Erwartungen.

Dies ist oft eine subtile Angelegenheit, aber sobald man sich die richtigen Fragen stellt, findet man zügig die Antwort.

Mal angenommen, eine Freundin fragt dich, ob du ihre Katze für zwei Tage versorgen könntest. Was geht dir durch den Kopf, wenn du »Ja« sagst? Stell dir folgende Fragen:

- » Warum möchte ich das tun?

- » Was erwarte ich für diesen Gefallen?

- » Was möchte ich mit diesem Gefallen erreichen?

- » Würde ich es auch dann tun, wenn ich nicht einmal ein Dankeschön bekäme?

Indem du dir diese Fragen beantwortest, kannst du herausfinden, was deine Absichten sind. Warum du »Ja« sagst und was es für dich bedeutet. Bist du aufrichtig, wenn du sagst, dass du es gerne machst? Oder tust du es, weil du selbst ein Haustier hast und erwartest, dass deine Freundin dasselbe für dich tut?

WAS ABER, WENN ICH EIN KONKRETES ZIEL ERREICHEN WILL?

Man muss das Konzept Streben nicht aus seinem Leben streichen, wenn man das nicht möchte. Ich weiß, dass ich selbst noch oft genug nach etwas strebe. Das Erreichen von Zielen fühlt sich gut an und bringt uns viel Befriedigung. Insbesondere dann – und das ist sehr wichtig – wenn wir auch die Reise dorthin genießen können.

Wenn ich reise, bin ich auf dem Weg zu einem Ziel, das macht Sinn. Aber das bedeutet nicht, dass ich erst dann anfange zu genießen, wenn ich angekommen bin. Nein – ich genieße jeden einzelnen Aspekt des Prozesses. Wenn ich mit dem Auto reise, genieße ich die Musik, die sich verändernde Landschaft, den Kaffee auf der Autobahnraststätte und dieses einzigartige Gefühl der Langeweile während der langen Fahrt.

Wenn ich fliege, koste ich die Atmosphäre aus. Genieße den überteuerten Kaffee, die Anspannung vor dem Abheben, die Filme, die zur Auswahl stehen, und die Tatsache, dass ich ein Frühstück serviert bekomme, während es sich anfühlt, als wäre es Zeit fürs Abendessen.

Manchmal will man einfach nur ein Ziel erreichen, und hart arbeiten ist dafür die beste Methode. Man sollte sich dabei jedoch bewusst sein, dass das Erreichen dieses Ziels nur einen Moment der Freude mit sich bringt. Man ist für eine kurze Zeit glücklich, wenig später richtet man seine Energie schon wieder auf das nächste Vorhaben. Das Erreichen des Ziels besteht zum größten Teil aus Arbeit und nur für einen kleinen Teil aus Freude über das Ergebnis.

Du solltest also sicherstellen, dass sich der Prozess lohnt. Oder vielmehr, dass das Ganze deine Lebensenergie wert ist. Versuche also, jeden Schritt zu genießen, nicht nur das Ergebnis.

Wie man das macht? Ganz einfach. Du setzt dir ein Ziel und überlegst dir, was nötig ist, um es zu erreichen. Du stellst einen Plan auf, indem du dir die verschiedenen Teilschritte überlegst. Dann vergisst du dein eigentliches Ziel. Du machst es zu einem vorübergehenden Ziel, damit du die kleinen Schritte dorthin so gut wie möglich ausführen kannst. Das Ziel ist es, die einzelnen Schritte zu machen und diesen Prozess mit voller Aufmerksamkeit zu genießen.

Es ist so, als ob du eine lange Strecke zu Fuß zurücklegst, zum Beispiel von Rotterdam nach Paris. Dein Reiseziel hält dich auf dem richtigen Weg. Gelegentlich siehst du auf die Karte oder orientierst dich an den Schildern, um zu überprüfen, ob du noch in Richtung Paris unterwegs bist. Gleichzeitig genießt du auch die Umgebung. Du genießt die Wanderung, die Übernachtungen in netten B & Bs, die Begegnungen, die Mahlzeiten und die Häppchen hier und da. Du erlebst die sich verändernde Landschaft, das Wetter, die Gerüche und Farben dieser Reise. Und wenn es schwierig wird, machst du es für dich selbst klein und überschaubar. Du konzentrierst dich nur auf den nächsten Schritt. Einen Fuß vor den nächsten, bis du dort ankommst, wo du an diesem Tag sein wolltest.

Und wenn du das lange genug tust, befindest du dich plötzlich am Fuße der Sacré-Cœur. Denn so funktioniert es. Hart am Erreichen der eigenen Ziele zu arbeiten kann einem viel Freude und Befriedigung verschaffen. Bei jedem einzelnen Schritt des Weges.

Beginne beizutragen, um mehr Zufriedenheit zu erfahren, indem du dich selbst fragst: Wie kann ich für andere wertvoll sein? Welche Talente, Interessen und Qualitäten kann ich nutzen, um das Leben der Menschen in meiner Nähe aufwerten zu können?

Das kann alles Mögliche sein. Ich nutze meine Talente hauptsächlich beim Schreiben, für dich kann das etwas ganz anderes sein.

15

DEIN GLÜCK TEILEN

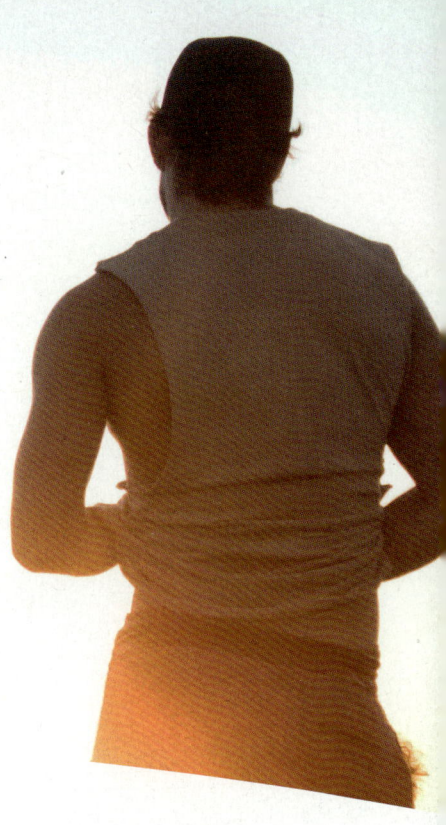

Stell dir vor, du bekommst Übernachtungsgäste und brauchst dein Luftbett. Seufz – wo hast du das Ding bloß gelassen? Du gehst in den Keller, wo das Luftbett liegen müsste. Du öffnest die Tür und siehst die Hand vor Augen nicht. Logisch, es ist ja dunkel.

Du schließt die Tür hinter dir und beginnst in völliger Dunkelheit zu suchen. Das funktioniert nicht. Und selbst wenn du etwas sehen könntest, wäre es eine ziemliche Herausforderung, das Gästebett in dem üblichen Chaos zu finden. Du willst, dass die Dunkelheit verschwindet, weil sie dich enorm behindert. Du wirst sogar ein bisschen wütend. Du fängst an, die Dunkelheit zu verfluchen. VERSCHWINDE!! Du störst mich!

Nichts passiert. Neeer-vig!!

Du bist schließlich derart frustriert, dass du um dich schlägst. GEH ENDLICH WEG!! Und wie könnte es anders sein, du verletzt dir auch noch die Hand am Lenker dieses überflüssigen Fahrrads, das du schon lange verkaufen wolltest.

Total grausam.

Und gleichzeitig eine lehrreiche Erkenntnis! Was auch immer du tust, egal, wie doll du schimpfst und wie hektisch du um dich schlägst: Du vertreibst die Dunkelheit nicht, indem du dagegen ankämpfst. Es sieht außerdem total befremdlich aus, nur gut, dass dich niemand beobachten kann. In einem Keller ohne Licht, wild um dich schlagend. Es bringt dich kein Stück weiter. Es ist aber genau das, was Menschen tun, wenn sie in ihrem Leben und in ihrer Umgebung mit Dunkelheit konfrontiert werden. Sie kämpfen gegen sie an, weil sie sie loswerden wollen. Leider kommt es ihnen nicht in den Sinn, dass dieser Ansatz nicht funktioniert. Es gibt nur einen Weg, die Dunkelheit zu vertreiben: das Einschalten eines Lichts. Puff! Dunkelheit verschwunden.

Sobald man das Licht anmacht, ist es, als wäre sie nie da gewesen. Warum? Weil es überhaupt keine Dunkelheit gab. Das Einzige, was da war, war die Abwesenheit von Licht. Wenn es kein Licht gibt, entsteht Dunkelheit. Licht ist Raumzeit, gefüllt mit Photonen. Völlige Dunkelheit ist gleichbedeutet mit der Abwesenheit dieser Photonen. Völlige Dunkelheit hat keine Substanz, keine Geschwindigkeit, keine Energie.

Durch Licht verschwindet die Dunkelheit. Immer, jedes Mal.

Das ist gut zu wissen, denn so kannst du ab jetzt das Luftbett viel schneller finden. Wenn man darüber nachdenkt, wird deutlich: Auch du kannst so ein Licht sein. Du kannst das Licht sein, das überall die Dunkelheit vertreibt. In deinem eigenen Leben und im Leben anderer Menschen. Du kannst die Situation an den Orten verbessern, wo du hingehst, wo du bist. Du kannst die Person sein, die den Raum heller macht. Und das macht das

Leben der Menschen um dich herum ein bisschen schöner, leichter und liebevoller. Es ist vergleichbar mit der Sonne, die den dunklen Mond mit ihrem Licht dazu bringt, selbst zu leuchten.

Du kannst dich als eine olympische Fackel betrachten, die überall eine Spur glücklicher Gesichter hinterlässt. Ein Gefühl von Inspiration, Vertrauen, Liebe und Freude. Und obwohl jeder im Falle der olympischen Fackel insgeheim hofft, dass der Träger stolpert, wodurch das Feuer ausgeht (sei ehrlich), werden die Menschen dir nur das Beste wünschen.

Ein Licht für deine Umgebung zu sein ist nicht schwer. Du weißt, dass du auf dem richtigen Weg bist, wenn du etwas zu hören bekommst wie: »Ich fühle mich immer glücklich und inspiriert, wenn ich mich mit dir unterhalten habe« oder »Danke, das brauchte ich jetzt gerade« oder »Du hast mich wirklich zum Nachdenken gebracht, ich werde tatsächlich tun, was mein Herz mir sagt«. Du weißt, dass du auf dem richtigen Weg bist, wenn du merkst, dass Menschen, die mit dir zusammen sind, glücklich sind. Dass sie sich in deiner Gegenwart wohlfühlen. Und dass sowohl du als auch die anderen nach dem Zusammensein von Freude, Liebe und Verbundenheit erfüllt sind.

Du bist ein Licht für andere, wenn du ein guter Freund bist. Wenn du dich um das Wohlergehen der Menschen in deiner Nähe kümmerst. Wenn du nicht nur mit dir selbst beschäftigt bist, sondern erkennst, dass das Glück anderer auch dein Glück ist. Dir wird bewusst, dass eine Familie, ein Freundeskreis und eine Nachbarschaft voller glücklicher Menschen ein angenehmes Lebensumfeld schaffen.

Schließlich hat das Leben viele Seiten, und vieles ist wichtig. Aber wenn du erst einmal gut für dich selbst sorgst und deinen »Eimer« mit Liebe und Freude gefüllt hast, ist es Zeit, den Inhalt in Richtung der Menschen fließen zu lassen, die dir begegnen. Denn die Beziehungen zu den Menschen, die dir etwas bedeuten, sind am wertvollsten.

Deine Beziehungen sind für dich, was Ketchup für Pommes ist – beide können ohneeinander auskommen, aber richtig lecker ist es natürlich nicht.

Es sind die Menschen, die du am meisten liebst – die Menschen, die du wahrscheinlich für selbstverständlich hältst –, die deinem Leben die größte Bedeutung geben.

Wir haben eingangs bereits besprochen, dass du als Art LED-Lämpchen durchs Leben gehen solltest – zielorientiert, ohne Lebensenergie für etwas zu verschwenden, das dich nicht weiterbringt. Nun, da du so weit bist, fast alle Lebensenergie den wenigen Dingen zu widmen, die dir am wichtigsten sind, ist es Zeit, dein Licht zu nutzen, um deine Umgebung von der Dunkelheit zu befreien. Denn das ist einer der wichtigsten Beiträge, den wir leisten können. Und gleichzeitig einer, der uns immer wieder mit Freude und Zufriedenheit erfüllen wird.

Das klingt ziemlich kompliziert. In Wahrheit ist es ziemlich praktisch. Es bedeutet vor allem viel lächeln, wenn du draußen unterwegs bist, gemütliche Abende mit lieben Menschen und gutem Essen, Zeit mit deinen Lieben zu verbringen und gute Gespräche zu führen, einfach schöne Erinnerungen zu schaffen.

Es bedeutet auch, die Menschen um einen herum mit einem milderen Blick zu betrachten. Ihnen mit Liebe und Mitgefühl begegnen, ihnen zuhören und aktiv für sie da sein, wenn sie einen brauchen.

Das Licht, das du aussendest, ist Liebe. Und Liebe manifestiert sich auf unzählige Arten. Fürsorge, Akzeptanz, Aufmerksamkeit. Sie (ver-)urteilt nicht und ist nicht aggressiv. Es ist diese innere Freude, die du an alle weitergibst, die sie empfangen wollen.

Letztendlich ist die Wahrheit ziemlich simpel. Und dieser arme Kerl aus *Into The Wild* brauchte in der trostlosen Wildnis Alaskas bloß ein paar Tage zu lang, um sie zu erkennen. Seine Schlussfolgerung aber war richtig: »Glück ist nur echt, wenn man es teilt!«

Wenn du im Teilen besser werden möchtest, fängst du am besten bei den Menschen an, die dir am nächsten sind.

DU TUST, WAS DU BIST

Je liebevoller man die Welt betrachtet, umso liebevoller wird man sich verhalten. Wenn man glaubt, dass die Welt aus bösen und schlechten Menschen besteht, wird man ein Verhalten an den Tag legen, das zu dieser Überzeugung passt. Man wird ängstlich, egoistisch und hat Angst, mit anderen zu teilen. Man fragt sich, warum man Liebe für einen »völlig

Fremden« aufbringen sollte. Man vertritt die Auffassung, dass Menschen sich Liebe erst verdienen müssen, bevor man sein Misstrauen fallen lässt. Dass Liebe an Bedingungen geknüpft ist und man sie nur als Belohnung für gutes Verhalten bekommt.

Die schlichte Wahrheit ist: Solange man die Welt auf diese Weise betrachtet, wird man nie frei, glücklich und zufrieden sein. Aus dem einfachen Grund, weil man von seinem eigenen Umfeld getrennt ist. Wenn man glaubt, man sei ein guter Mensch, der von lauter schlechten Menschen umgeben ist, schadet man sich selbst. Und man wird auch den Menschen in seiner Nähe nicht gerecht. Denn solange man nicht wirklich glücklich ist, kann man auch keine Freude weitergeben. Liebe und Mitgefühl müssen nicht an Bedingungen geknüpft sein, weil es sich bei ihnen nicht um knappe Vorräte handeln muss. Man kann sie besser wie Sauerstoff verteilen – jederzeit für alle vorhanden, (vor-)urteilsfrei.

Es ist von großer Bedeutung, dass wir unsere Liebe und Freude teilen, an andere weitergeben.

Warum? Weil man wird, was man gibt. Je mehr Freude man bei einem anderen auslösen kann, desto mehr Freude wird man selbst erfahren.

Aber wir müssen uns nicht dazu zwingen, »liebevoll zu sein«. Nein. Alles, was wir tun müssen, ist, mehr Mitgefühl zu entwickeln. Mit mehr Mitgefühl und Empathie geht der Rest automatisch. Denn wachsendes Mitgefühl bringt eine Aufwärtsspirale des Mitgefühls zuwege, die andere ansteckt. Sobald die Pflanze des Mitgefühls einmal zu wachsen beginnt, wächst sie weiter. Man kann gar nicht anders, als sich liebevoll zu verhalten, weil man sich immer mehr bewusst wird, dass alles auf diesem Planeten miteinander verbunden ist. Und dass das Glück und das Wohlergehen anderer wichtig für das eigene Glück und Wohlbefinden sind.

TU KEINER FLIEGE ETWAS ZULEIDE

Ich bin wirklich der Erste, der zugibt, dass Nach-Indien-Reisen plus In-einem-Ashram-Landen eine absolute Klischeevorstellung ist – den ganzen Tag Yoga machen, stundenlang meditieren, komplexe Mantras in einer Sprache rezitieren, die ich nicht verstehe, in einem Raum ohne

Klimaanlage auf einem Brett schlafen und versuchen, die größte Kakerlake meines Lebens aus unserem spartanischen Badezimmer zu verscheuchen.

Aber um ehrlich zu sein – trotz all des Muskelkaters, illegalen Kaffees und der Typen mit Dutt habe ich ein paar wichtige Dinge gelernt.

Beispielsweise habe ich gelernt, mich in Haltungen zu verknoten, von denen ich immer noch schwer beeindruckt bin. Ich habe entdeckt, dass ich eine Woche lang ohne Kekse auskommen kann. Ich fand heraus, dass es sehr angenehm sein kann, wenn einem auferlegt wird, zu schweigen – insbesondere wenn sich die gesprächigsten Teilnehmer während des Frühstücks gern zu einem setzen. Und ich lernte auch etwas über einen Begriff, der mir geholfen hat, mich schneller in Richtung Mitgefühl zu bewegen: *Ahimsa.*

Ahimsa wird hauptsächlich im Jainismus praktiziert, einer alten indischen Religion. Ahimsa steht für Leid vermeiden und Mitgefühl für alle Lebewesen zeigen. Es bedeutet wörtlich Nicht-Verletzen, also vollständige Gewaltlosigkeit. Es geht nicht nur um die kleinen und großen physischen oder verbalen Akte der Aggression. Es geht auch um Gedanken und um die Aggression gegen sich selbst.

Es ist eines der Prinzipien der Bewegung der Gewaltlosigkeit, die Mahatma Gandhi in den 1950er-Jahren predigte. Und es ist ein faszinierendes Konzept, das man ins eigene Leben integrieren sollte. Warum? Weil es uns ermöglicht, das zu fühlen, was wir fühlen wollen: Mitgefühl.

Mir ist schon klar – du willst keine Liebe für deinen asozialen Nachbarn aufbringen, dessen Bierflaschen häufiger in deinem Garten landen als im Flaschenautomat des Supermarkts. Aber du könntest es versuchen. Nicht für diesen Nachbarn, sondern für dich selbst.

Vor einigen Jahren – noch bevor ich von Ahimsa erfuhr – hatte ich mich entschieden, kein Lebewesen bewusst zu töten. Ich kam mit diesem Prinzip durch einen Dokumentarfilm über Mönche in Berührung, die eine Gesichtsmaske tragen, damit sie keine Fliegen einatmen.

Jain-Mönche, wie ich später in Indien erfuhr.

Die Idee fand bei mir Anklang, also beschloss ich es als Experiment auszuprobieren – allerdings ohne Mundschutz. Es gefiel mir so gut, dass ich seitdem keine einzige fühlende Kreatur mehr absichtlich getötet habe.

Es ist wahr – ich tue buchstäblich keiner Fliege etwas zuleide. Das Einzige, was ich tue, ist, sie wegzublasen oder wegzuwedeln. Aber ich töte kein Lebewesen mit Absicht.

Ich habe diese Regel vor Jahren eingeführt, noch bevor ich aufhörte, Fleisch zu essen. Und von diesem Moment an merkte ich, dass ich mehr Mitgefühl für alle Lebewesen empfand. Nicht nur für Fliegen, Schnecken, Spinnen und andere Haustiere. Sondern auch für Menschen.

DENN ALLES, WAS MAN ERREICHEN MÖCHTE, ERFORDERT EINSATZ

Die Idee von Ahimsa ist, dass man sich bemüht, jedwede Aggression aus dem eigenen System zu entfernen, sodass man seiner Umgebung keinerlei Gewalt zufügt und ein Heilungsprozess in Gang gesetzt wird. Schließlich gibt es schon genug Wut, Hass und Angst auf dieser Welt.

Zugegebenermaßen fühlt es sich trotzdem manchmal richtig gut an, wütend zu sein. Und manchmal hat es eine Funktion, wenn man jemanden verletzt, und sei es nur, damit man merkt, wie wertvoll es ist, sich entschuldigen zu können. Im Großen und Ganzen darf man aber behaupten, dass wir lieber weniger als mehr Aggression erleben. Schließlich stehen diese negativen Emotionen für die Dunkelheit, die wir alle loswerden wollen. Wir wollen auf Aggression nicht mit Aggression reagieren.

Wütend auf jemanden werden, der auf einen wütend ist – was erreicht man damit? Jemanden verletzen, der einen verletzt hat – was bringt einem das? Warum sollte man Licht absorbieren und die Dunkelheit vergrößern, wenn man Licht verbreiten und die Dunkelheit vertreiben kann?

Mir ist bewusst, dass dies eine schwierige Aufgabe ist. Nur, wie gesagt, alles, was man erreichen möchte, erfordert Einsatz. Es sind die schwierigen Situationen, an denen man wächst. Die es uns ermöglichen, zu fallen und wieder aufzustehen, die uns helfen, Mitgefühl zu entwickeln.

Du wirst oft scheitern. Auch ich scheitere jeden Tag. Dann reagiere ich aus der Gewohnheit heraus, und erst später wird mir bewusst, dass ich aus einem Gefühl der Angst heraus gehandelt habe. Aber bereits diese Einsicht ist ein Fortschritt. Weil sie dir hilft, in immer mehr Situationen so zu reagieren, wie du reagieren möchtest. Sie hilft dir, immer besser zu werden, sodass dein Leben immer schöner wird.

Sei also dieses Licht in der Dunkelheit. Bebrüte es mit Liebe. Tu dein Bestes. Produziere Licht mit deinen Gedanken, Worten und Handlungen. Arbeite daran, eine liebevolle Person zu werden, die sich Richtung Mitgefühl für alles, was lebt, entwickelt. Nicht, indem du dich aufopferst. Sondern indem du aus Überfluss heraus teilst. Erfreue dich an den Menschen in deinem Leben und tu dein Bestes, um diese Beziehungen angenehmer zu machen. Immer echter und immer authentischer. Sodass die Menschen in deinem Leben im Zusammensein mit dir immer mehr sie selbst sein können, und umkehrt, du auch im Zusammensein mit ihnen.

AUF DIESE WEISE ENTWICKELST DU MEHR MITGEFÜHL

Das »Nicht-Verursachen« negativer Dinge ist das eine. Und es ist absolut der erste Schritt. Wenn man mehr Mitgefühl empfinden möchte, sollte man darauf bedacht sein, selbst weniger Ärger und Kummer zu verursachen. Wir wollen schließlich aufhören, negative Emotionen wie Aggression, Angst, Hass, Überlegenheit und Neid zu verbreiten.

Das klappt nicht auf einmal. Und das ist auch nicht weiter schlimm. Schließlich gibt es keinen Grund zur Eile. Denn Mitgefühl ist die Endbestimmung, und du hast dein ganzes Leben, um dorthin zu gelangen.

Anderen nur Gutes zu wünschen, das ist Mitgefühl. Aktiv das Leid anderer zu lindern. Das ist es, was Mitgefühl bewirkt. Nicht, weil du denkst, es sei besser, es zu tun. Sondern weil du das Gefühl hast, dass du es tun musst, dass du es willst. Weil du innerlich spürst, dass es das bewirken wird, was du erleben willst: Freiheit, Freude und Erfüllung.

Indem du das Leiden verringerst, machst du die Welt zu einem schöneren Ort. Nicht nur für andere, sondern auch für dich selbst. Zunächst einmal, weil du sofort Befriedigung verspürst, wenn du etwas auf eine Weise beitragen kannst, die für dich sinnvoll ist. Und zweitens, weil du von diesem Moment an in einer etwas liebevolleren Umgebung lebst.

Liebe ist ein Gefühl, das wahrhaftig ist. Gleichzeitig ist es eine Entscheidung, die man von Moment zu Moment trifft. Liebe ist etwas, das man tut. So bewegt man sich in Richtung des Gefühls, das einem dient, das man täglich erleben möchte.

Mitgefühl ist die Endbestimmung – dieses Buchs und deines persönlichen Wachstums. Der Hauptunterschied zwischen Menschen wie du und ich und Menschen, die Mitgefühl seit Jahrzehnten praktizieren, ist, dass es inzwischen zu ihrer Natur geworden ist, wir hingegen müssen noch dafür arbeiten.

Das bedeutet jedoch nicht, dass wir nicht darauf brüten können oder sollten. Was wir machen wollen, ist sehr einfach: uns bewusst werden, dass im Wesentlichen alles ein und dasselbe ist. Alles, was wir sehen. Die Menschen, der Tisch, die Tiere, die Pflanzen und der Schokoriegel, den du in einer Anwandlung gekauft hast und den du jetzt versuchst, nicht zu essen. Alles ist aus einem Urknall entstanden, besteht aus dem gleichen Sternenstaub und treibt auf einem kleinen Felsen in einem entlegenen Winkel eines entlegenen Winkels einer Gruppe von Sternen und Galaxien. Ein Stecknadelkopf in Zeit und Raum, in dem sich alles und jeder, den du je kennengelernt hast, befindet.

Ein dynamischer Klumpen Atome, aufgebaut aus klitzekleinen subatomaren Teilchen, in dem alles miteinander zusammenhängt, in einer großen, wunderbaren Biosphäre. Voller Bäume, Pflanzen, Tiere und Menschen. Alles erfüllt von dem einen Wunsch: frei von Leiden zu sein und frei zu sein, das volle Potenzial dieses Lebens nutzen zu können.

Wir leben in einem Körper, der sich ständig erneuert und selbst repariert. Eine Anhäufung von Zellen und Mikroorganismen, deren Komponenten alle paar Jahre komplett ausgetauscht werden. Du gehörst der Welt um dich herum. Und die Welt um dich herum gehört dir. In einem ziemlich konkreten physischen Sinn.

Dein Dasein hat Einfluss. Auf alles, womit du in Kontakt kommst. Und sogar auf das, womit du nicht in Kontakt kommst. Wie wenn man einen Stein in einen Teich wirft, so breiten die Wellen deiner Handlungen sich kreisförmig in alle Richtungen aus. Ein paar freundliche Worte zu einem Fremden können zu freundlichen Worten gegenüber mindestens zehn anderen Menschen führen. Das Aufheben von Plastikmüll auf der Straße kann andere ermutigen, dasselbe zu tun.

Wenn wir das machen, was sich gut und richtig anfühlt, stellt sich bei uns ein ansteckendes Leuchten ein, das andere dazu bringt, in sich selbst hineinzuhorchen und nach dem zu suchen, was ihre Intuition ihnen eingibt. Und dein einfaches, auf Mitgefühl basierendes Verhalten hilft anderen, sich von der Angst weg- und zu Vertrauen hinzubewegen.

Manchmal muss man nicht mehr tun, als zuzuhören oder jemandem eine Hand auf die Schulter zu legen. In anderen Situationen ist das Ausüben von Mitgefühl eine schwierige Entscheidung. Aber es ist immer eine Entscheidung, die uns auf den Weg zu dem bringt, was wir erleben möchten. Und je herausfordernder es ist, von Mitgefühl ausgehend zu leben, desto größer werden die Kräuselungen im Teich sein. Und umso weitere Kreise werden sie ziehen.

Was wir tun, was du tust, was ich tue, es macht einen Unterschied. Alles ist im riesigen Netz des Lebens miteinander verbunden. Dem Netz von Ursache und Wirkung. Du kannst neue, positive Dinge bewirken. Bei dir selbst und bei anderen. Einfach, indem du dich dem Mitgefühl zuwendest. Einfach, indem du eine neue Intention annimmst und anderen das Beste wünschst. Fremden auf der Straße, schwierigen Familienmitgliedern, diesem Freund, der immer mit seinen Erfolgen prahlt. Den Enten im Teich, den Fruchtfliegen in der Küche, den Schnecken im Garten und den Möwen am Himmel.

In Afrika nennen sie es *Ubuntu*. Erkennen, dass man in einem Netz des Lebens mit allem verbunden ist, und dass das Wohlbefinden deiner Umgebung von essenzieller Bedeutung ist für dein eigenes. Dass gut zu anderen zu sein bedeutet, gut zu sich selbst zu sein. Es klingt gut und es ist auch gut. Außerdem ist es möglich und einfacher, als man denkt. Vor allem, wenn man mit der folgenden Übung beginnt.

EINE ÜBUNG, UM MITGEFÜHL ZU TRAINIEREN

Zwischen all den dystopischen Zukunftsvisionen, die wir in Filmen, Videospielen und Medien präsentiert bekommen, können wir ein paar dieser Ideen gut gebrauchen. Eine Welt, in der wir uns umeinander kümmern und uns das Leben an sich wichtig ist. Eigentlich klingt es logisch, aber man kann es nicht erzwingen. Wir können nur versuchen, dazu beizutragen. Und dieser Prozess beginnt bei uns selbst. Bei der Entwicklung von mehr Mitgefühl. »Be the change« – du weißt schon.

Wie entwickelt man mehr Mitgefühl? Als Erstes fängst du an zu meditieren. Es mag sich von Zeit zu Zeit nutzlos anfühlen, wir sprachen darüber – es ist jedoch unglaublich nützlich.

Nicht-Urteilen hilft auch, denn sobald man das in sein Leben integriert hat, wird man feststellen, dass man mehr Liebe und Verständnis für alles um einen herum aufbringt. Aber wie kann man ganz konkret sein Mitgefühl entwickeln?

Dafür habe ich eine sehr effektive, aber seltsame Übung. Ich praktiziere sie fast jeden Tag, wenn ich durch die Stadt laufe oder mit dem Fahrrad fahre. Sie ist ganz leicht, aber »strange«, und einige werden sie bescheuert finden. Hak es nicht gleich ab. Gib dem Ganzen eine Chance. Es funktioniert, versprochen:

Sag »Ich liebe dich« zu allen Lebewesen, denen du im Laufe des Tages begegnest. Sag es leise zu dir selbst oder sprich es laut aus, wenn sich das gut für dich anfühlt. Du siehst einen mürrischen Mann hinter dem Lenkrad eines aufgemotzten Autos, das viel zu schnell durch deinen Stadtteil rast: »Ich liebe dich.« Du siehst eine alte Frau um die Ecke schlurfen: »Ich liebe dich.« Du siehst eine Ente durchs Gras watscheln: »Ich liebe dich.« Eine grüne Schmeißfliege landet auf deinem Bein: »Ich liebe dich.«

Klingt verrückt? Absolut. Bis es sich nicht mehr verrückt anfühlt. Bis man sich an die Vorstellung gewöhnt hat, dass es überhaupt nicht seltsam ist, Liebe für alles und jeden zu empfinden. Daran, dass es tatsächlich möglich zu sein scheint. Dass es vielleicht natürlicher ist, einfach Liebe zu empfinden, statt sie zu reservieren, wie man es bisher gewohnt war.

Das Interessante an dieser Übung ist, dass wir unser Gehirn dahingehend trainieren, alle Menschen und Tiere als etwas zu sehen, das liebenswert ist. Man übt, das Leben in seiner ganzen Vielfalt zu lieben. Als etwas, das es zu schätzen, zu pflegen und zu akzeptieren gilt. Als einzigartiges Paket, als eine einzigartige Reise durch Zeit und Raum voller Möglichkeiten.

Und man erkennt, dass man dem Verhalten oder den Ideen von jemandem nicht zustimmen muss, um Liebe für sie oder ihn zu empfinden. Man kann die Vielfalt lieben, ohne gleich jeden einzelnen Aspekt als wünschenswert zu betrachten. Logischerweise funktioniert diese Technik besonders gut, wenn man sie auf Personen anwendet, über die man normalerweise negativ urteilen würde. Ja, dieser Mann fährt zu schnell durch die Straße. Doch dann wird einem bewusst, dass man sich vielleicht genauso verhalten würde, wenn man sein Leben leben müsste. Man wird sich außerdem bewusst, dass zu schnelles Fahren für die eigenen Ziele (Sicherheit, Frieden und Respekt gegenüber den Nachbarn) nicht wünschenswert ist. Und man erkennt auch, dass Wut die Situation nicht besser macht.

Nein, das tun solche Gefühle nie. Stattdessen erkennt man, dass diese Person wahrscheinlich nicht gerade von Freude und Mitgefühl erfüllt ist. Sondern von Frustration, Angst, Wut, Hass, Leere oder Trauer. Gefühle, die man niemandem wünscht. Du fährst wahrscheinlich auch zu schnell, wenn du frustriert und gehetzt bist. Vielleicht will er andere mit seinem Auto und seinem Fahrstil beeindrucken, ist er hungrig nach Anerkennung.

Der Punkt ist: Wir wissen es nicht, und es ist letztendlich auch egal. Es handelt sich um eine Person mit einer Geschichte. Und du kannst der Situation mit Liebe begegnen statt mit Angst oder Aggression.

Es bedeutet jedoch nicht, dass du nichts mehr sagen darfst. Man kann das Verhalten anderer verurteilen, ohne die Person selbst zu verurteilen. »Ich denke nicht, dass es okay ist, was du tust, aber du bist okay.« Man kann, anstatt zu schimpfen, zuhören und Fragen stellen, die keine versteckte Aggression enthalten. Bestimmt sind viele der Meinung, hier sei Verärgerung angebracht: Doch was erreicht man damit? Es ist mehr als unwahrscheinlich, dass dieser Mensch plötzlich unsere Denkweise übernimmt.

Man kann sich der Situation mit Mitgefühl nähern. Das macht unser Leben besser. Und es verbessert das Leben der Menschen, mit denen wir in Kontakt kommen. Mitgefühl ist wie ein Flutlicht in dunkler Umgebung. Das Licht ist heller, reicht weiter und erreicht mehr Menschen als ein normales LED-Lämpchen.

Mitgefühl ist die Endbestimmung. Es ist nicht so sehr das Ende der Reise, sondern das Ende eines Pfades. Des Entwicklungspfades deines persönlichen Wachstums. Ab hier geht deine Reise anders weiter, in einem anderen Tempo. Du bist immer weniger mit deinem eigenen Leben beschäftigt, mit deinem eigenen Wachstum. Weil du inzwischen weißt, dass das Wachstum und der Fortschritt deiner Umgebung dir letztendlich mehr bringen, als wenn du direkt an dir selbst arbeitest. Du arbeitest natürlich immer noch an dir selbst, aber anders. Und das ist die Reise, die du machen möchtest. Es ist die Reise, die wir alle machen wollen. Für uns selbst, für unsere Umgebung, für die Zukunft der Menschheit und des Lebens auf diesem Planeten.

Für eine bessere, liebevollere Zukunft für unsere Kinder und die nachfolgenden Generationen. Für eine Welt, in der sich alle Menschen um das Wohl anderer kümmern, um das Wohlergehen des Netzes, das uns alle verbindet. Eine Welt, in der die Menschen erkennen, dass das Ausbrüten von Liebe der Weg ist, den wir gehen wollen.

Und ja – mir ist klar, dass dies zu gut klingt, um wahr zu sein. Nur dieser Trend hat bereits eingesetzt. Und jeder bewusste Schritt hilft uns, schneller voranzukommen. Indem wir uns Schritt für Schritt weiterentwickeln, machen wir die Welt ein bisschen schöner. Und da wir für die nächste Generation ein neues Vorbild geben, machen wir einen großen Schritt nach vorne.

Du und ich, wir können nicht die ganze Welt verändern. Aber wir können uns selbst verändern. Und unsere Veränderung betrifft unser direktes und indirektes Umfeld. Je mehr Menschen sich ein bisschen verändern, desto größer werden die Auswirkungen auf unsere Gesellschaft sein.

Und wenn du es nicht für die Kinder von 2100 tust, tu es jetzt für dich selbst. Denn das Leben macht mit weniger Negativität, mit weniger Ärger und Kummer bedeutend mehr Spaß. Denk daran: Es gibt immer etwas, was man tun kann, um die Situation zu verändern. Was wird dein nächster Schritt sein?

WAS DU
NIE VERGESSEN
SOLLTEST

Ich möchte dir eine letzte Erkenntnis mit auf den Weg geben. Eine Einsicht, die dein Verhalten auf weitreichende Weise verändern kann. Es hat mit deinem Vermächtnis zu tun.

Je mehr Gedanken du dir darüber machst, was du hinterlassen wirst, wenn du einmal nicht mehr da bist – umso wichtiger ist es, das Thema ab jetzt anders zu betrachten.

Es ist nun einmal so, am Ende ist nichts auf Dauer. Selbst wenn es eines Tages ein Standbild von dir geben sollte, wird der Stadtrat früher oder später über dessen Verbleib entscheiden, es wegbringen und in einem Museum unterstellen lassen, oder es landet gar in einer Lagerhalle. Denn niemand kennt dich mehr, und es interessiert keinen, wer man war und was man getan hat.

Schade. Aber so ist es eben.

Natürlich gibt es Ausnahmen, die gibt es immer. Trotzdem, je länger ein Denkmal irgendwo steht, desto abstrakter wird es für die nächsten Generationen, die keine Ahnung haben, wer das war. Sie benutzen es als Klettergerüst oder lehnen sich an einem schönen Spätsommertag mit einem Bier dagegen. Und sie haben recht.

Der Punkt ist der, es macht wenig Sinn, ein Denkmal zu hinterlassen. Denn auch wenn es hundert Jahre irgendwo steht: Was sind schon hundert Jahre? Sie rasen wie das Leben einer Eintagsfliege eines x-beliebigen Tages vorbei. Sie sind wie ein Tropfen im Meer der Zeit dieses Universums. Sie sind nichts vor dem Hintergrund des Großen und Ganzen.

Okay, aber wie steht es mit den eigenen Kindern? Die werden einen doch wohl nicht vergessen? Der Nachwuchs, das eigen Fleisch und Blut wird einen doch sicher in Ehren halten? Ja und nein. Unsere Kinder, Enkelkinder und möglicherweise Urenkel werden sich an uns erinnern und ein Stück von uns in Erinnerung behalten.

Aber auch das währt natürlich nicht ewig. Nach drei Generationen ist man nur noch ein abstrakter Vorfahre. Und noch ein paar Generationen weiter ist man vergessen. Dann ist man nur noch ein unbekanntes Gesicht auf den herumgereichten Familienfotos. Wie oft denkst du an deine Vorfahren zurück? Zugegeben – wir hinterlassen eine beeindruckende Bandbreite an digitalen Erinnerungen. Festplatten voller Fotos und Videos. Ein Facebook-Profil und viele Wohnaccessoires von Ikea. Trotzdem, die Welt dreht sich weiter. Unser Leben wird in hundert Jahren nicht mehr relevant sein. Vielleicht wird es etwas länger dauern, wenn man ein besondereres Leben als die meisten anderen geführt hat.

Hundert Jahre mögen uns lang erscheinen, weil es zu unseren Lebzeiten lang ist. Aber auch wir werden wahrscheinlich in hundert Jahren tot sein. Es kann uns also egal sein, ob es einen Betonblock in Form unserer inzwischen zu Staub zerfallenen Zellanhäufung auf einem

Marktplatz gibt oder nicht, an den die Leute ohne jede Scham ihren Hund das Bein heben lassen.

Was ich sagen möchte, ist Folgendes: Dein Vermächtnis ist nicht das, worum es in deinem Leben aktuell geht. Das, was zählt, ist nicht die Anhäufung von Gegenständen, nicht deine Popularität bei der Weltbevölkerung und nicht die Firma, die zurzeit noch deinen Namen trägt, in den kommenden dreißig Jahren jedoch zweimal fusionieren und schließlich von autonomen Robotern geleitet werden wird, sodass niemand mehr genau weiß, was davon nun eigentlich dein Lebenswerk darstellte. (Und es interessiert auch niemanden, weil alle viel zu sehr damit beschäftigt sind, ihren Urlaub auf dem Mars zu planen.)

Daher kannst du all das einfach loslassen. In deinem Leben geht es nicht um dein Vermächtnis. Das, was du hinterlässt, ist nicht das Produkt, das du erzeugst. Nein, es kommt nur darauf an, wie du gelebt hast.

Es geht nicht um die Ziele, die du erreichst, nicht einmal um die Route, die du zurücklegst. Sondern nur darum, *wie* du deinen Weg zurücklegst. Das ist das Einzige, was am Ende zählt.

Dein Leben ist dein Produkt. Ein gutes Leben ist das Ziel.

Es zählt nur, wie du gelebt hast. Ob du gut zu den Menschen um dich herum warst oder ob du sie benutzt hast, um deine Ziele zu erreichen. Ob du Liebe und Licht in die Welt gebracht oder Angst, Wut und Aggression verbreitet hast. Ob du Menschen inspirieren konntest oder es ihnen lieber war, dich von hinten zu sehen.

Ob du geliebt hast. Dich selbst geliebt hast. Dich entwickelt hast. Getan hast, was dein Herz dir gesagt hat, und auf deine Art die Welt – und das Leben der Menschen in deinem Umfeld – ein bisschen schöner gemacht hast.

Das ist das Einzige, was es zu tun gilt, für dich und für mich.

Was zählt, ist, den Augenblick zu genießen, im Hier und Jetzt zu leben und so viele Momente der Freude und Liebe wie möglich zu kreieren. Dies zu dem Weg zu machen, den du durch das Leben gehst.

In Ruhe, mit Aufmerksamkeit, voller Wertschätzung für alles, was dir etwas bedeutet, mit dem nötigen Pragmatismus, erwünschte Ereignisse herbeizuführen, und mit der Weisheit zu erkennen, wie man das bewerkstelligt. Ursache und Wirkung. Arbeit machen, die dir Befriedigung schenkt. Zufrieden sein und nicht mehr nehmen, als du brauchst. Gut für dich selbst und die Welt um dich herum sorgen. Das Leben schützen und sich und andere inspirieren, um vorwärtszukommen, besser zu werden und das Leben Schritt für Schritt schöner zu machen.

Ganz einfach. Also,

lache
spiele
tanze
genieße
mach Liebe
teile
iss
akzeptiere
hab lieb
sei gut zu allem, was lebt
und fang bei dir selbst an

So lautet die Idee, darum geht es. Denn jeder Wandel beginnt bei dir selbst. Mach dir das Leben nicht zu schwer. Nimm es nicht zu ernst. Bündele all deine Lebensenergie und richte sie auf das, was für dich und dein Umfeld am wertvollsten ist. Und lass den Rest weg.

Das ist die kurze Route. Und der beste Moment, um zu beginnen, ist jetzt. Brütest du mit?

WEITER BRÜTEN

Es gibt immer etwas, was wir tun können, um unser Leben angenehmer zu machen. Es gibt immer einen kleinen, nächsten Schritt, den wir ausbrüten können. Das ist die Hauptsache, die ich dir mit diesem Buch und der Ausbrüt-Methode mitgeben möchte.

Dieses Buch ist jetzt zu Ende, aber deine Reise geht weiter. Ich möchte dir noch viel mehr erzählen, also besuche meine Website (auf Niederländisch), um dich immer wieder aufs Neue an das Leben zu erinnern, das du leben möchtest.

SOCHICKEN.NL

Und in der Zwischenzeit kannst du dieses Buch verleihen, weitergeben oder verschenken. Damit es bei den Menschen, die dir am meisten bedeuten, seinen Job machen kann. Denn je mehr liebe Menschen ein angenehmeres Leben bebrüten, desto leichter kommen wir alle voran.

Du weißt schon: Wir können nicht verhindern, dass wir Falten bekommen. Aber wir können uns entscheiden, mit welchen Falten wir alt werden wollen. Entscheiden wir uns für Lachfalten. Denn das sind die besten Falten!

Danke, dass ich dich inspirieren durfte. Es war mir ein Vergnügen. Und wenn wir uns jemals in freier Wildbahn begegnen sollten, vergiss nicht, dir deinen FREE HUG abzuholen.

»DER DALAI LAMA ZÄHLT AUF MICH«

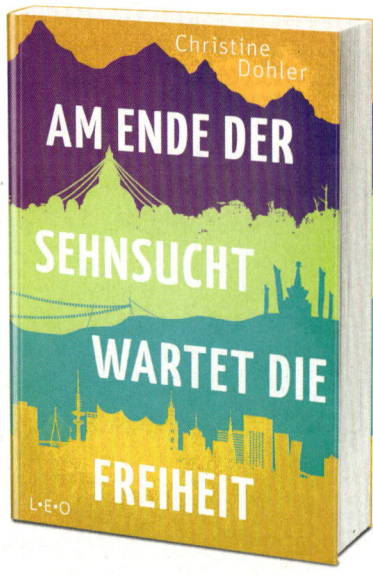

Klappenbroschur, 288 Seiten
ISBN 978-3-95736-111-0

Wie gehst du damit um, wenn du plötzlich vor der Frage stehst: »Soll das wirklich schon alles sein?« Christine Dohler, junge erfolgreiche Journalistin aus Hamburg, sieht sich unerwartet genau damit konfrontiert. Obwohl sie ein scheinbar perfektes Leben führt, spürt sie tief in sich eine unerklärliche Sehnsucht. Als ihr der Dalai Lama während eines Interviews sagt, dass sie erst sich und dann die Welt verändern sollte, funkt es. Kurzerhand stürzt sie sich in ihr größtes Abenteuer: eine Reise um die halbe Welt und zu sich selbst.

Ein inspirierendes, Mut machendes Buch für alle, die noch nicht aufgehört haben, zu träumen.

www.leoverlag.de

L•E•O